D1628919

Digitale Transformation strategisch steuern

Thomas Hess

Digitale Transformation strategisch steuern

Vom Zufallstreffer zum systematischen Vorgehen

2., überarbeitete und erweiterte Auflage

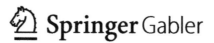

Thomas Hess
Institut für Digitales Management und Neue Medien (DMM@LMU)
Ludwig-Maximilians-Universität München (LMU)
München, Deutschland

ISBN 978-3-658-36186-0   ISBN 978-3-658-36187-7 (eBook)
https://doi.org/10.1007/978-3-658-36187-7

Die Deutsche Nationalbibliothek verzeichnet diese Publikation in der Deutschen Nationalbibliografie; detaillierte bibliografische Daten sind im Internet über http://dnb.d-nb.de abrufbar.

Springer Gabler
© Springer Fachmedien Wiesbaden GmbH, ein Teil von Springer Nature 2019, 2022
Das Werk einschließlich aller seiner Teile ist urheberrechtlich geschützt. Jede Verwertung, die nicht ausdrücklich vom Urheberrechtsgesetz zugelassen ist, bedarf der vorherigen Zustimmung des Verlags. Das gilt insbesondere für Vervielfältigungen, Bearbeitungen, Übersetzungen, Mikroverfilmungen und die Einspeicherung und Verarbeitung in elektronischen Systemen.
Die Wiedergabe von allgemein beschreibenden Bezeichnungen, Marken, Unternehmensnamen etc. in diesem Werk bedeutet nicht, dass diese frei durch jedermann benutzt werden dürfen. Die Berechtigung zur Benutzung unterliegt, auch ohne gesonderten Hinweis hierzu, den Regeln des Markenrechts. Die Rechte des jeweiligen Zeicheninhabers sind zu beachten.
Der Verlag, die Autoren und die Herausgeber gehen davon aus, dass die Angaben und Informationen in diesem Werk zum Zeitpunkt der Veröffentlichung vollständig und korrekt sind. Weder der Verlag, noch die Autoren oder die Herausgeber übernehmen, ausdrücklich oder implizit, Gewähr für den Inhalt des Werkes, etwaige Fehler oder Äußerungen. Der Verlag bleibt im Hinblick auf geografische Zuordnungen und Gebietsbezeichnungen in veröffentlichten Karten und Institutionsadressen neutral.

Lektorat/Planung: Barbara Roscher
Springer Gabler ist ein Imprint der eingetragenen Gesellschaft Springer Fachmedien Wiesbaden GmbH und ist ein Teil von Springer Nature.
Die Anschrift der Gesellschaft ist: Abraham-Lincoln-Str. 46, 65189 Wiesbaden, Germany

Vorwort zur 2. Auflage

Digitalisierung und digitale Transformation sind wichtige Themen, gerade für Unternehmen. Diese Themen sind für viele noch immer relativ neu, und sie sind auf jeden Fall komplex und vielschichtig. Letzteres erklärt vielleicht auch, warum die Diskussion oft von schillernden Schlagworten und scheinbar alternativlosen Kochrezepten geprägt ist. Damit erreicht man Aufmerksamkeit für das Thema und somit den Einstieg in vielen Unternehmen. Für die Durchführung von Projekten reicht das aber nicht – dafür sind konkrete Frameworks, Vorgehensmodelle und Instrumente erforderlich. Diese sind in den letzten Jahren durchaus entwickelt und erprobt worden, wurden aber bisher noch nicht zusammengeführt und in ein Gesamtkonzept eingebettet. Diese Lücke will das vorliegende Buch schließen. Es legt den Fokus auf das Management der digitalen Transformation und richtet sich speziell an Manager und Digitalisierungsexperten, die sich dieser Frage systematisch und mit einem wissenschaftlich abgesicherten Hintergrund annehmen möchten.

Die erste Auflage dieses Buchs wurde sehr positiv aufgenommen, was mich natürlich freut und zu einer Neuauflage motiviert hat. Das Grundkonzept des Buchs ist unverändert geblieben. Gleichwohl erfreut sich das Thema des Transformationsmanagements ungebrochener Aufmerksamkeit in der Forschung. Die wichtigsten Erkenntnisse daraus sind in die Überarbeitung eingeflossen, die aus drei Schwerpunkten besteht. Ein erster Schwerpunkt lag bei organisatorischen Aspekten, insbesondere der Rolle von Start-ups für die digitale Transformation, der Ausgestaltung der sogenannten Digital Innovation Units (Digitalisierungseinheiten) und der Rolle des Chief Digital Officers in der digitalen Transformation. Der zweite Schwerpunkt der Überarbeitung war eine deutlich ausdifferenziertere Betrachtung der Ausgestaltung und des Managements von Digitalisierungsprojekten. Der dritte Schwerpunkt der

Überarbeitung lag in der weiteren Präzisierung und Abgrenzung des Konzepts der digitalen Transformation. Zudem wurde der fortschreitenden technologischen Entwicklung Rechnung getragen.

Auch diese zweite Auflage wurde wesentlich von der Forschungsgruppe „Digitales Management" an meinem Institut an der LMU München getragen. Mein besonderer Dank gilt Philipp Barthel. Philipp Barthel hat den Überarbeitungsprozess mit Weitsicht und tiefem Verständnis für das Thema koordiniert, seine Spezialthemen umfassend eingebracht und viele Aktualisierungen vorgeschlagen. Mein Dank gilt ebenfalls Christian Sciuk, Janine Hagen und Simon Engert. Auch sie haben sich bei der Überarbeitung einzelner Passagen engagiert. Julia Schulmeyer hat Philipp Barthel bei der Koordination der Überarbeitung ebenfalls unterstützt, auch ihr gilt mein Dank. Und – last but not least – gilt Barbara Roscher und ihrem Team mein Dank für die gewohnt effiziente Unterstützung des Projekts auf Verlagsseite.

Aus Gründen der besseren Lesbarkeit wird auf die gleichzeitige Verwendung der Sprachformen männlich, weiblich und divers (m/w/d) verzichtet. Sämtliche Personenbezeichnungen gelten gleichermaßen für alle Geschlechter.

München, Deutschland   Thomas Hess
                                                            Januar 2022

Inhaltsverzeichnis

1	**Herausforderung digitale Transformation**	1
	1.1 Drei Einsichten zur digitalen Transformation	1
	1.2 Die zwei Ebenen der digitalen Transformation	2
	1.3 Neue Technologien als Treiber digitaler Innovationen	4
	1.4 Das Drei-Schichten Framework der digitalen Transformation	6
	1.5 Aufbau dieses Buches	10
	Literatur	11
2	**Willkommen in der digitalen Unternehmenswelt**	13
	2.1 Potenziale digitaler Technologien: Von der automatisierten Buchhaltung bis zum selbstfahrenden Auto	13
	2.1.1 Musikindustrie: Der Napster-Schock und seine Folgen	14
	2.1.2 Automobilindustrie: Von der Prozessoptimierung in der Herstellung zu neu gedachter Mobilität und neuer Fahrzeugarchitektur	16
	2.1.3 Die fünf Stufen des digitalen Wandels von Unternehmen	19
	2.2 Wichtige Begriffe und Konzepte	20
	2.2.1 Digitalisierung und digitale Transformation	20
	2.2.2 Digitale Transformation als spezifisches Managementkonzept	21
	2.2.3 Digitale Innovationen und disruptive Innovationen	23
	2.2.4 Industrie 4.0, Social Media Marketing und ähnliche Konzepte	23

	2.2.5	Add-on: Theoretische Einordnung der digitalen Transformation	24
2.3	Digitalisierung: Wie digitale Innovationen heute entstehen		25
	2.3.1	Trends bei der Hardware	26
	2.3.2	Trends bei der Software	27
	2.3.3	Trends an der Benutzerschnittstelle	29
	2.3.4	Fazit	30
2.4	Digitale Transformation: Wo digitale Innovationen heute ansetzen		30
	2.4.1	Aktuelle Veränderungen im Umfeld von Unternehmen	31
	2.4.2	Typische Veränderungen auf der Marktseite	33
	2.4.3	Typische Veränderungen in der Organisation	34
	2.4.4	Fazit	36
	2.4.5	Add-on: Datenökonomie als Querschnittsthema	36
2.5	Wann digitale Innovationen wirksam werden: Zur Akzeptanz neuer Systeme		37
2.6	Ist mehr immer besser? Vom „optimalen" Digitalisierungsgrad		40
Literatur			41

3 Wertschöpfungsstrukturen durch digitale Transformation verändern 43

3.1	Was ist das Besondere an Projekten der digitalen Transformation?		43
	3.1.1	Zur Struktur originärer Transformationsprojekte: Das Integrationsparadigma der digitalen Transformation	44
	3.1.2	Management von Transformationsprojekten	46
		3.1.2.1 Teamzusammensetzung	48
		3.1.2.2 Projektleitungsstil und -methoden	48
		3.1.2.3 Projektcontrolling und -bewertung	50
		3.1.2.4 Einbettung in die Kernorganisation und Projektlandschaft	53
3.2	Digitale Produkte und Dienste		54
	3.2.1	Drei Varianten digitaler Produkte und Dienste	54
	3.2.2	Die Rolle von Ecosystems für digitale Produkte und Dienste	58
	3.2.3	Add-on: Wie viel Privatheit will der (deutsche) Kunde bei digitalen Produkten und Diensten?	62
	3.2.4	Vorgehen bei der Entwicklung digitaler Produkte und Dienste	64

			3.2.4.1 Grundsatzentscheidung über das Vorgehen	64
			3.2.4.2 Design Thinking als spezielle Form des agilen Vorgehens	68
		3.2.5	Produktorientierte Ausgestaltung einer Organisation	70
	3.3	Digitale Kundenschnittstellen		71
		3.3.1	Grundverständnis der Customer Journey	72
		3.3.2	Die Customer Journey Map	75
		3.3.3	Die Veränderung der Customer Journey durch die Digitalisierung	77
		3.3.4	Gatekeeper an der digitalen Kundenschnittstelle	79
	3.4	Digitale Geschäftsprozesse		80
		3.4.1	Abgrenzung von Prozessen	81
		3.4.2	Prozessmodellierung	82
		3.4.3	Typische Ansatzpunkte für Prozessverbesserungen	84
		3.4.4	Process Mining als neuer Analyseansatz	85
		3.4.5	Vorgehen bei der Geschäftsprozessoptimierung	87
		3.4.6	Die Idee einer prozessorientierten Organisation – und ihre Realität	89
	3.5	Digitale Geschäftsmodelle		89
		3.5.1	Beschreibung von Geschäftsmodellen	91
		3.5.2	Typische Geschäftsmodellinnovation im Rahmen der digitalen Transformation	96
		3.5.3	Vorgehen bei der Geschäftsmodellanalyse	101
Literatur				104
4	**Voraussetzungen für die digitale Transformation schaffen**			**109**
	4.1	IT-Landschaft vorbereiten: Erweiterbarkeit möglich machen		109
		4.1.1	Warum geht nicht alles, und das sofort? Zur Veränderbarkeit von IT-Landschaften	110
		4.1.2	Bimodale IT als Lösungsansatz?	111
			4.1.2.1 Organisatorische Abbildung der bimodalen IT	112
			4.1.2.2 Vor- und Nachteile des bimodalen Ansatzes	113
		4.1.3	Cloud-Computing als Lösungsansatz?	115
			4.1.3.1 Nutzung von Cloud-Lösungen durch Unternehmen	117
			4.1.3.2 Nachteile und Risiken von Cloud-Lösungen	118
			4.1.3.3 Nutzung des Cloud-Computing für Applikationen beim Privatkunden	119

4.2	Transformationsfördernde Organisationsformen schaffen: Do's und Dont's für etablierte Unternehmen	120
	4.2.1 Das Dilemma des (Produkt-)Innovators	121
	4.2.2 Einrichtung einer Digitalisierungseinheit	124
	4.2.2.1 Zielsetzungen und Typen von Digitalisierungseinheiten	125
	4.2.2.2 Ausgestaltung von Digitalisierungseinheiten	127
	4.2.2.3 Add-on: Ambidextrie als abstrakte Fähigkeit eines Unternehmens	129
	4.2.3 Zusammenarbeit mit Start-ups als Innovationschance in der digitalen Transformation	130
	4.2.3.1 Charakterisierung von Start-ups	131
	4.2.3.2 Accelerator- und Inkubator-Programme	132
	4.2.3.3 Corporate Venturing	134
	4.2.3.4 Zusammenarbeit mit einem Start-up – ja oder nein?	136
4.3	Unternehmenskultur digital transformieren: Ein dickes Brett	139
	4.3.1 Was ist überhaupt Unternehmenskultur?	139
	4.3.2 Adäquate Kultur für die digitale Transformation	142
	4.3.2.1 Resiliente Organisationen als kulturelles Vorbild	143
	4.3.2.2 Marktorientierung als Wert im Kontext der digitalen Transformation	144
	4.3.2.3 Mitarbeiterorientierung als Wert im Kontext der digitalen Transformation	146
	4.3.2.4 Agilität als Wert im Kontext der digitalen Transformation	147
	4.3.2.5 Fazit	148
	4.3.3 Ausgewählte Instrumente für das Management des kulturellen Wandels	149
	4.3.3.1 Kulturanalyse	149
	4.3.3.2 IT-Systeme als Hilfsmittel zur Kulturveränderung	151
	4.3.3.3 Die Rolle der Führungskräfte	153
	4.3.4 Spezifische Vorgehensweise in einem Kulturwandel-Projekt	153
	4.3.4.1 Analysephase	154
	4.3.4.2 Implementierungsphase	155
4.4	Kompetenzen für die digitale Transformation aufbauen	160

	4.4.1		Der Bedarf an Digitalisierungs- und Transformationskompetenzen	161
		4.4.1.1	Bedarf an Digitalisierungskompetenz	162
		4.4.1.2	Bedarf an Transformationskompetenz	163
		4.4.1.3	Ausdifferenzierung in der Praxis	164
	4.4.2		Zwei Möglichkeiten der Bedarfsdeckung	165
	4.4.3		Ansatzpunkte für den Aufbau von Transformationskompetenz	166
	4.4.4		Add-on: Dynamische Fähigkeiten für die digitale Transformation	171
Literatur				173

5 Transformations-Governance festlegen — 177

5.1	Elemente einer Transformationsstrategie			177
	5.1.1	Funktion und Abgrenzung einer Transformationsstrategie		178
	5.1.2	Das Digital Transformation Strategy Framework		179
		5.1.2.1	Nutzung von Technologien	180
		5.1.2.2	Veränderung der Wertschöpfungsstruktur	181
		5.1.2.3	Veränderung der Organisationsstruktur	182
		5.1.2.4	Finanzieller Rahmen	182
	5.1.3	Leitfragen bei der Formulierung einer Transformationsstrategie		183
	5.1.4	Die Strategien dreier Branchen im Vergleich		184
		5.1.4.1	Ausgangssituation in den drei Branchen	185
		5.1.4.2	Nutzung von Technologien	187
		5.1.4.3	Veränderungen der Wertschöpfungsstruktur	188
		5.1.4.4	Veränderung der Organisationsstruktur	189
		5.1.4.5	Finanzielle Aspekte	189
	5.1.5	Typische Elemente einer Transformationsstrategie		190
5.2	Der Weg zur Transformationsstrategie			191
	5.2.1	Zwei grundlegende Entstehungsweisen		191
		5.2.1.1	Bottom-up-Strategieentwicklung bei einem Automobilhersteller	192
		5.2.1.2	Top-down-Strategieentwicklung bei einem Finanzdienstleister	194
		5.2.1.3	Fazit	195
		5.2.1.4	Add-on: Transformationsstrategie als emergentes Phänomen	195

       5.2.2   Weitere Besonderheiten bei der Entstehung einer
                Transformationsstrategie   197
                5.2.2.1 Wechselspiel von Planung und Realisierung   197
                5.2.2.2 Dialogorientiertes Vorgehen   198
       5.2.3   Zwei Instrumente für die Generierung von Ideen
                bottom-up   199
                5.2.3.1 Ideenwettbewerbe   199
                5.2.3.2 Hackathons   202
  5.3 Managementrollen in der digitalen Transformation   204
       5.3.1   Digitale Transformation ist Chefsache   204
       5.3.2   Der CDO als unterstützende Rolle   205
                5.3.2.1 Aufgaben eines CDOs   205
                5.3.2.2 Abgrenzung der CDO-Rolle   208
       5.3.3   Rahmenbedingungen zur Einsetzung eines CDOs   209
       5.3.4   Erfolgreiches Zusammenspiel zwischen CDO
                und CIO   213
  5.4 Reifegradmodelle als Hilfsmittel?   215
       5.4.1   Das Konzept der digitalen Reife   216
       5.4.2   Zwei typische Reifegradmodelle   217
       5.4.3   Designparameter für Reifegradmodelle   219
       5.4.4   Grenzen der Reifegradmodelle   222
  Literatur   223

6 **Der komplette Ansatz im Überblick**   225
  6.1 Die wichtigsten Konzepte und Instrumente im Überblick   225
       6.1.1   Wertschöpfungsstrukturen durch digitale
                Transformation verändern   225
       6.1.2   Voraussetzungen für die digitale Transformation
                schaffen   227
       6.1.3   Transformations-Governance entwickeln   228
  6.2 Der richtige Einstieg   230
  6.3 Beyond the Digital Transformation: Was kommt danach?   232

1

Herausforderung digitale Transformation

Viele Unternehmen haben bereits eine Reihe von Digitalisierungsprojekten gestartet, manche stehen noch immer vor dem ersten größeren Projekt. Immer stellt sich aber die Frage, wie man das Thema Digitalisierung systematisch angehen kann. Soll ein Unternehmen einen Chief Digital Officer einsetzen oder lieber nicht? Wie müssen z. B. IT-Landschaft und Unternehmenskultur vorbereitet werden, damit die eigentlichen Digitalisierungsprojekte erfolgreich verlaufen? Ist eine Transformationsstrategie nicht letztendlich doch eine klassische IT-Strategie? Was ist eigentlich ein Digitalisierungsprojekt? In diesem Kapitel wird das Drei-Schichten Modell der digitalen Transformation *präsentiert. Es liefert einen Rahmen für den digitalen Wandel in einem Unternehmen und sorgt dafür, dass kein wichtiges Thema rund um die digitalen Innovationen aus dem Blick gerät.*

1.1 Drei Einsichten zur digitalen Transformation

Die Digitalisierung und die darauf aufbauende digitale Transformation sind allgegenwärtige Themen in den Medien. So gut wie jeden Tag gibt es Berichte über neue Geschäftsmodelle, neue Produkte oder neue Prozesse, über Initiativen zur Förderung von Unternehmensgründungen oder die Digitalisierung in der schulischen Ausbildung, über die neue Rolle von Robotern, die Risiken von Cyberkriminalität oder die Gefahr von Datenkraken à la Google.

Digitalisierung und digitale Transformation finden natürlich nicht nur in den Medien, sondern ganz real auch in den Unternehmen statt. Jedem Manager und jedem Unternehmer, der sich mit dem Thema beschäftigt, werden drei Dinge recht schnell klar:

- Erstens kann man das Thema nicht einfach ignorieren. Der digitale Wandel scheint die unterschiedlichsten Felder im Unternehmen zu tangieren, von der Beschaffung bis zum Vertrieb und von der Organisation bis zur Strategieentwicklung. Auch scheint es wenig erfolgversprechend, das Thema einfach an die IT-Abteilung zu delegieren, wie man es mit dem Thema Enterprise Resource Planning-Systeme (ERP-Systeme) vor ein paar Jahren vielleicht noch machen konnte.
- Zweitens scheint es keine Patentlösung für das Thema zu geben – zu unterschiedlich sind die aufgeworfenen Fragen und Möglichkeiten sowie die in den Unternehmen vorhandenen Voraussetzungen.
- Und drittens darf es nicht dabei bleiben, dass das Thema nur aus der Initiative Einzelner heraus behandelt wird – zu erratisch sind dann die Schwerpunkte, zu ineffizient die Prozesse.

Speziell dem dritten Themenfeld widmet sich dieses Buch. Es möchte Managern und Unternehmern helfen, in ihrer Organisation spezifische Strukturen aufzusetzen, die es erlauben, die digitale Transformation systematisch anzugehen und dabei weniger vom Zufall abhängig zu sein. Explizit geht es weder um einen groben Überblick über das Thema Digitalisierung noch um die Potenziale einzelner Technologien oder um einzelne Produktideen. Im Zentrum steht vielmehr der Prozess der digitalen Transformation eines Unternehmens. Das Buch möchte Wege aufzeigen, wie ein Unternehmen diesen Prozess effektiv und effizient organisieren kann – soweit man das heute schon wissen und überschauen kann. Es wendet sich an Praktiker, seien es nun Linienverantwortliche, Mitarbeiter in Stäben oder Digitalisierungsexperten. Bewusst wird die unternehmerische Sicht auf das Thema gewählt, d. h. das Unternehmen mit seinen Produkten und Prozessen steht im Fokus; andere Dinge wie Strukturen oder technische Lösungen werden primär als Mittel zum Zweck gesehen.

1.2 Die zwei Ebenen der digitalen Transformation

Spricht man mit Unternehmen im deutschsprachigen Raum darüber, wie intensiv sie sich schon mit der Digitalisierung und der darauf aufbauenden digitalen Transformation beschäftigt haben, dann ergibt sich ein geteiltes Bild (etventure, 2019; Telekom, 2020).

Eine erste Gruppe von Unternehmen in Deutschland hat bereits eine größere Zahl an Digitalisierungsprojekten gestartet. Beispielsweise beschäftigen sich viele größere Retail-Banken gerade mit neuen Online-Angeboten und dem Rückbau des Filialgeschäfts. Große Händler versuchen verlorenes Terrain mittels Online-Shops wieder gutzumachen, um so neben Amazon und anderen „Pure Digitals" bestehen zu können. Fernsehsender erkunden gerade, wie sie sich neben Netflix und Co. behaupten können. Typischerweise sind in diesen Unternehmen bereits eine größere Zahl von Digitalisierungsinitiativen angelaufen. Häufig laufen derartige Projekte weitgehend unkoordiniert nebeneinanderher. Manchmal überschneiden sie sich sogar. Aufgrund der alleinigen Fokussierung auf diese Projekte werden wichtige neuere Entwicklungen dabei gern übersehen. „Wir beschäftigen uns ja schon mit der digitalen Transformation" ist eine typische Aussage, die man in diesen Unternehmen immer wieder hört. Derartige Unternehmen benötigen dringend eine systematische Koordination ihrer Digitalisierungsinitiativen.

Die zweite Gruppe von Unternehmen in Deutschland steht immer noch vor dem ersten substanziellen Digitalisierungsprojekt. In diesen Unternehmen ist das Thema des digitalen Wandels zwar durchaus angekommen. Typischerweise wurde es schon einmal andiskutiert. Man hat sich, z. B. für eine Sitzung von Aufsichtsrat oder Beirat, einen externen Referenten eingeladen. Auch wurden einzelne Ideen entwickelt, so z. B. für eine innovative App im Marketing oder einen ganz neuen, auf Big-Data-Technologien basierenden Ansatz für die Auswertung von Produktionsdaten. Ferner bieten sich immer wieder Berater an, die unterstützen wollen. Zudem gibt es Kooperationsanfragen von Internet-Start-ups, mit denen man aber ohne konkrete Digitalisierungsprojekte eigentlich wenig anfangen kann. In Unternehmen dieser zweiten Gruppe ist das Bewusstsein für die Herausforderung vorhanden. Es fehlt aber der nächste Schritt – und die Zeit drängt.

Die Ausgangslage in den beiden genannten Gruppen von Unternehmen ist auf den ersten Blick unterschiedlich. Auf den zweiten Blick ergibt sich aber eine wichtige Gemeinsamkeit. Erforderlich ist nämlich in beiden Fällen eine systematische und über einzelne Projekte hinausgehende Auseinandersetzung mit der Frage, wie der Prozess der digitalen Transformation organisiert werden soll. Soll die Verantwortung für die digitale Transformation beim Chief Executive Officer (CEO)[1] liegen, oder soll er diese z. B. an einen Chief Digital Officer (CDO) oder den Chief Information Officer (CIO) delegieren? Ist eine

---

[1] Im deutschsprachigen Raum gibt es eine große Bandbreite an Bezeichnungen von Management-Positionen. Vereinfachend wird in diesem Buch auf die international üblichen Bezeichnungen zurückgegriffen.

Transformationsstrategie notwendig, obwohl das Unternehmen doch eine akzeptierte und aktuelle IT-Strategie hat? Welche Rolle spielt der HR-Bereich im Rahmen der digitalen Transformation? Welche Tools unterstützen z. B. die Entwicklung digitaler Produkte? Soll man das Thema gar an die IT-Abteilung delegieren? Wie oft soll sich das Top-Management mit dem Thema der digitalen Transformation beschäftigen?

Bei all diesen Fragen ist es wichtig, den Prozess der digitalen Transformation systematisch anzugehen und eben nicht zufällig, unstrukturiert und unkoordiniert zu agieren. Im Kern geht es darum, die Voraussetzungen zu schaffen, damit Chancen und Risiken des digitalen Wandels erkannt, die richtigen Schwerpunkte gesetzt, die richtigen Projekte priorisiert und strukturelle Voraussetzungen geschaffen werden. Dies soll hier als **Managementebene der digitalen Transformation** bezeichnet werden (Hess & Barthel, 2017). Diese Ebene schafft erst die Voraussetzungen für die **operative Ebene der digitalen Transformation** – genauso wie auch in anderen Teilen des Unternehmens ein Managementsystem erforderlich ist, damit das operative Handeln effektiv und effizient ist.

Das Management der digitalen Transformation wurde in einer großen Zahl von Unternehmen bisher weitgehend vernachlässigt. Viele Unternehmen waren bisher damit zufrieden, das Thema überhaupt erkannt zu haben. Das reicht heute nicht mehr aus. Erforderlich ist eine systematische Auseinandersetzung mit der Frage, wie der Prozess der digitalen Transformation im eigenen Unternehmen gesteuert werden kann (Abb. 1.1).

1.3 Neue Technologien als Treiber digitaler Innovationen

Im Zentrum des digitalen Wandels von Unternehmen stehen **„digitale Innovationen"** (Nambisan et al., 2017; Wiesböck & Hess, 2020). Digitale Innovationen ergeben sich durch die innovative Nutzung digitaler Technologien. Das zentrale Merkmal digitaler Innovationen ist, dass sie zwei Komponenten umfassen, eine technische und eine fachliche (inhaltliche, zum Anwendungsfeld passende) Lösung (siehe Abb. 1.2). Ein Beispiel hierfür ist etwa die Kombination eines Online-News-Service (innovative fachliche Lösung) mit einem auf Machine-Learning basierten Empfehlungssystem (innovative technische Lösung). Diese Komponenten müssen aber aufeinander abgestimmt („integriert") sein, und sind daher wie die zwei Seiten einer Medaille. Traditionell kommt der Anstoß für eine digitale Innovation aus neuen fachlichen An-

1 Herausforderung digitale Transformation   5

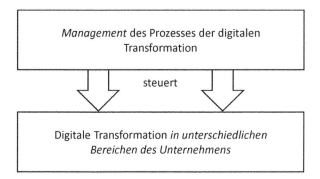

Abb. 1.1 Zwei Ebenen der digitalen Transformation. (Hess & Barthel, 2017)

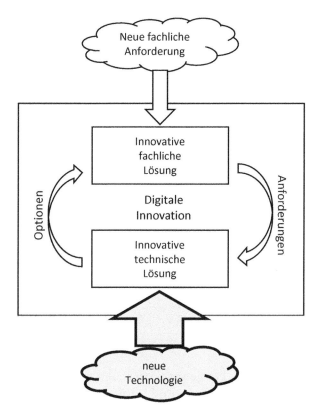

Abb. 1.2 „Technology Push" im Grundmodell der digitalen Innovationen. (Wiesböck & Hess, 2020)

forderungen, z. B. aus einem veränderten Vertriebs- oder Controlling-Konzept. Diese neuen Anforderungen werden in einer technischen Lösung umgesetzt („Technology Pull"). Das reicht allerdings heute nicht mehr. Heute sind technische Entwicklungen sehr häufig der Treiber für digitale Innovationen, d. h. der Anstoß kommt häufig aus der Technologie („Technology Push"). In Abb. 1.2 kommt dieser spezielle „Einstiegspunkt" besonders zum Ausdruck.

Die integrierte Betrachtung einer digitalen Innovation und insbesondere die heute dominante Rolle der technischen Treiber werden uns in diesem Buch noch an vielen Stellen beschäftigen.

1.4 Das Drei-Schichten Framework der digitalen Transformation

Die Notwendigkeit, für die Nutzung der Potenziale digitaler Technologien und damit die Realisierung digitaler Innovationen, eine Managementstruktur zu etablieren, liegt auf der Hand. Für die praktische Umsetzung reicht diese Einsicht aber nicht. Erforderlich ist vielmehr ein Rahmen, der die wichtigsten Themen adressiert und damit entsprechende Sicherheit gibt. Gerade bei der Entwicklung eines Ansatzes für das eigene Unternehmen kann ein solches Framework im Sinne einer „Blaupause" helfen, das Vorhaben systematisch anzugehen. Natürlich kann so ein Framework nicht eins zu eins in jedem Unternehmen umgesetzt werden. Branche, Größe, Alter und nicht zuletzt der Stand der Auseinandersetzung mit Digitalisierung und digitaler Transformation entscheiden darüber, welche Aufgaben in einem Unternehmen mit welchem Nachdruck angegangen werden sollten.

Das „Drei-Schichten Modell der digitalen Transformation" (3SDT-Framework) ist ein derartiges Framework. Es wurde im Zusammenspiel zwischen Wissenschaft und Praxis in den letzten Jahren erarbeitet (Wiesböck & Hess, 2020) und für dieses Buch nochmals weiterentwickelt. Dieses Framework betrachtet die digitale Transformation aus einer gesamthaften Perspektive für ein Unternehmen und stellt die digitalen Innovationen in das Zentrum.

Den Kern des 3SDT-Frameworks stellen die Veränderung der Wertschöpfung durch die **Entwicklung und Implementierung digitaler Innovationen** dar. Diese digitalen Innovationen können sowohl auf eine interne (digitale Prozessinnovation) oder externe (digitale Produkt- und Serviceinnovation) Veränderung der Wertschöpfung ausgerichtet sein. Sie können auch in Form von digitalen Geschäftsmodellinnovationen alle Perspektiven der Wertschöpfung betreffen. Diese Veränderungen werden mittels **„originärer" Digitalisierungsprojekte** umgesetzt, so z. B. mittels eines Projekts für einen neuen Internet-Service, für einen vollständig automatisierten Geschäftsprozess oder zum Erschließen einer ganz neuen Erlösquelle. Diese Projekte bezeichnen wir auch als digitale Transformationsprojekte im **engeren** Sinne, da sie die Wertschöpfung des Unternehmens direkt verändern.

Produkte, Prozesse und Geschäftsmodelle können aber nur verändert werden, wenn eine **Reihe von Voraussetzungen im Unternehmen** gegeben sind. Diese Voraussetzungen liegen u. a. in der Unternehmensorganisation. So muss z. B. eine innovationsfördernde Unternehmensorganisation vorhanden sein. Diese lässt sich nicht mit einem originären Digitalisierungsprojekt erreichen. Genauso verhält es sich z. B. mit der Unternehmenskultur. Typischerweise lässt sich diese, wenn überhaupt, nur über einen längeren Zeitraum verändern. Auch folgen derartige **„Unterstützungsprojekte"** einer gänzlich anderen Logik und münden, anders als originäre Transformationsprojekte, nur im Ausnahmefall in neuen Applikationen. Wir bezeichnen diese Projekte auch als digitale Transformationsprojekte im **weiteren** Sinne, da sie nur indirekt zur Veränderung der Wertschöpfung beitragen. Die Schaffung von Voraussetzungen bildet daher die zweite Schicht des 3SDT-Frameworks. Im Wesentlichen betrifft dies die IT-Landschaft, die Kompetenzen sowie die formalen und informalen Strukturen eines Unternehmens. Typische Vorhaben sind hier z. B. die Flexibilisierung der IT-Landschaft für die Anpassung von Produktmerkmalen oder die Einrichtung spezieller Organisationseinheiten, die die Entstehung neuer Geschäftsideen fördern. Typischerweise entsteht in einem Unternehmen so eine Vielzahl von Ideen für neue Produkte und Prozesse. Dies führt außerdem zum Anpassen von Strukturen, Systemen und Kulturen.

Erforderlich ist daher eine **Transformations-Governance**, die die erfolgreiche Implementierung und Einbettung von digitalen Innovationen gewährleistet. Ein zentraler Bestandteil dieser Governance ist die **Transformationsstrategie,** die Schwerpunkte setzt und den Kontext des finanziellen Rahmens und der technologischen Möglichkeiten berücksichtigt. Sie ist nicht mit einer IT-Strategie zu verwechseln und schafft zudem die Verbindung zur Unternehmensstrategie und gegebenenfalls anderen „Leitplanken". Des Weiteren ist hier auch die Frage zu beantworten, welche **Managementposition** den Transformationsprozess im Unternehmen hauptsächlich verantworten soll. Projekte, die auf dieser dritten Schicht ansetzen, etwa reine Strategieentwicklungsprojekte, können ebenfalls zu den digitalen Transformationsprojekten im **weiteren** Sinne gezählt werden, da sie eine zentrale Rolle für das Gelingen der Transformation spielen können, die Wertschöpfung jedoch nicht direkt verändern. Die Entwicklung einer Transformations-Governance bildet somit die dritte und äußerste Schicht des 3SDT-Frameworks.

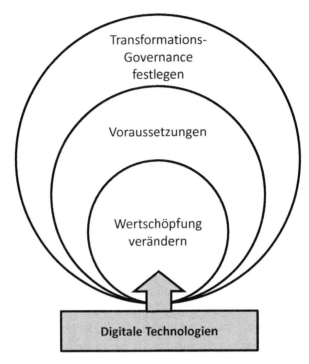

Abb. 1.3 Das Drei-Schichten Framework der digitalen Transformation. (In Anlehnung an Wiesböck & Hess, 2020)

Abb. 1.3 zeigt das 3SDT-Framework. Nachfolgend werden die drei Schichten und die damit einhergehenden Themenfelder im Detail vorgestellt.

Themenfeld 1: Veränderung der Wertschöpfung durch Entwicklung und Implementierung digitaler Innovationen
Originäre Digitalisierungsprojekte verändern durch die Entwicklung und Implementierung digitaler Innovationen die Wertschöpfung. Sie stellen bestehende Produkte, Kundenschnittstellen, Prozesse und Geschäftsmodelle infrage. Ebenso eröffnen sie aber auch die Chance für neue Produkte, Kundenschnittstellen, Prozesse und Geschäftsmodelle, die es bisher entweder im eigenen Unternehmen oder auch insgesamt noch nicht gab. Für jeden der erwähnten Punkte gibt es spezifische Vorgehensmodelle, Instrumente und Konzepte. So lassen sich z. B. Produkte gut agil entwickeln, bei Prozessen gelingt das eher selten. Auch sind Spezifika zu berücksichtigen, z. B. neue Akteure wie Google oder Facebook an der Schnittstelle zwischen Kunden und etablierten Unternehmen.

Themenfeld 2: Voraussetzungen für die digitale Transformation schaffen
Digitale Transformation gelingt nur, wenn die dafür erforderlichen Voraussetzungen vorausschauend geschaffen wurden. Diese liegen in der IT-Landschaft, im Personalbestand, in innovationsfördernden Strukturen und in der Unternehmenskultur. Nicht selten müssen diese über entsprechende Projekte (Unterstützungsprojekte) angepasst werden. Auch sie sind ein Teil, häufig sogar ein großer und wichtiger Teil, einer digitalen Transformation.

Themenfeld 3: Transformation-Governance festlegen
Zur Transformations-Governance gehört insbesondere die Entwicklung einer Transformationsstrategie die, wie bereits erwähnt, die wesentlichen Leitplanken für die digitale Transformation eines Unternehmens setzt. Sie beschreibt die zentralen Schritte eines Unternehmens im Rahmen der digitalen Transformation. Dadurch ergeben sich zahlreiche Schnittstellen zu anderen Feldern, insbesondere zur Unternehmensstrategie und zur IT-Strategie. Im Kontext der Entwicklung einer Transformationsstrategie sind diese Schnittstellen zu klären. Sobald eine Transformationsstrategie im oben beschriebenen Sinne festgelegt wurde, ist es zwingend erforderlich, diese an alle Mitarbeiter im Unternehmen zu kommunizieren. Dieser Punkt ist besonders kritisch, da sich hier entscheidet, ob die geplante Veränderung von den Mitarbeitern angenommen wird oder sich Widerstand bildet. Unterschiedliche Gruppen im Unternehmen müssen dabei unter Umständen individuell adressiert werden. Wichtig ist, dass nicht nur kommuniziert wird, *was* sich verändern wird, sondern auch, *warum* und warum *auf diesem Weg*. Eine weitere Leitplanke wird durch Definition von Managementrollen gesetzt. Konkret ist dabei zu entscheiden, wer die digitale Transformation vorantreibt, wer die Umsetzung steuert und wer wichtige Voraussetzungen schafft.

> In Tab. 1.1 sind die Aufgaben in den drei Themenfeldern im Kontext der digitalen Transformation zusammenfassend dargestellt. In dieser Zusammenschau wird deutlich, dass eine derartige Managementstruktur nur sinnvoll ist, wenn es um Veränderungen geht, die die Wettbewerbsposition eines Unternehmens tangieren. Genau auf die Bewältigung derartiger Veränderungen ist das 3SDT-Framework ausgerichtet. Natürlich gibt es auch kleinere „Digitalisierungen", so z. B. in einzelnen Funktionsbereichen wie dem Rechnungswesen oder dem Personalbereich. Diese kommen aber in der Regel mit einem weniger umfassenden Managementansatz aus.

Tab. 1.1 Managementaufgaben im Kontext der digitalen Transformation. (Wiesböck & Hess, 2020)

Themenfeld	Aufgaben
Veränderung der Wertschöpfung durch Entwicklung und Implementierung digitaler Innovationen	Entwicklung und Implementierung von digitalen Innovationen im Bereich der: - Produkte und Dienste - Kundenschnittstellen - Geschäftsprozesse - Geschäftsmodelle
Voraussetzungen für die digitale Transformation schaffen	IT-Landschaft vorbereiten Innovationsfördernde Strukturen aufbauen Unternehmenskultur verändern Kompetenzen aufbauen
Transformations-Governance festlegen	Ideen und Anstöße für die Transformationsstrategie einbinden Schnittstellen zu anderen Strategien definieren Transformationsstrategie fixieren und kommunizieren Rollen für die digitale Transformation festlegen

Tab. 1.1 macht außerdem sichtbar, dass das Management der digitalen Transformation etwas Neues ist. Mit dem IT-Management hat das Management der digitalen Transformation kaum etwas zu tun. Im IT-Management geht es um die IT-Landschaft eines Unternehmens und manchmal noch um graduelle Veränderungen in den Geschäftsprozessen. Das Themenspektrum im IT-Management reicht dementsprechend von Betrieb und Wartung einzelner Systeme und deren Zusammenwirken über die Vernetzung von Rechnern bis zur Auslagerung ganzer Teile an Dienstleister. Im Zuge der stetig steigenden Bedeutung der IT haben die Faktoren Sicherheit und Verfügbarkeit in den letzten Jahren deutlich an Bedeutung gewonnen. Zudem hat sich der Kostendruck auf die IT stetig erhöht. Der Betrieb und die Weiterentwicklung der IT, sowie die graduelle Veränderung von Prozessen in Folge der Einführung neuer IT-Systeme sind herausfordernde Managementthemen. Sie sind jedoch klar vom Management des digitalen Wandels abzugrenzen.

1.5 Aufbau dieses Buches

Der Aufbau des Buches folgt dem 3SDT-Framework. Kap. 2 liefert zunächst die „Basics" zum Thema Digitalisierung und digitale Transformation. Kap. 3 beschäftigt sich mit der Veränderung der Wertschöpfung, insbesondere also mit dem Management von Digitalisierungsprojekten, sowie der Innovation im Bereich der Produkte, Kundenschnittstellen, Prozesse und Geschäftsmodelle. Kap. 4 widmet sich den Voraussetzungen für die digitale Transformation, wie sie z. B. in den Bereichen IT-Landschaft und Organisationsstruktur zu schaffen sind. In Kap. 5 steht schließlich die Transformations-Governance im Zentrum. Dabei werden Transformationsstrategien und -strukturen thematisiert. In Kap. 6 wird das Vorgehen kurz zusammengefasst und ein Weg für den Einstieg aufgezeigt.

Einen umfassenden Einblick erhält man natürlich, wenn man die Kap. 2, 3, 4, 5 und 6 sukzessive durcharbeitet – wobei Kap. 2 übersprungen werden kann, wenn man sich mit den Themen Digitalisierung und digitale Transformation schon breit beschäftigt hat. Ein Einstieg ist aber auch über Kap. 6 möglich. Von dort aus kann man gut in die Details in den Kap. 3, 4 und 5 springen.

Literatur

Deutsche Telekom. (2020). *Digitalisierungsindex Mittelstand 2020/2021 – Der digitale Status quo des deutschen Mittelstands.* https://www.digitalisierungsindex.de/studie/gesamtbericht-2021/. Zugegriffen am 07.09.2021.

etventure. (2019). *Studie Digitale Transformation 2019: Die Zukunftsfähigkeit der deutschen Unternehmen.* https://service.etventure.de/digitale-transformation-2019. Zugegriffen am 07.09.2021.

Hess, T., & Barthel, P. (2017). Wieviel digitale Transformation steckt im Informationsmanagement? Zum Zusammenspiel eines etablierten und eines neuen Managementkonzepts. *HMD Praxis der Wirtschaftsinformatik, 54*(3), 313–323.

Nambisan, S., Lyytinen, K., Majchrzak, A., & Song, M. (2017). Digital innovation management: reinventing innovation management research in a digital world. *MIS Quarterly, 41*(1), 223–238.

Wiesböck, F., & Hess, T. (2020). Digital innovations – Embedding in organizations. *Electronic Markets, 30*(2), 75–86.

2
Willkommen in der digitalen Unternehmenswelt

Digitale Disruption, Industrie 4.0, Social Media Marketing – man könnte die Liste der im Kontext von digitaler Transformation verwendeten Begriffe und Konzepte fast beliebig verlängern und stetig erweitern. In diesem Kapitel soll etwas Ordnung in die kaum noch überschaubare Begriffswelt gebracht werden. Herausgearbeitet werden die beiden zentralen Merkmale der digitalen Transformation. Ferner werden die Begriffe der Digitalisierung und der digitalen Transformation in die Logik der digitalen Innovationen eingebettet. Für das Grundverständnis des Themas genauso wichtig sind als zweite Perspektive aber auch die aktuellen technologischen Entwicklungen sowie die sich daraus ergebenden grundsätzlichen Fragen für Unternehmen. Auch darüber wird ein Überblick gegeben.

2.1 Potenziale digitaler Technologien: Von der automatisierten Buchhaltung bis zum selbstfahrenden Auto

Schon lange führen neue digitale Technologien zu neuen unternehmerischen Konzepten. Nachfolgend zeigen wir die Entwicklung in zwei Branchen exemplarisch auf und stellen ein allgemeines Modell vor, mit dem sich die Wirkung neuer digitaler Technologien erfassen lässt.

2.1.1 Musikindustrie: Der Napster-Schock und seine Folgen

Lange Zeit war der Verkauf von Musik ein einträgliches Geschäft gewesen. Die Renditen waren beachtlich, die zentrale Herausforderung der Musikindustrie war es, die nächsten Top-Seller zuverlässig zu erkennen. Bis Ende der 90er-Jahre teilten vier international tätige Verlage den Markt unter sich auf (einer davon gehörte zur deutschen Bertelsmann-Gruppe), und kleinere regionale Player besetzten die Nischenmärkte. In dieser Zeit wurde IT lediglich zur Steigerung der Effizienz im sogenannten Back-Office eingesetzt.

Doch plötzlich änderte sich alles. Das Start-up Napster kam an den Markt. Napster nutzte als erster die Potenziale der „Peer-to-Peer-Technologie" für den Austausch von Musikdateien. Entscheidend ist, dass dieser nun direkt zwischen den Computern und damit nicht über eine zentrale Instanz erfolgte. Abb. 2.1 zeigt das grundlegende Prinzip der Vernetzung, wie es auch für den Austausch von Musikdateien Anwendung findet.

Obwohl dabei offensichtlich bestehende Urheberrechte verletzt wurden, erfreute sich der Dienst schnell großer Beliebtheit, die sich in rapide ansteigenden Nutzerzahlen ausdrückte. Napster wurde zwar bereits wenige Jahre nach der Einführung infolge zahlreicher von der Musikbranche angestoßener Gerichtsverfahren in seiner ursprünglichen Form eingestellt. Jedoch hatte der Dienst zusammen mit anderen Musiktauschbörsen in dieser vergleichsweise kurzen Zeit bereits gravierende Umsatzeinbußen bei den großen Musiklabels verursacht. Auf einen Schlag war IT in Musikverlagen nicht mehr ausschließlich

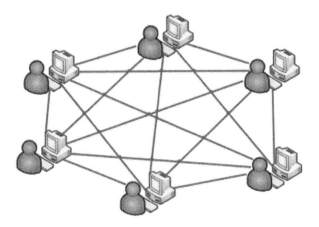

Abb. 2.1 Peer-to-Peer-Tauschnetzwerk für Musik

Thema für das Back-Office, sondern stand auf der strategischen Agenda aller Musikverlage.

Aufgrund dieser Entwicklungen war die Musikindustrie zum Umdenken gezwungen und begann Anfang der 2000er-Jahre mit der Erprobung digitaler Distributionskonzepte. Eine der ersten Formen dieser neuen Distributionsverfahren war das Konzept des „Download-to-Own", also eine Form des Einmalkaufs von Downloads für gesamte Musikalben oder auch einzelne Songs. Zunächst versuchten die Musikverlage ihre nun als Dateien vorliegenden Alben und Songs über die eigenen Webseiten zu verkaufen – der Erfolg blieb jedoch weitgehend aus.

Mehr Erfolg bescherte der Musikindustrie die Kooperation mit Apple. Apple startete im Jahr 2001 seinen Internetdienst iTunes. Über diesen Dienst konnten Konsumenten erstmals bequem Musikdateien kaufen und herunterladen. Sogenannte Rechteschutzsysteme stellten sicher, dass Konsumenten eine einmal erworbene Musikdatei nicht uneingeschränkt weitergeben konnten. Die Musikverlage erhalten einen Teil der Erlöse für den Verkauf der Dateien, der Rest geht an den Plattformbetreiber Apple. Durch ein spezielles Speicherformat konnten die Dateien nur auf Apple-Endgeräten genutzt werden. Apple hatte damit einen wichtigen Hebel gefunden, um den Abverkauf der eigenen Hardware zu unterstützen. Später kamen weitere Anbieter von Download-Diensten hinzu, und auch Apple ermöglichte es den Nutzern schließlich, die Dateien auch auf anderen Endgeräten abzuspielen.

Heute wird Musik verstärkt mittels Streaming konsumiert. Mit dem Streaming ist ein neues Distributionsverfahren hinzugekommen, bei dem die Musikdateien nur für den Moment der Nutzung über das (mobile) Internet übertragen und nicht mehr lokal auf dem Computer oder auf mobilen Endgeräten vollständig abgespeichert werden. Einer der bekanntesten Streaming-Anbieter in Deutschland ist Spotify. Streaming-Angebote wie die des Plattformbetreibers Spotify werden typischerweise über die Zahlung einer monatlichen Gebühr entgolten. Einige Anbieter verfolgen außerdem ein sogenanntes „Freemium"-Erlösmodell, das neben dem Verkauf von Abonnements im Rahmen einer Premium-Version des Dienstes auch ein kostenloses, jedoch eingeschränktes Angebot umfasst. Manch Anbieter bemüht sich sogar um die Einbindung seiner Inhalte in neue Nutzungskontexte wie z. B. das vernetzte Haus oder das vernetzte Auto. Heute erwirtschaftet die Musikindustrie in Deutschland bereits rund zwei Drittel ihrer Umsätze über Online-Kanäle, Tendenz steigend (Bundesverband der Musikindustrie, 2021).

Innerhalb von 20 Jahren hat sich die Musikindustrie damit grundlegend geändert. Aus der vormals dominierenden CD ist ein Nischenprodukt geworden. Musik wird heute als Datei oder als Service angeboten, eingebunden in einen technischen Kontext. Fundamental ist auch der Wandel bei den Erlösquellen. Die Musikverlage erhalten bei den Streaming-Diensten nun Erlöse für verkaufte bzw. abgespielte Songs und haben dafür ihre Kompetenz in den Bereichen IT und Digitalisierung deutlich ausgebaut. Die für Anbieter attraktiven Bündelangebote – wie sie z. B. auf CDs zu finden sind – sind damit weitgehend weggefallen. Riskant ist für die Musikverlage dabei die Marktmacht von Plattformbetreibern wie Apple und Spotify. Denn diese besetzen die Schnittstelle zum Kunden und sind weltweit aktiv – etwas, was die Musik- oder Medienbranche nicht geschafft hatte. Sie haben damit eine gute Verhandlungsposition gegenüber den Verlagen und können verstärkt in technologische Innovationen investieren, so z. B. in immer bessere Systeme, die dem Kunden die passendsten Inhalte offerieren.

2.1.2 Automobilindustrie: Von der Prozessoptimierung in der Herstellung zu neu gedachter Mobilität und neuer Fahrzeugarchitektur

Die Automobilindustrie gehört zu den Säulen der deutschen Wirtschaft. Sie hat ihren weltweiten Marktanteil in den letzten Jahren stark gesteigert und Erfolge über Erfolge gefeiert. Dennoch gibt es kein Unternehmen der Automobilindustrie, das sich die Thematiken Digitalisierung und digitale Transformation noch nicht auf die Fahne geschrieben hat, sowohl bei den Fahrzeugherstellern als auch bei den Zulieferern. Dies muss auf den ersten Blick überraschen – denn anders als ein Musikstück ist das Auto im Kern gar nicht zu digitalisieren. Doch auch hier steht die Branche aktuell in einem grundlegenden Umbruch.

Begonnen hat die Digitalisierung auch bei den Fahrzeugherstellern im administrativen Bereich. Mehr Aufmerksamkeit gewann das Thema Digitalisierung an dem Punkt, als digitale Technologien der Hebel zur Veränderung wertschöpfender Prozesse wurden. Der Fokus lag dabei auf Verbesserungen in der Produktentwicklung und insbesondere im Management der Lieferketten. Der effiziente Austausch von Daten mit Zulieferern ist eine zentrale Voraussetzung für die Funktionsfähigkeit der von den Fahrzeugherstellern aufgebauten, mehrstufigen Zuliefernetzwerke. Das Internet wurde schnell zur technischen Basis dieses Austausches. Operativ erlauben diese Netzwerke die abgestimmte Planung über die Grenzen des einzelnen Unternehmens hinweg. Über spezifische Investitionen binden diese die Zulieferer an die Fahrzeughersteller. Zusammen mit der standortübergreifenden Optimierung von Produktion und Logistik wurde die Digitalisierung damit schrittweise zu einem strategisch wichtigen Thema für Fahrzeughersteller. In Teilen wurde in dieser Phase auch das Internetangebot für Kunden erweitert und damit das Monopol des klassischen Vertriebs infrage gestellt.

Aktuell hat das Thema des digitalen Wandels nochmals erheblich an Bedeutung gewonnen, denn jetzt geht es näher an das Produkt. Unter dem Stichwort „Connected Car" bemühen sich alle großen Automobilhersteller um die Einbindung der Fahrzeuge in das Internet; digitale Technologien liefern damit eine wichtige Ergänzung des Kernprodukts. Ein solches „Connected Car" zu schaffen ist jedoch technisch eine große Herausforderung, da in diesem eine deutlich gesteigerte Rechenleistung benötigt wird. Während es bisher ausreichte, diese in den bis zu über 100 in dem Fahrzeug verteilen Steuergeräten („Minicomputern") zu leisten, benötigt die nächste Generation an Fahrzeugen einen oder mehrere zentrale Hochleistungscomputer. Dies erfordert in der Folge eine Umstellung der gesamten elektrisch-elektronischen Architektur – also quasi den „Nervenbahnen" – des Fahrzeugs. Dabei gehen die Hersteller weg von unabhängigen Komponenten, hin zu einer zentralen Architektur. Abb. 2.2 zeigt beispielhaft den Ansatz von BMW für das Connected Car.

Das Thema liegt spätestens jetzt nicht mehr in den klassischen IT-Abteilungen, sondern in der Produktentwicklung und in den Strategieabteilungen sowie den neu gegründeten Digitalisierungseinheiten. Viele

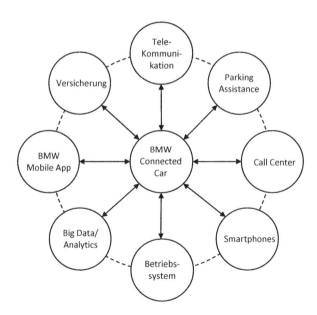

Abb. 2.2 „Connected Car" bei BMW (2018)

Hersteller bemühen sich um die Bereitstellung attraktiver Zusatzdienste, so z. B. für spezifische Fahrwerkseinstellungen oder einen intelligenten Fernlichtassistenten, und damit um den Aufbau zusätzlicher Erlösquellen nach dem Autokauf und sogar während des Betriebs von Autos. Genau an dieser Stelle treten auch neue Akteure auf den Markt. Ein Teil von ihnen, wie Tesla, will selbst Autos herstellen und sich sowohl über digitale Dienste als auch über eine neue Antriebstechnik differenzieren. Andere, wie Google, setzen eher auf ihre vielfache Relevanz an der Schnittstelle zu Kunden und ihr über diverse Anwendungsfelder gesammeltes Wissen über Kunden.

Ein vernetztes Auto wiederum ist die Basis für zwei Szenarien, mit denen sich Fahrzeughersteller aktuell beschäftigen. Es ist absehbar, dass die Rolle des menschlichen Fahrers schrittweise zugunsten des Computers mittels sogenannter Fahrassistenzsysteme zurückgedrängt wird. Wann derartige Systeme den Fahrer völlig ersetzen können, ob und wann dies vom Kunden akzeptiert und honoriert wird und wann der rechtliche Rahmen dafür geschaffen ist, das ist heute noch nicht absehbar. Auf jeden Fall setzt dieses Szenario aber die weitere Ausrüstung des Autos mit digitalen Technologien voraus – digitale Technologien werden damit zu einem zentralen Element des Produkts, das Produkt wird hybrid.

Parallel zum autonomen Fahren beschäftigt die Automobilindustrie noch ein zweites Szenario. Bisher stellt die Automobilindustrie Produkte her (Autos), die im Wesentlichen die individuelle Mobilität einer Person oder eines kleinen Personenkreises unterstützen. Allerdings nutzen diese das Auto relativ selten, d. h. das Auto steht lange ungenutzt. Zudem lässt sich beobachten, dass jüngere Generationen dem Besitz generell und auch speziell dem eines Autos weniger Bedeutung zumessen. Auch verliert das Auto als Statussymbol tendenziell an Bedeutung. Beides zusammen führt zur Erprobung sogenannter Carsharing-Konzepte. Die Grundidee des Carsharings ist, dass die Hersteller nicht mehr ein Fahrzeug als solches verkaufen, sondern zum Anbieter von Mobilitätslösungen werden. Carsharing-Nutzer kaufen nicht das Fahrzeug, sondern bezahlen im Wesentlichen für die mit einem Fahrzeug zurückgelegten Kilometer.

Bemerkenswert sind auch die Bemühungen der großen Fahrzeughersteller um eine Anpassung ihrer Organisationsstruktur. Dazu muss man wissen, dass Fahrzeughersteller traditionell sehr hierarchisch und zentralistisch organisiert sind – für eine effiziente Massenproduktion in einem stabilen Umfeld ist das sicher auch die richtige Organisationsform. Gerade dieses stabile Umfeld gibt es nun nicht mehr – viele Hersteller wollen und müssen dem Rechnung tragen.

Vergleicht man einen Fahrzeughersteller vor 20 Jahren mit einem Fahrzeughersteller heute, dann haben digitale Technologien bisher eher graduelle

Veränderungen bewirkt, insbesondere bei den Prozessen. Die Vernetzung der Fahrzeuge und noch mehr die darauf aufbauenden Carsharing-Konzepte stellen Fahrzeughersteller heute aber vor ganz neue Herausforderungen, sowohl bezüglich der Produkte und Prozesse als auch der Organisationsstrukturen. Die Vernetzung macht digitale Technologien zu einem Teil des eigentlich analogen Produkts. Carsharing-Konzepte – sollten sie von der breiten Masse akzeptiert werden – würden das klassische Selbstverständnis eines Fahrzeugherstellers grundlegend infrage stellen.

2.1.3 Die fünf Stufen des digitalen Wandels von Unternehmen

Venkatraman (1994) hat schon frühzeitig eine Systematisierung der Stufen des Wandels von Unternehmen durch digitale Transformation vorgestellt. Venkatraman unterscheidet fünf Stufen des digitalen Wandels (siehe Abb. 2.3). Dabei bezeichnet er Veränderungen im lokalen Bereich (z. B. durch eine Softwarelösung in einer einzelnen Abteilung) und auch die unternehmensweite Integration (z. B. durch einheitliche kaufmännische Systeme) als evolutionär (Stufe 1 und 2). Als revolutionär bezeichnet er die durch digitale Technologien getriebenen Veränderungen im Bereich wichtiger Prozesse, der Arbeitsteilung zwischen Unternehmen und des Produkt- und Leistungsspektrums eines Unternehmens (Stufen 3 bis 5). Revolutionäre Veränderungen haben ohne Zweifel einen signifikanten Einfluss auf die Wettbewerbsposition eines Unternehmens. Diese stehen typischerweise im Fokus der digitalen Transformation.

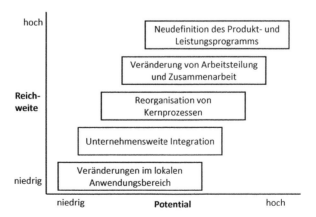

Abb. 2.3 Fünf Stufen der Reichweite der digitalen Transformation. (In Anlehnung an Venkatraman, 1994)

2.2 Wichtige Begriffe und Konzepte

Im Kontext unseres Themas gibt es eine kaum noch überschaubare Zahl von Begriffen. Würde man dazu eine der heute gern verwendeten Begriffswolken erstellen, könnte diese schnell mehrere Seiten füllen. Diese Vielfalt führt oft zu Unsicherheit und gegebenenfalls sogar zu Verwirrung. Nachfolgend soll daher etwas Licht in den Begriffsdschungel gebracht werden (Hess, 2019).

2.2.1 Digitalisierung und digitale Transformation

„Digitalisierung" beschreibt die Einführung neuer, auf digitalen Technologien basierender Lösungen. Im Englischen spricht man von „Digitalization" – leicht zu verwechseln mit „Digitization"; letzteres bezeichnet die Überführung von Informationen von einer analogen in eine digitale Speicherform und damit eine sehr spezifische Form der „Digitalization".

Einen Schritt weiter geht der Begriff der „digitalen Transformation". Dieser Begriff beschreibt den durch digitale Technologien und darauf aufbauenden digitalen Innovationen hervorgerufenen Wandel mit grundlegender Bedeutung für das Unternehmen. Er akzentuiert die Einführung einer fachlichen Lösung (z. B. eines neuen Vertriebssteuerungskonzepts), betont dabei aber auch die treibende Rolle neuer digitaler Technologien.

Beispiele digitaler Transformation finden sich in so gut wie allen Lebensbereichen, d. h. in Unternehmen, in staatlichen Institutionen und in privaten Haushalten – wenn auch in ganz unterschiedlichen Ausprägungen. In Unternehmen verändern sich z. B. Produkte und Prozesse. Der Staat passt Regularien an (z. B. in Form neuer Regelungen zur Internetkriminalität im Strafrecht) und vereinfacht (hoffentlich) ebenfalls seine Prozesse. Ein privater Haushalt kauft z. B. verstärkt in Online-Shops ein und gibt seine Steuererklärung online ab. Die Corona-Krise im Jahr 2020 hat den Druck zur digitalen Transformation nochmal verstärkt und sowohl bei Unternehmen als auch privaten Haushalten zu einem zusätzlichen Digitalisierungsschub geführt. All dies ist ohne die digitale Speicherung von Informationen und deren Verarbeitung durch Maschinen und damit durch die Digitalisierung nicht möglich. Gleichwohl stehen bei allen gerade genannten Beispielen die fachlichen Lösungen im Fokus, die Technik ist Mittel zum Zweck.

Der Fokus dieses Buches liegt auf der Sicht eines Unternehmens, d. h. es geht um die **digitale Transformation *von Unternehmen*** (Vial, 2019). In diese Darstellung fließt natürlich ein, wie stark Kunden und andere Geschäftspartner sowie der Staat digitalisiert sind, aber die Betrachtung erfolgt immer aus der Sicht eines Unternehmens. Österle hat diese Perspektive unter dem Begriff **„informationsbewusste Unternehmensführung"** übrigens wohl als erster und sehr früh in den deutschen Sprachraum eingebracht (Österle, 1987).

Die digitale Transformation umfasst grundlegenden Veränderungen, die durch digitale Technologien in Unternehmen bewirkt werden. Dementsprechend sollte sie auch als strategisches Thema angegangen werden, was die Entwicklung von übergreifenden Governance-Strukturen und die Schaffung von Voraussetzungen in der Breite des Unternehmens notwendig macht. Einige Autoren gehen auch soweit, nur von digitaler Transformation zu sprechen, wenn sich die Identität und der Wertschöpfungsprozess eines Unternehmens vollkommen verändert, wenn quasi kein Stein auf dem anderen bleibt (z. B. Wessel et al., 2021). Richtig an dieser Sichtweise ist, dass sie die weitreichenden Folgen der digitalen Transformation betont. Jedoch geht sie an der gelebten Realität der digitalen Transformation doch teilweise vorbei. Dieses Buch berücksichtigt unter digitaler Transformation deshalb auch weitreichende Änderungen, die nicht zu einer komplett neuen Unternehmensidentität und einem komplett neuen Wertversprechen führen.

2.2.2 Digitale Transformation als spezifisches Managementkonzept

In den beiden am Anfang dieses Abschnitts vorgestellten Fällen waren und sind neue digitale Technologien der Treiber der Entwicklung. Im Fall der Musikindustrie geht es um die Erreichbarkeit von Konsumenten über das Internet, ergänzt durch spezifische technologische Lösungen wie Peer-to-Peer-Netzwerke, Shop-Systeme, Rechtesysteme und Streaming. Im Fall der Fahrzeughersteller geht es um das Internet als Hilfsmittel für die Vernetzung von Autos und Unternehmen, um Fahrassistenzsysteme oder um Plattformen für Transportleistungen. Dies bedeutet: Digitalisierung und digitale Transformation sind **„technologiegetrieben"**. Technologie als Ausgangspunkt ist daher das erste Merkmal.

Auf den ersten Blick ist dies wenig überraschend. Allerdings ist eine von der Technologie herkommende Betrachtungsweise keineswegs so selbstverständlich, wie es zunächst klingen mag, denn es geht dabei nicht darum, vorhandene Lösungen einfach nur zu digitalisieren. Aus einem ineffizienten analogen Prozess wird dadurch nämlich nur ein ineffizienter digitaler Prozess. Auch war es selten überzeugend, ein bestehendes Produkt, z. B. im Medienbereich, ganz einfach nur auf ein neues Medium zu übertragen. Vielmehr geht es darum, über neue Technologien ganz neue Ansätze zu erschließen. Für diesen technologiegetriebenen Wandel wird in der Literatur gelegentlich der Begriff „Techno-Change" verwendet (Markus, 2004) – dieser bringt die Idee klar auf den Punkt, ohne natürlich naiv eine Allmächtigkeit von Technologien zu postulieren.

Ein zweites Merkmal ist ebenfalls charakteristisch. In Kap. 1 wurde gezeigt, dass die digitale Transformation gezielt gesteuert und flankiert werden muss. Gesteuert bedeutet, dass ein Unternehmen die digitale Transformation systematisch angehen muss, z. B. durch die Einführung neuer Managementrollen oder die Formulierung spezieller Strategien für die digitale Transformation. Flankiert bedeutet, dass ein Unternehmen seinen Blick nicht nur auf Transformationsprojekte legen darf. Erforderlich ist vielmehr eine Anpassung der kompletten Managementstrukturen bzw. eine neue Ausrichtung bei wichtigen Ressourcen. In diesem Sinne haben die Automobilhersteller z. B. flexiblere Organisationsstrukturen eingeführt und die Musikverlage ihre Kompetenzen im Bereich digitaler Technologien deutlich erweitert. Digitale Transformation wird zwar von der technologischen Entwicklung getrieben, geht aber deutlich über die Einführung neuer IT-Systeme hinaus. Die digitale Transformation ist daher ein **breiter Managementansatz** – dies ist das zweite Merkmal.

Ein drittes, gleichfalls wichtiges Merkmal, liegt in der Bedeutung des Wandels für die Organisation. Schon seit vielen Jahren verändern digitale Technologien die Organisation, aber eher graduell. Dies ist nun häufig anders. Wir sprechen daher von digitaler Transformation, wenn der IT-induzierte Wandel grundlegend für das Unternehmen ist. Dies zeigt sich insbesondere darin, dass die Aufmerksamkeit des Top-Managements benötigt wird. **Grundlegende Bedeutung** ist daher das dritte Merkmal.

Sehr unterschiedlich ist in diesem Zusammenhang, welche Auswirkungen die digitalen Technologien haben. In den beiden oben betrachteten Fällen, bei den Musikverlagen und den Automobilherstellern, ging es anfangs – wie in fast allen Branchen – nur um Effizienzsteigerungen im administrativen Bereich. Diese sind zweifelsohne wünschenswert, aber für die Wettbewerbsfähigkeit eines Unternehmens nur selten wirklich entscheidend. Anfangs waren die Digitalisierung und die darauf aufbauende digitale Transformation daher kein Thema für das General Management. Die beiden oben genannten Fälle zeigen aber auch, dass sich das inzwischen geändert hat. Bei der Medienindustrie ging und geht es heute im Kern um das Produkt selbst, im Fall der Automobilhersteller mindestens um wichtige Merkmale des Produkts.

Um das Jahr 2000 herum erfreute sich der Begriff „E-Business" besonderer Beliebtheit. Aus der Perspektive der eben vorgestellten Terminologie ging es dabei auch um die digitale Transformation von Unternehmen, allerdings mit einem sehr starken Fokus auf das Internet als Treiber der Veränderungen und mit einem deutlichen engeren Verständnis der Breite möglicher Auswirkungen.

2.2.3 Digitale Innovationen und disruptive Innovationen

Digitale Innovation und digitale Disruption sind Begriffe, die im Kontext des digitalen Wandels ebenfalls häufig verwendet werden. Der Begriff der digitalen Innovation wurde bereits in Abschn. 1.3 eingeführt. Digitale Innovationen entstehen durch neue digitale Technologien. Um sie zu verstehen und zu realisieren, ist eine integrierte, d. h. eine aufeinander abgestimmte Betrachtung der technischen und der fachlichen Aspekte einer Innovation unerlässlich (Wiesböck & Hess, 2020). Es geht also – um ein Beispiel aus dem Vertrieb zu wählen – nicht „nur" um die App und deren Benutzerschnittstelle, sondern auch um deren Einbettung in ein neues Vertriebskonzept.

Eine spezielle Form der (digitalen) Innovation ist die Disruption, genauer die disruptive (digitale) Produktinnovation. Nach Christensen (1997), der diesen Begriff eingeführt hat, handelt es sich dabei um eine besondere Form der technologiegetriebenen Produktinnovation. Diese Produktinnovation zeichnet sich dadurch aus, dass sie neue Produktmerkmale offeriert, die bisher vom Kunden noch gar nicht als relevant erachtet wurden. Ein typisches Beispiel für eine derartige digitale Produktinnovation war das Smartphone. Zwar können Nutzer mit dem Smartphone nicht viel besser telefonieren als mit einem Handy, doch weist ein Smartphone Features auf, die für mobile Nutzer interessant sind, so z. B. der einfache Zugang zu vielen interessanten Internet-Diensten.

Gelegentlich wird der Begriff Disruption auch mit Radikalität gleichgesetzt. Damit soll der hohe Grad an Änderungen hervorgehoben werden – der ursprünglichen Intention von Christensen entspricht dies aber nicht.

2.2.4 Industrie 4.0, Social Media Marketing und ähnliche Konzepte

„Social Media Marketing" und „Industrie 4.0" sind neue fachliche Konzepte, die in eine digitale Innovation eingebettet sind. Ein zentrales Thema des Social Media Marketing ist z. B. der Einbezug des früher rein passiven, rezipierenden Kunden als Quelle für Ideen für die Entwicklung von Produkten. Präsentiert werden dazu auch Vorgehensmodelle und Erfolgsindikatoren. Ein

Industrieunternehmen im Modus 4.0 zeichnet sich durch die enge Integration von Kunden und anderen Geschäftspartnern in die eigenen Geschäftsprozesse aus. Treiber sind hier u. a. die verbesserten Möglichkeiten der Vernetzung von Maschinen und Unternehmen sowie weitere spezielle Lösungen, z. B. in der Produktionssteuerung und in der Datenerfassung.

Man könnte an dieser Stelle noch mindestens zehn vergleichbare Konzepte vorstellen, die einzelne Aspekte des technologieinduzierten Wandels von Unternehmen zum Gegenstand haben. Oft lassen sie sich aber nur schwer abgrenzen und dienen, was die beiden Beispiele oben auch schon gezeigt haben, mehr dem Transport einer Idee als dem präzisen Beschreiben eines Konzepts. Exemplarisch sind in Tab. 2.1 ein paar ausgewählte fachliche Konzepte dargestellt, die in den letzten 25 Jahren entstanden sind.

2.2.5 Add-on: Theoretische Einordnung der digitalen Transformation

Ein spezifischer Zweig der Forschung beschäftigt sich mit der Wechselwirkung zwischen einer Organisation (und damit einem Unternehmen als spezieller Variante einer Organisation) und der Technologie. Als grundlegende Ansätze (Orlikowski, 1992) wurden der **organisationale Imperativ,** der **techno-**

Tab. 2.1 Spezifische Konzepte zum digitalen Wandel

Konzept	Geschäftsprozessoptimierung	Mass Customization	Social Media Marketing	Industrie 4.0
Relevanter betrieblicher Bereich	Kernprozesse eines Unternehmens	Marketing und Produktion	Marketing	Produktion
Kernidee	Prozesse als „vergessene" Dimension, die sich erst durch neue Potenziale der Technik entfalten lassen	Individualisierte Produktion bei geringen Kosten	Aktivierung des zuvor passiven Nutzers	Vernetzung aller Geräte und Systeme
Technische Treiber	Grundsätzlich alle, leichter Fokus auf ERP-Systemen	Internetzugang des Kunden, flexible Fertigungssysteme	Social-Media-Plattformen im Internet	Vernetzung von Maschinen und ggf. kleineren Geräten auf Basis des Internets
Entstehung	Um 1995 herum	Um 2000 herum	Um 2005 herum	Um 2010 herum

logische Imperativ sowie ein **integrativer Ansatz** herausgearbeitet. Der erste Ansatz betont die dominante Rolle des Menschen bei der Auswahlentscheidung über die Technologienutzung. Der zweite Ansatz betont die Rolle der Technologie als Treiber von Veränderungen in Organisationen. Der dritte Ansatz, häufig verankert in der „Strukturationstheorie", versucht die beiden Ansätze zu verbinden.

Mit der Betonung der Rolle neuer digitaler Technologien als Treiber ist das Konzept der digitalen Transformation sicherlich primär dem zweiten Ansatz zuzuordnen. Dies stellt keinesfalls die wechselseitige Beeinflussung von fachlicher und technischer Lösung infrage – der Einstiegspunkt ist eben nur die neue Technologie.

2.3 Digitalisierung: Wie digitale Innovationen heute entstehen

In den Abschn. 2.1 und 2.2 wurden die wichtigsten begrifflichen und konzeptionellen Grundlagen dargestellt. Für ein Grundverständnis ebenso wichtig sind aber auch die relevantesten „Inhalte", d. h. die wichtigsten technologischen Trends und die darauf aufbauenden Veränderungen im Umfeld von Unternehmen und die Optionen für deren Strukturierung. Den Anfang machen die technologischen Trends.

Dazu ist ein Schritt zurück erforderlich. Im Kern kann ein Computer nur eine einzige Sache: Er kann Informationen verarbeiten. Dies kann er aber richtig gut, insbesondere wesentlich schneller als der Mensch. Über die Jahre hat sich diese Fertigkeit stetig und teilweise sprunghaft verbessert. Schrittweise ersetzt er damit das Gehirn des Menschen – so wie die Maschine die Muskelkraft des Menschen ersetzen kann.

Ein Computer besteht im Kern aus drei Komponenten (Mertens et al., 2017; siehe Abb. 2.4). Als **Hardware** bezeichnet man all jene Teile, die man anfassen kann. In der **Software** finden sich die Befehle, die der Hardware

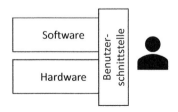

Abb. 2.4 Die drei logischen Komponenten eines einzelnen Computers

sagen, was sie tun soll. Eine besondere Rolle spielt dabei die Art und Weise, wie ein Computer mit einem Menschen und generell mit seiner Umwelt interagiert, die sogenannte **Benutzerschnittstelle.** An der Benutzerschnittstelle kommen spezifische Kombinationen von Hardware (wie z. B. ein Bildschirm oder ein Sensor) und Software (zur Steuerung von Bildschirm und Sensoren) zum Einsatz. Nachfolgend werden die grundlegenden Entwicklungen bei Hardware, Software und Benutzerschnittstelle beschrieben.

2.3.1 Trends bei der Hardware

Angefangen hat alles mit einem einzelnen Computer. Dieser war in seiner Verarbeitungsgeschwindigkeit noch sehr limitiert – jeder Taschenrechner kann heute mehr Informationen verarbeiten. Zudem waren die Computer unverbunden, d. h. jeder Computer hat für sich selbst gearbeitet.

Durch enorme Fortschritte in der Informationstechnik hat sich die Verarbeitungskapazität eines Computers über die letzten Jahrzehnte extrem verbessert. Hier greift aktuell immer noch Moore´s Law. Es besagt, dass sich die Verarbeitungsgeschwindigkeit eines integrierten Schaltkreises in einem Computer und damit tendenziell die **Rechengeschwindigkeit** eines Computers spätestens alle zwei Jahre fast verdoppelt. Geht man nur einmal 20 Jahre zurück, dann wird klar, um wie viel schneller ein Computer geworden ist. Deutliche Fortschritte wurden auch bei den Technologien zum **Speichern** von Daten gemacht. Im Speicher werden alle Daten abgelegt, die gerade nicht verarbeitet werden und langfristig erhalten bleiben sollen.

Mindestens genauso wichtig sind die über die letzten Jahre und Jahrzehnte erreichten Fortschritte in der **Vernetzung** von Computern. Heute ist so gut wie jeder Computer von einem anderen Computer über das Internet erreichbar. Möglich geworden ist dies, weil mit dem Internet in den 80er-Jahren ein Standard gefunden wurde, der den Informationsaustausch zwischen beliebigen Computern plötzlich sehr einfach machte. Die Bedeutung dieses infrastrukturellen Fortschritts kann man gar nicht hoch genug einschätzen. Nachdem die Voraussetzungen geschaffen waren, begann der Ausbau der physischen Netze. Über die Jahre wurde die **Übertragungskapazität** immer weiter ausgebaut. Zudem wurden auch immer mehr private Haushalte angeschlossen – was vor nicht allzu langer Zeit noch eine Ausnahme war, ist heute selbstverständlich. Ein zweiter wesentlicher Durchbruch waren der Ausbau und insbesondere die Öffnung der **Mobilfunknetze.** Ursprünglich waren diese nur für die Telefonie gedacht. Heute dienen auch die Mobilfunknetze im Wesentlichen der Vernetzung von Computern – die natürlich keineswegs immer stationär sein müssen.

Keinesfalls ist die Entwicklung der Hardware damit schon abgeschlossen. Sowohl bei der Rechenkapazität als auch bei der Kapazität und Verfügbarkeit der Netze wird es in den nächsten Jahren noch spürbare Fortschritte geben. Eine wichtige Entwicklung der letzten Jahre ist das sogenannte **„Cloud-Computing"**. Cloud-Computing bedeutet, dass die erforderlichen Daten oder die erforderliche Software nicht mehr auf dem eigenen Rechner, sondern auf einem fremden Rechner liegen. Möchte z. B. ein Arzt eine komplexe Software zur Analyse von medizinischen Bildern nutzen, dann liegen normalerweise die dafür erforderliche Software und die Daten auf seinem Rechner vor Ort. Beim Cloud-Computing würden sowohl die Daten als auch die Software auf einem anderen Rechner liegen. Der Arzt greift auf diese über das Internet und die darüber liegenden Netze zu, sein eigener Rechner ist weitgehend „dumm". Dies reduziert die technische Komplexität auf seinem Endgerät erheblich. Auf der anderen Seite sind seine Daten nicht mehr uneingeschränkt unter seiner Kontrolle. Auch ist er von der Verfügbarkeit einer Verbindung zum Internet abhängig.

Eine zweite aktuelle Entwicklung ist die Entstehung des sogenannten **„Internet der Dinge"** (Internet of Things). Schon bisher dienten das Internet und die darunterliegenden Netze als Plattform für die Vernetzung einer beachtlichen Zahl von Endgeräten. Allerdings werden diese Endgeräte, in der Regel dedizierte Computer, vom Desktop-PC über den Tablet-PC bis hin zum Smartphone, immer von einem Menschen bedient. Hinter der Idee des Internets der Dinge steht der Grundgedanke, dass eine Anbindung unterschiedlichster technischer Endgeräte jenseits dedizierter Computer sinnvoll ist, und dass nicht mehr unbedingt ein Mensch diese Endgeräte steuern muss. „Kandidaten" dafür finden sich sowohl in Unternehmen als auch im privaten Bereich. In Unternehmen geht es dabei um diverse Maschinen, also gegebenenfalls auch um bewegliche Güter. Im privaten Bereich reicht das Spektrum von den wichtigsten Haushaltsgeräten wie Heizungen, Rollläden und Lampen bis hin zu Autos und Fitness-Trackern. Die erforderlichen technischen Voraussetzungen sind heute in der Regel geschaffen, sowohl bei den Endgeräten als auch in der Organisation des Internets.

2.3.2 Trends bei der Software

Systemsoftware koordiniert das Zusammenwirken der einzelnen Komponenten eines Computers und übernimmt übergreifende, eher technische

Funktionen. Über längere Zeit hatte sich in diesem Gebiet eher wenig getan. Seit einigen Jahren sind aber deutliche Verbesserungen bei Software zum Management großer Datenmengen zu beobachten. Schon lange gab es Software, die die Verwaltung großer Datenmengen umfassend unterstützte. Allerdings mussten diese Daten in gleicher Art und Weise strukturiert sein. Zudem waren die Auswertungsmöglichkeiten eher beschränkt. Neuere Software erlaubt unter dem Schlagwort **Big Data** sowohl die Zusammenführung heterogener Datenbestände (etwa aus den Protokolldateien eines Web-Shops, einer Kundendatenbank und eines Marktforschungsinstituts) als auch deren umfassende Auswertung. Letzteres schließt den Aufbau von nutzerbezogenen Profilen, die Suche nach bisher nicht bekannten Zusammenhängen (etwa die Treiber der Kaufgewohnheiten von Konsumenten eines bestimmten Produkts) wie auch die einigermaßen zielsichere Prognose des Verhaltens einzelner Nutzer bzw. Nutzergruppen ein. Die zuletzt genannten Systeme werden u. a. auch zur Lenkung von Polizeistreifen vor dem Hintergrund der statistisch ermittelten Gefahr von Wohnungseinbrüchen genutzt.

Zu den Innovationen beim Datenmanagement lässt sich auch die **Blockchain-Technologie** zählen. Kernidee ist dabei, einen Datenbestand als verkettete Liste über eine Vielzahl von Rechnern zu verteilen. Blockchains sind damit eine ganz neue Form einer verteilten Datenbank. Ob und, wenn ja, welche Anwendungen jenseits virtueller Währungen sich durchsetzen werden, ist heute noch nicht abschätzbar.

Für die digitale Transformation unmittelbar wichtiger ist die Anwendungssoftware. Sie wird dediziert für ein konkretes Anwendungsfeld entwickelt und greift auf Systemsoftware und Hardware zurück. Angefangen hat es mit Software zur Unterstützung der administrativen Funktionen in einem Unternehmen, wie sie in Buchhaltung und Personalabrechnung zu finden sind. Schrittweise wurden immer mehr Aufgaben und Prozesse in Unternehmen unterstützt, so z. B. über die eingangs bereits erwähnten ERP-Systeme, Supply-Chain-Management-Systeme (SCM-Systeme) oder CRM-Systeme.

Mit der zunehmenden Verfügbarkeit günstiger Endgeräte und deren Anbindung über das Internet entwickelte sich ein zweites Segment für Software, das der Anwendungen im privaten Kontext. Angefangen hat das mit einfacher, aus dem betrieblichen Umfeld bekannter Software, so z. B. für E-Mails oder für die Textverarbeitung. Mittlerweile gibt es aber auch spezifische Software, z. B. Software für den Konsum von Medien, für die Verwaltung der persönlichen Finanzen oder in Form von Spielen. Daneben gibt es mittlerweile einige Typen von Software, die sowohl im beruflichen als auch im privaten Kontext genutzt werden, so z. B. diverse Kommunikationstools wie soziale Netzwerke oder **Messaging-Dienste** als auch die erwähnte Textverarbeitungssoftware.

In letzter Zeit sind auch Fortschritte im Bereich der sogenannten **künstlichen Intelligenz** zu beobachten. Versuche, einen Computer in die Lage zu versetzen, ein Problem nicht nur durch Abarbeitung einer klar vordefinierten Folge zu bearbeiten, gab es immer wieder. Die oft hochgesteckten Erwartungen wurden bisher teilweise erfüllt. In einigen Anwendungsfällen, z. B. bei der Bilderkennung oder der Prognose, konnten bemerkenswerte Erfolge erzielt werden. Ausgehend von der großen Menge heute verfügbarer Daten werden aktuell nun Systeme erprobt, die ständig lernen. Im Bereich der Bildbearbeitung konnten damit bereits erste Erfolge erzielt werden. Auch ist es möglich, Computer als Kommunikationspartner in einfachen Dialogen einzusetzen, ohne dass der menschliche Kommunikationspartner die Maschine sofort als solche erkennt (Social Bots). Auch diese Systeme lernen ständig.

2.3.3 Trends an der Benutzerschnittstelle

Bis weit in die 80er-Jahre hinein erinnerte ein Computer an seiner Benutzerschnittstelle stark an eine Schreibmaschine. Dem Benutzer stand eine klassische Tastatur zur Verfügung, über die sequenziell Kommandos ins System eingebracht werden konnten. Auf dem Bildschirm sah der Benutzer Buchstaben, Ziffern und ein paar wenige Sonderzeichen. Und das war es. Ein erheblicher Fortschritt waren die **grafischen Oberflächen,** wie sie Anfang der 90er-Jahre schrittweise Einzug hielten. Anstatt ausschließlich simpler Buchstaben und Zeichen waren auf dem Bildschirm nun auch grafische Symbole zu sehen, und das auch noch in Farbe. Die Maus konnte ab jetzt zur Navigation eingesetzt werden. Mittlerweile verfügen alle Computer über derartige Schnittstellen.

Dazugekommen sind in den letzten Jahren die **berührungsempfindlichen Bildschirme** sowie **spezifische Brillen.** Ebenfalls in der praktischen Anwendung ist eine große Zahl von **Sensoren,** die Umweltzustände an einen Computer zurückmelden. Ein weiteres typisches Anwendungsbeispiel findet sich in der Lagerhaltung. Im vernetzten Haus melden Sensoren die Temperaturen von Räumen an den Nutzer zurück.

Fortschritte bei den Benutzerschnittstellen gibt es auch auf der Software-Seite. Besonders wichtig sind Fortschritte bei der **Spracherkennung.** Heute finden sich z. B. in den meisten Smartphones Applikationen, die einfache Dialoge in natürlicher Sprache ermöglichen. Beispielsweise hat Amazon das

Assistenzsystem Alexa auf den Markt gebracht, das die Steuerung des privaten Haushalts über die natürliche Sprache ermöglichen soll.

2.3.4 Fazit

Im Zusammenspiel von Hardware und Software lassen sich Computer heute relativ intuitiv und nicht mehr erst nach dem Studium umfangreicher Handbücher bedienen – eine wichtige Voraussetzung u. a. für die Nutzung von Computern durch Privatpersonen.

In Tab. 2.2 sind die genannten Trends zusammengefasst.

Nimmt man die Trends bei den drei Komponenten eines Computers zusammen, dann deutet sich übergreifend ein gewisser Trend zu **autonomeren Systemen** ab. Anders als bei klassischen IT-Systemen ist das Verhalten derartiger Systeme nicht vollständig vorab definiert, d. h. das System entwickelt auf Basis der Rezeption der Umwelt seine innere Logik weiter. Das wohl greifbarste Beispiel sind menschennahe Roboter, wie sie heute zumindest bereits erprobt werden.

2.4 Digitale Transformation: Wo digitale Innovationen heute ansetzen

Natürlich muss jedes Unternehmen „seinen" Weg der digitalen Transformation finden. Dieser richtet sich nach der Ausgangssituation, den konkreten Chancen und Risiken digitaler Technologien im speziellen Fall, den zur Verfügung stehenden Investitionsmitteln und vielen anderen Faktoren.

Tab. 2.2 Aktuelle technische Trends im Überblick

Bereich	Trend
Hardware	Cloud-Computing: Verlagerung von Software-Komponenten „in die Cloud"
	Internet der Dinge: Anbindung unterschiedlichster „Dinge" an das Internet
Software	Vereinfachung der Zusammenführung und Auswertung großer, heterogener Datenmengen
	Neue Formen verteilter Datenbanken in Blockchains
	Nutzung von neueren Verfahren der künstlichen Intelligenz (KI) in Anwendungssystemen
Benutzerschnittstelle	Verbesserte Sensorik
	Verbesserte Interaktion in menschlicher Sprache auf Basis von Verfahren der KI

Auch kann es länger dauern, bis Basisinnovationen wie das Internet in konkrete Lösungen überführt werden – die sozialen Netzwerke waren ja z. B. auch nicht schon in den 90er-Jahren bei der Entstehung des Internets verfügbar. Trotzdem lassen sich ein paar typische Ansatzpunkte herausarbeiten, die aktuell für eine größere Zahl von Unternehmen relevant sind. Diese sind sowohl in der Markt- und Wertschöpfungsstruktur als auch in den einzelnen Unternehmen zu finden. Nachfolgend sollen diese skizziert werden.

2.4.1 Aktuelle Veränderungen im Umfeld von Unternehmen

Intermediäre, d. h. Mittler zwischen Anbietern und Nachfragern, gab es schon immer. Man denke nur an Einzelhändler und Banken. Mit den Betreibern von **Internet-Plattformen** ist eine neue Klasse von Intermediären entstanden (Parker et al., 2017). Diese führen Anbieter und Nachfrager zusammen – ganz wie ein klassischer Intermediär. Allerdings benötigen derartige Plattformen keine teuren Verkaufsräume und damit auch keine großen Mengen an Kapital. Vielmehr verfügen sie über Beziehungen zu Kunden und zu Lieferanten sowie eine umfassende Datenbasis bezüglich ihrer Kunden. Letzteres führt zu hohen Wechselkosten bei den Kunden, die schnell und einfach auf Produkte zugreifen möchten. Besonders stark sind die Wechselbarrieren, wenn die Attraktivität des Angebots einer Plattform nicht nur mit der Zahl der Anbieter, sondern auch mit der Zahl der Nutzer steigt.

Internet-Plattformen sind damit so etwas wie riesige Warenhäuser, allerdings ohne die typischen Investitionsvolumina und die typischen Kosten eines Warenhauses, mit effizienten Möglichkeiten der Kundenansprache und mit sehr treuen Kunden. Sie platzieren sich zwischen Kunden und Produzenten und können sowohl gegenüber Produzenten als auch (!) gegenüber Kunden ihre Marktmacht ausspielen. Die Gefahr einer Monopolbildung ist offensichtlich. Besonders deutlich ist dies bei kommunikationsorientierten Plattformen. Jeder zusätzliche Nutzer, z. B. eines sozialen Netzwerkes, ist potenziell interessant für einen anderen Nutzer – die sogenannten direkten Netzwerkeffekte werden virulent.

Eine der ersten Plattformen dieser Art hatte Apple mit dem System iTunes für den Online-Vertrieb von Musik in Form von Musikdateien entwickelt. Apple hat sich damit – als branchenfremdes Unternehmen – eine wichtige Position im Musikgeschäft aufgebaut. Google, Uber, Amazon, eBay und Facebook sind weitere Unternehmen, die sich bereits als Plattformen für Konsumenten positioniert haben. Sie alle verfügen über eine breite Nutzerbasis und positionieren sich – nicht zuletzt auf Wunsch der Konsumenten – zwischen diesen und den Produzenten. Genau dies beschäftigt aktuell auch die Fahrzeughersteller. Sie wollen vermeiden, dass sich ein Unternehmen wie Google oder Amazon zwischen sie und den Fahrzeugnutzer stellt – eine durchaus realistische Gefahr.

Neben der Etablierung von Plattformen spielen auch **Kooperationen** eine wichtige Rolle in der sich digitalisierenden Welt (Picot et al., 2003). In der analogen Welt war das nicht so. Typischerweise hatte ein Unternehmen marktliche Beziehungen zu seinen Kunden und Lieferanten. Wurde ein anderes Unternehmen interessant, dann versuchte man dieses aufzukaufen und zu integrieren. Kooperationen sind dagegen ein hybrides Konstrukt: Die Akteure bleiben selbstständig, gleichzeitig arbeiten sie in ausgewählten Feldern über einen längeren Zeitraum zusammen.

Erstmals größere Bedeutung gewannen Kooperationen in den Zuliefernetzwerken der Automobilindustrie, und dies schon vor vielen Jahren. Im klassisch-industriellen Bereich wurden ebenfalls unternehmensübergreifende Optimierungssysteme etabliert. So meldet manch Händler seine Verkaufszahlen frühzeitig zurück, was den Herstellern eine genauere Produktionsplanung erlaubt. Auch im Luftverkehr gibt es derartige Kooperationen. Dort haben sich die Fluggesellschaften in zwei internationalen Verbünden (Star Alliance und One World) zusammengeschlossen. In diesen Verbünden stimmen sie Flugpläne ab, kooperieren im Rahmen von Vielfliegerprogrammen und sorgen operativ für erhöhten Komfort der Reisenden. Gerade Letzteres ist heutzutage ohne IT-Systeme unvorstellbar.

Aktuell bilden sich neue Formen von Kooperationen aus. Eine wichtige Ausprägung davon sind die sogenannten **Ökosysteme** oder **Ecosystems** (Moore, 1997). Ecosystems werden meist um ein konkretes Produkt herum entwickelt und bilden sich häufig im Umfeld der bereits skizzierten Internet-Plattformen. Einbezogen werden alle Unternehmen, die einen wertsteigernden Beitrag für das im Zentrum stehende Produkt liefern können. Sie vereinbaren eine längerfristige Zusammenarbeit. So müssen sich z. B. die Hersteller einer Heizung, die Hersteller von Heizkörpern, der Betreiber einer App und ggf. der Betreiber eines Heimnetzwerkes abstimmen, um eine integrierte Lösung zur digitalen Heizungssteuerung anzubieten. Im Alleingang können sie kein attraktives Produkt anbieten. Stimmen sie aber ihre Lösungen aufeinander ab, dann kann ein aus Sicht der Kunden interessantes Angebot entstehen. Eine derartige Abstimmung ist nur auf Basis einer längerfristig angelegten Kooperation möglich. Zentraler Gegenstand sind die Einigung auf eine übergreifende Systemarchitektur sowie Standards für die Kommunikation zwischen den in das System einbezogenen Komponenten der unterschiedlichen

Hersteller. Zum Tragen kommen hier sogenannte **„Netz(-werk)effekte"** (Shapiro & Varian, 1998). Direkte Netzeffekte entstehen, wenn ein Kunde einen Vorteil hat, sobald die Zahl der Kunden, die gleichartige Produkte nutzen, steigt. Indirekte Netzeffekte entstehen, wenn der Konsument dadurch einen Vorteil hat, dass ein komplementäres Produkt zur Verfügung steht.

Neuartige digitale Technologien wie das Internet der Dinge, Blockchain oder künstliche Intelligenz lassen jedoch Ecosystems entstehen, bei denen nicht mehr lediglich ein Produkt im Zentrum steht, sondern digitale Räume mit einer Vielzahl von unterschiedlichen Akteuren, die in Abhängigkeit voneinander jedoch dennoch selbstständig versuchen, Wert zu schaffen, anzubieten und abzuschöpfen. Solche digitalen Ecosystems sind meist von einer hohen Schlagzahl an technischem Wandel charakterisiert, der teils radikale Unsicherheit mit sich bringt. Digitale Technologien ermöglichen die schnelle Verknüpfung mit einer Vielzahl an Akteuren, gleichzeitig lassen sich eben jene Verknüpfung ähnlich schnell wieder auflösen. In der Software-Entwicklung ist dieser Trend besonders zu beachten, ändern sich die technischen Möglichkeiten doch nahezu permanent. Neue Tools, Bibliotheken, Automatisierungen oder Schnittstellen ermöglichen die Einbettung von diversen Anwendungen und Integration mit Lösungen anderer Anbieter und bilden so ein weitreichendes digitales Ecosystem. Die potenziellen Möglichkeiten der Vernetzung sind so vielfältig, dass Entscheidungsträger diese aktiv eingrenzen und abwägen müssen.

2.4.2 Typische Veränderungen auf der Marktseite

In der analogen Welt hatte ein Unternehmen in der Regel wenig direkten Kontakt zu seinen Kunden. Auch erforderte die klassische industrielle Fertigung große Stückzahlen. Beides hat sich nun geändert. Über das Internet kann ein Unternehmen umfassend und lange in direkten Kontakt zu seinen (potenziellen) Kunden treten. Der Kunde kann so seine Präferenzen zum Ausdruck bringen, oder aber seine Präferenzen können aus seinem Verhalten abgeleitet werden. Auf Basis dieser Präferenzen können dem Kunden, als zweiter Ansatzpunkt, **individualisierte Produkte** zur Verfügung gestellt werden.

Diesen Ansatz nutzt z. B. der Suchmaschinen-Anbieter Google. Er sammelt Informationen über die Präferenzen seiner Kunden und lässt diese in die Berechnung der Relevanz von Webseiten einfließen. Zudem nutzt er diese Informationen, um Werbung zu platzieren, die möglichst gut die Präferenzen des Nutzers trifft. Plakativ und stark vereinfacht bedeutet das: Wer in der Suchmaschine nach Autos sucht, der wird in kürzester Zeit auch Werbung zu

Autos angezeigt bekommen. Dadurch reduzieren sich die Streuverluste, und die Preise für die Platzierung der Werbung gehen nach oben. Aber auch bei materiellen Gütern ist mittlerweile eine Individualisierung möglich. So bieten die Hersteller von Sportschuhen die Konfiguration eines individualisierten Laufschuhs an. Hersteller von T-Shirts ermöglichen das Aufdrucken beliebiger Texte. Flexible Fertigungssysteme bis hin zu 3-D-Druckern machen es möglich. Und der Kunde dankt es durch eine höhere Zahlungsbereitschaft.

Versicherungsunternehmen nutzen einen ähnlichen Ansatz und erproben gerade individualisierte Tarife für Schadensversicherungen. In diesen Tarifmodellen erhält z. B. der Kunde einer Kfz-Versicherung einen Bonus, wenn er eine bestimmte Fahrleistung nicht überschreitet oder besonders defensiv fährt. Solche gestaffelten Tarife setzen allerdings detaillierte Informationen über das Fahrverhalten voraus.

Neben der Anpassung bestehender Produkte und Dienstleistungen werden digitale Technologien aber auch **Bestandteil vieler analoger Produkte.** Beispiele hierfür finden sich sowohl bei den Investitions- als auch bei den Konsumgütern. Im Bereich der Investitionsgüter ist die Fernwartung ein typisches Beispiel. In diesem Szenario wird eine klassische Maschine durch eine spezifische Software ergänzt und mit einer Verbindung zum Internet ausgestattet (es entsteht das oben bereits erwähnte Internet der Dinge). Die Software erkennt, wenn sich ein Defekt ankündigt oder ein Verbrauchsteil bald ersetzt werden muss. Über die Internet-Verbindung gibt sie eine entsprechende Meldung an den Hersteller. Auf diesem Weg kann sich der Hersteller der Maschine als Dienstleister positionieren. Zudem lernt er auch etwas über die Nutzung seiner Maschinen im betrieblichen Alltag. Aber auch bei den Konsumgütern gibt es entsprechende Beispiele. So ist Ravensburger ein erfolgreicher Hersteller klassischer Spiele für Kinder. Das Unternehmen hat nun seine Bücher mit Kontaktpunkten unterlegt und bietet zur Ansteuerung einen Stift an. Zeigt ein Kleinkind auf eine Stelle in einem dieser Bücher, dann lernt es, um welches Tier es sich handelt und welches Geräusch typisch für das Tier ist. Weitere Beispiele finden sich im vernetzten Haushalt. Durch das Anbringen eines Steuerungsmoduls lässt sich z. B. eine Heizung über eine App besser auf den Bedarf anpassen, z. B. bei einer verspäteten Rückkehr.

2.4.3 Typische Veränderungen in der Organisation

Der wohl klassischste Ansatzpunkt für die Nutzung digitaler Innovationen in Unternehmen liegt in der Übertragung von Aufgaben auf den Computer, die vorher von einem Menschen durchgeführt wurden – dem dritten großen Wirkungsbereich digitaler Technologien innerhalb von Unternehmen. Klar strukturierte Aufgaben und Prozesse lassen sich recht mühelos in einer Software beschreiben und auf den Computer übertragen. Dies ist in den letzten Jahren auch weitgehend schon geschehen. So wurde z. B. die komplexe Aufgabe der Lohnabrechnung fast vollständig auf die Maschine übertragen. Darüber hinaus können Unternehmen dank des Computers aber auch Verfahren einsetzen, die von Menschen nicht (oder zumindest nicht zu angemessenen Kosten) durchgeführt werden können. So erlaubt moderne Software für die Vertriebsunterstützung z. B. die Berechnung kundenspezifischer Deckungsbeiträge. Genauso lassen sich mit moderner Optimierungssoftware z. B. die bestmöglichen Routen in der Logistik berechnen.

Die oben erwähnten neuen Verfahren der künstlichen Intelligenz lassen nun auch die Übertragung weniger strukturierter Aufgaben auf den Computer zu. Typische Anwendungsbeispiele finden sich im Kundendialog oder auch im Erstellen von Texten in Medienunternehmen. Interessante Optionen ergeben sich auch durch die Verbesserung der Roboter. Schritt für Schritt kann ein Roboter komplexere Aufgaben übernehmen, sei es z. B. in der industriellen Produktion oder im privaten Haushalt. Gleichwohl sind Computern und Robotern aber (bisher) noch klare Grenzen gesetzt. Aufgaben, die Empathie erfordern, lassen sich wohl noch längere Zeit nicht auf sie übertragen. Ein weiterer Wirkungsbereich liegt in der Strukturorganisation eines Unternehmens. Traditionell sind Unternehmen bisher eher hierarchisch und statisch aufgestellt. Für eine klassische industrialisierte Produktion, sei es in der verarbeitenden Industrie oder auch im Dienstleistungssektor, ist das in vielen Bereichen auch die passendste Organisationsform. Ändern sich Märkte, nicht zuletzt durch digitale Technologien, sehr umfassend oder häufig, dann sind derartige Strukturorganisationen aber ein Hemmschuh. Viele Unternehmen erproben daher flexiblere Formen des Zusammenwirkens im Unternehmen. Der Trend zu flexibleren Organisationsformen gilt auch für die Zusammenarbeit mit anderen Unternehmen. Eine Extremform sind die sogenannten **virtuellen Unternehmen,** ein Spezialfall der oben bereits erwähnten Unternehmensnetzwerke. Für ein virtuelles Unternehmen schließen sich Unternehmen mit sich ergänzenden Kompetenzen und Kapazitäten zusammen. Sie vereinbaren Regeln für das Zusammenarbeiten im Einzelfall, in der Regel auf Basis einer technisch unterstützten Kommunikation und Koordination. Ihre Selbstständigkeit verlieren die Unternehmen aber nicht.

2.4.4 Fazit

In Tab. 2.3 sind die aktuellen Trends in den drei eben aufgeführten Bereichen zusammenfassend dargestellt.

2.4.5 Add-on: Datenökonomie als Querschnittsthema

Fast alle bisher skizzierten Ansatzpunkte haben eine Gemeinsamkeit: Immer geht es um die verbesserte **Verfügbarkeit von Daten.** Plattformen basieren insbesondere auf den gewonnenen Daten über ihre Nutzer. Kooperationen werden erst attraktiv, wenn der Austausch von Daten zwischen den Beteiligten effizient organisiert werden kann. Genauso wie die Individualisierung von Produkten basieren auch eine umfassende Sicht auf den Kunden sowie die weitere Automatisierung von Prozessen auf einer verbesserten Verfügbarkeit von Daten. Die Bereitstellung und Nutzung von Daten ist daher ein übergreifendes Thema. Unternehmen führen aktuell eine Reihe von Projekten durch, um vorhandene Daten erst einmal zu identifizieren und die mit ihrer Zusammenführung verbundenen Chancen zu identifizieren. Viele Fragen, wie z. B. der Wert von Daten oder der Nutzen der Zusammenführung von Daten, sind noch weitgehend ungeklärt. Auch liegt der Fokus häufig stark auf personenbezogenen Daten. Die damit verbundenen Fragen (etwa im Kontext sozialer Netzwerke, aber auch simpler E-Mail-Newsletter) sind interessant. Mindestens genauso interessant ist aber auch die Verarbeitung nicht-personenbezogener Daten, etwa im Zusammenspiel von Unternehmen.

Tab. 2.3 Aktuelle ökonomische Trends im Überblick

Ansatzpunkt	Trend
Umfeld von Unternehmen	Branchenplattformen als neues Geschäftsmodell
	Mehr Kooperationen, auch in innovativer Form, wie z. B. als Ökosysteme
Marktseite von Unternehmen	Individualisierung von Kundenansprache und Produkten
	Ergänzung analoger Produkte durch digitale Lösungen
Organisation von Unternehmen	Automatisierung weniger strukturierter Aufgaben
	Flexiblere Unternehmensstrukturen und Kooperationen

2.5 Wann digitale Innovationen wirksam werden: Zur Akzeptanz neuer Systeme

Neue technische Lösungen und die damit verbundenen unternehmerischen Konzepte müssen als Zwischenergebnisse von Transformationsprojekten gesehen werden. Letztendlich ist von alleiniger Bedeutung, wie diese technischen und betriebswirtschaftlichen Innovationen akzeptiert und folglich eingesetzt werden. **Akzeptanzmodelle** zeigen auf, welche Faktoren die Akzeptanz und damit auch die Nutzung von technischen und betriebswirtschaftlichen Lösungen maßgeblich beeinflussen. Insbesondere machen sie auch klar, an welchen Stellschrauben Unternehmen ansetzen können, um die Akzeptanz der Lösungen durch Kunden bzw. durch Mitarbeiter zu fördern. Nachfolgend findet sich ein Überblick über die wichtigsten Ansätze. Leider beschränkt sich die Darstellung auf neue technische Lösungen. Für neue fachliche Konzepte (wie etwa Produkte, Prozesse oder Geschäftsmodelle) gibt es derartige Modelle noch nicht.

Zu den bekanntesten Modellen zur Erklärung der Akzeptanz neuer technischer Lösungen zählt das „**Technology Acceptance Model**" (TAM), das von Davis und Kollegen entwickelt wurde (Davis et al., 1989). Es ist in Abb. 2.5 dargestellt.

Das TAM zielt auf die tatsächliche Nutzung neuer technischer Lösungen im organisationalen Kontext und damit auch innerhalb von Unternehmen ab. Voraussetzung für diese tatsächliche Nutzung ist eine entsprechende Absicht. Diese Absicht setzt wiederum eine entsprechende Einstellung voraus. Diese Einstellung wiederum ergibt sich aus einer Abwägung des potenziellen Nutzers zwischen der wahrgenommenen Nützlichkeit einer technischen Lösung einerseits und der wahrgenommenen Einfachheit der Bedienung andererseits. Oder anders ausgedrückt: Entscheidend ist, dass ein System im

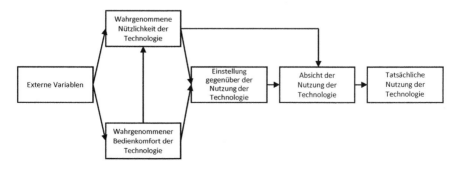

Abb. 2.5 Technology Acceptance Model. (Davis et al., 1989)

Arbeitskontext nützlich ist (so z. B. dadurch, dass Aufgaben schneller bearbeitet werden können) und der Bedienkomfort hoch ist (z. B. durch eine sehr intuitive Nutzerschnittstelle). Dies führt zu einer positiven Einstellung, diese wiederum führt zur Nutzungsabsicht und dann zur Nutzung – quasi automatisch.

Die entscheidenden Hebel für ein Unternehmen liegen daher darin, die vom Nutzer wahrgenommene (= empfundene) Nützlichkeit und den wahrgenommenen Bedienkomfort zu verbessern. Einmal lässt sich das natürlich bei der Entwicklung des Systems beeinflussen, etwa durch eine starke Berücksichtigung der von Nutzern geforderten Features eines Systems bzw. durch ein ausgefeiltes Design der Oberfläche oder aber durch eine starke Einbindung des Nutzers in die Entwicklung des Systems (wie es neuere Vorschläge zur Gestaltung von Systemen auch fordern). Daneben gibt es eine ganze Reihe von Maßnahmen, die die wahrgenommene Nützlichkeit bzw. den wahrgenommenen Nutzungskomfort eines gegebenen Systems positiv beeinflussen können. In Abb. 2.5 sind diese Faktoren etwas pauschal als externe Faktoren bezeichnet. So helfen Trainings, Workshops und ein aktiver Nutzersupport, sowohl die wahrgenommene Nützlichkeit als auch den Bedienkomfort einer neuen technischen Lösung positiv zu beeinflussen. Durch das Vermitteln eines effektiven Umgangs mit einem neuen System sowie die Kommunikation seines Mehrwerts im Arbeitsumfeld können die Akzeptanz und die Nutzung einer neuen technischen Lösung im Unternehmen ebenfalls gefördert werden.

Akzeptanzmodelle bieten Unternehmen allerdings nicht nur eine geeignete Hilfestellung bei der Einführung einer neuen technischen Lösung innerhalb des eigenen Unternehmens. Um die Nutzerakzeptanz und damit die Nutzung neuer technischer Lösungen im Endkonsumentenkontext zu untersuchen, wurde die „**Unified Theory of Acceptance and Use of Technology 2**" (UTAUT2, Venkatesh et al., 2012) entwickelt. UTAUT2 (siehe Abb. 2.6) weist dabei einmal die aus dem TAM-Modell bekannten Determinanten der Nutzungsabsicht auf. So spielen erneut die wahrgenommene Nützlichkeit – hier in Form der erwarteten Leistung einer Technologie – sowie der wahrgenommene Bedienkomfort einer Technologie – im Modell dargestellt durch den erwarteten Aufwand einer Technologienutzung – eine wichtige Rolle für die Akzeptanz einer neuen technischen Lösung. Weiterhin wird der soziale Einfluss, also der Grad, zu dem ein Endnutzer in seiner Akzeptanzentscheidung durch sein soziales Umfeld beeinflusst wird, berücksichtigt. Neu ist die vierte Hauptdeterminante des UTAUT2-Modells, die sogenannten erleichternden Bedingungen. Diese beschreiben Umweltfaktoren, die von den Konsumenten als hilfreich bei der Nutzung einer neuen Technologie wahr-

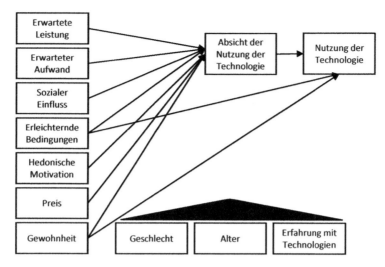

Abb. 2.6 Unified Theory of Acceptance and Use of Technology 2. (Venkatesh et al., 2012)

genommen werden, wie beispielsweise den vom Hersteller gebotenen technischen Support für eine neue Technologie. UTAUT2 beinhaltet darüber hinaus Faktoren, die sich konkret auf den Konsumentenkontext beziehen. So werden die hedonische Motivation – also die Freude an der Nutzung einer Technologie – und das Kosten-Nutzen Verhältnis bei der Nutzung einer Technologie berücksichtigt. Auch die Wahrnehmung, dass die Nutzung einer Technologie zur Gewohnheit wird, ist Teil des Modells.

Aus den bereits bekannten Stellschrauben lässt sich für Unternehmen die Erkenntnis ableiten, dass – wenig überraschend – auch im Endnutzerkontext der erwartete Mehrwert einer neuen technischen Lösung von großer Bedeutung ist. Weiterhin sollte die Bedienung des Systems möglichst intuitiv ausfallen, um den initialen Aufwand vor der ersten Nutzung gering zu halten. Zudem kann ein guter technischer Support durch den Hersteller die Nutzer ebenfalls in ihrer Technologieakzeptanz beeinflussen. Von besonderer Bedeutung erscheint jedoch, dass die Kunden eine positive Kosten-Nutzen-Wahrnehmung in Bezug auf das Produkt haben und die Nutzung Spaß bereitet. Gerade im Zusammenhang mit der Relevanz des sozialen Einflusses kann sich eine positive wie auch eine negative Einstellung gegenüber einer Technologie schnell unter potenziellen Kunden verbreiten. Weiterhin können durch gezielte Marketingkampagnen beispielsweise verschiedene Nutzungsszenarien einer Technologie aufgezeigt werden, welche die Habitualisierung der Technologienutzung erleichtern.

Im UTAUT2-Modell finden sich auch drei sogenannte **Moderatorenvariablen:** Geschlecht, Alter und (Vor-)Erfahrung mit der Lösung (Venkatesh et al., 2012). Moderatorenvariablen verstärken bzw. verringern die Wirkung eines Zusammenhangs und sind daher für konkrete Strategien besonders interessant. So lässt sich z. B. zeigen, dass die individuelle Erfahrung im Umgang mit Technologien den Einfluss des erwarteten Aufwands bei der Nutzung einer neuen Technologie auf die Nutzungsabsicht abschwächt. Ebenso lässt sich zeigen, dass sich junge Männer vor allem über den Spaß bei der Nutzung von Technologien beeinflussen lassen. Insbesondere ältere Frauen benötigen dagegen einen kontinuierlichen Technologiesupport, um eine neue technische Lösung auch dauerhaft zu nutzen. Weiterhin sind ältere Frauen preissensitiver als andere Nutzergruppen.

2.6 Ist mehr immer besser? Vom „optimalen" Digitalisierungsgrad

Alle eben vorgestellten Beispiele sind Schritte auf dem Weg zu mehr Digitalisierung, d. h. einem Mehr an Übertragung von Aufgaben auf den Computer. Eine Reihe von Artikeln, Studien und Büchern vermittelt direkt oder indirekt den Eindruck, dass ein Mehr an digitalem Wandel immer besser ist. Dies ist natürlich falsch, und es kann sogar gefährlich sein.

Aus einer rein technischen Perspektive wäre ein Digitalisierungsgrad von 100 % natürlich faszinierend. Das würde bedeuten, dass ein Unternehmen alle anfallenden Aufgaben vollständig auf den Computer übertragen hat, und zwar sowohl die wertschöpfungsnahen (primären) als auch die wertschöpfungsunterstützenden (sekundären) Aufgaben sowie auch die Managementaufgaben. In Extremfällen gibt es das bei den primären Aufgaben heute schon – man denke nur an die Internet-Suchmaschinen. Jede Anfrage wird automatisiert bearbeitet, auch die erforderlichen Daten werden (mittels eines kontinuierlich arbeitenden Crawlers) automatisiert beschafft. Auch in der verarbeitenden Industrie gibt es einzelne Beispiele für eine voll automatisierte Fabrik. In dieser stellen Automaten die Produkte her. Die Beschaffung der Rohstoffe und Vorprodukte erfolgt ebenfalls vollständig automatisiert. Noch nicht absehbar ist dagegen, die sekundären Aktivitäten vollständig auf den Computer zu übertragen. Selbst im Extremfall der Suchmaschinen werden Verbesserungen im Algorithmus auch heute immer noch von Menschen entwickelt. Auch lässt sich die Entwicklung eines Produkts und die Beschaffung von Personal oder die Weiterentwicklung der

IT-Infrastruktur nur in Teilen auf Rechner verlagern. Ebenso ist es bisher nicht gelungen komplexe Managementaufgaben (etwa die Formulierung einer Strategie) auf einen Computer zu übertragen.

Aus einer ökonomischen Perspektive relativiert sich das Bild recht schnell, selbst wenn man sich nur mit der Sinnhaftigkeit einer Erhöhung des Digitalisierungsgrades auseinandersetzt, und noch gar nicht mit dem doch eher utopischen Ziel einer Vollautomatisierung. Aus Sicht eines einzelnen Akteurs (eines Unternehmens, eines privaten Haushaltes) ist eine Investition in eine digitale Technologie nur dann sinnvoll, wenn deren positive Effekte (z. B. in Form einer Reduktion der Produktionskosten) deren negative Effekte (wie etwa die Kosten für die Einführung und den Betrieb eines Systems) übertreffen. So investiert ein Unternehmen nur dann z. B. in eine neue Lösung für das Management der Kunden, wenn der zurechenbare Nutzen (z. B. in Form von mehr Kunden oder reduzierter Prozesskosten) über den zurechenbaren Kosten (z. B. für die Einwicklung und den Betrieb des Systems) liegt. Es ist offensichtlich, dass diese Rechnung nicht immer positiv ausgeht – praktische Probleme der Erfassung von Kosten und Nutzen mal ganz ausgeklammert. Auch ist es für ein Unternehmen keinesfalls automatisch sinnvoll, Arbeit vom Menschen auf die Maschine zu übertragen. Bei einem geringen Lohnniveau kann es durchaus sinnvoller sein, die Arbeit beim Menschen zu belassen. Zudem verändert sich durch einen erhöhten Automatisierungsgrad auch die Kostenstruktur eines Unternehmens. Je mehr Aufgaben auf Maschinen übertragen werden, desto weniger kann ein Unternehmen seine Kosten flexibel an die Auslastung anpassen.

Insgesamt ist daher festzuhalten, dass es bei der Digitalisierung und der darauf aufbauenden digitalen Transformation aus Sicht eines Unternehmens immer nur um die Frage gehen kann, inwieweit die Nutzung digitaler Technologien zu einer Verbesserung der ökonomischen Situation führt. Keinesfalls ist das bei einer Erhöhung des Digitalisierungsgrades immer automatisch der Fall. Keine neue Einsicht – aber trotzdem wichtig!

Literatur

BMW. (2018). BMW connected drive – Digital services. https://www.bmw.de/de/topics/faszination-bmw/connecteddrive/bmw-connected-drive.html. Zugegriffen am 27.08.2018.

Bundesverband der Musikindustrie. (2021). Umsatz. https://www.musikindustrie.de/markt-bestseller/musikindustrie-in-zahlen/umsatz-2020. Zugegriffen am 16.07.2021.

Christensen, C. M. (1997). *The innovator's dilemma: When new technologies cause great firms to fail.* Harvard Business School Press.

Davis, F. D., Bagozzi, R. P., & Warshaw, P. R. (1989). User acceptance of computer technology: A comparison of two theoretical models. *Management Science, 35*(8), 982–1003.

Hess, T. (2019). Digitalisierung, Digitale Unternehmung. In N. Gronau, J. Becker, N. Kliewer, J. M. Leimeister & S. Overhage (Hrsg.), *Enzyklopädie der Wirtschaftsinformatik* (11. Aufl.). GITO.

Markus, M. L. (2004). Technochange management: Using IT to drive organizational change. *Journal of Information Technology, 19*, 4–20.

Mertens, P., Bodendorf, F., König, W., Schumann, M., Hess, T., & Buxmann, P. (2017). *Grundzüge der Wirtschaftsinformatik* (12. Aufl.). Springer.

Moore, J. F. (1997). *The death of competition: Leadership and strategy in the age of business ecosystems.* Harper Paperbacks.

Orlikowski, W. J. (1992). The duality of technology: Rethinking the concept of technology in organizations. *Organization Science, 3*(3), 398–427.

Österle, H. (1987). Erfolgsfaktor Informatik – Umsetzung der Informationstechnik in Unternehmensführung. *Information Management, 2*(3), 24–31.

Parker, G. G., Van Alstyne, M. W., & Choudary, S. P. (2017). *Platform revolution: How networked markets are transforming the economy – And how to make them work for you.* Norton.

Picot, A., Reichwald, R., & Wigand, R. T. (2003). *Die grenzenlose Unternehmung.* Gabler.

Shapiro, C., & Varian, H. R. (1998). *Information rules: A strategic guide to the network economy.* Harvard Business Review Press.

Venkatesh, V., Thong, J. Y. L., & Xu, X. (2012). Consumer acceptance and use of information technology: Extending the unified theory of acceptance and use of technology. *MIS Quarterly, 36*(1), 157–178.

Venkatraman, N. (1994). IT-enabled business transformation: From automation to business scope redefinition. *Sloan Management Review, 35*(2), 73–87.

Vial, G. (2019). Understanding digital transformation: A review and a research agenda. *The Journal of Strategic Information Systems, 28*(2), 118–144.

Wessel, L., Baiyere, A., Ologeanu-Taddei, R., Cha, J., & Blegind Jensen, J. (2021). Unpacking the difference between digital transformation and IT-enabled organizational transformation. *Journal of the Association for Information Systems, 22*(1), 102–129.

Wiesböck, F., & Hess, T. (2020). Digital innovations – Embedding in organizations. *Electronic Markets, 30*(2), 75–86.

3

Wertschöpfungsstrukturen durch digitale Transformation verändern

Digitalisierung kann Produkte und Dienste, die Kundenschnittstelle, die Geschäftsprozesse oder das Geschäftsmodell verändern. Ganz überwiegend kommen derartige Innovationen durch Projekte in ein Unternehmen. Es stellt sich daher die Frage, wie diese originären Transformationsprojekte zugeschnitten sein sollten, wo sie ansetzen sollten und wie im konkreten Fall vorzugehen ist. Diskutiert wird unter anderem, ob agile oder doch eher die traditionellen Vorgehensmodelle für Transformationsprojekte passend und geeignet sind. Ferner werden spezifische Instrumente wie etwa die Customer Journey Analysis vorgestellt.

3.1 Was ist das Besondere an Projekten der digitalen Transformation?

Digitale Innovationen, um die es in diesem Buch geht, werden in der Regel durch Projekte in ein Unternehmen getragen. Projekte sind demnach ein zentrales Vehikel zur Realisierung der digitalen Transformation. Unternehmen lassen sich ihr Portfolio an Transformationsprojekten durchaus etwas kosten. Der Einzelhandelskonzern Wal-Mart nimmt 2 Mrd. US$ in die Hand (ca. 0,4 % des Jahresumsatzes), General Electric ist mit 1 Mrd. US$ dabei (ca. 0,8 % des Jahresumsatzes) (Schadler, 2016). Diese Summen zeigen, in welchen Größendimensionen sich Projektportfolios der digitalen Transformation bewegen. Gleichzeit kommen Studien zu dem Schluss, dass 70 % aller Digitalisierungsprojekte nicht erfolgreich verlaufen (Forbes, 2019). Es stellt sich daher die drängende Frage, wie Transformationsprojekte gestaltet sein sollten und wie man sie erfolgreich führt. Beide Fragen werden im Folgenden beleuchtet.

3.1.1 Zur Struktur originärer Transformationsprojekte: Das Integrationsparadigma der digitalen Transformation

Charakteristisch für Transformationsprojekte ist, dass sie zwei Bestandteile haben: zum einen die technische Lösung und zum anderen die darauf aufbauende fachliche Lösung (Barthel & Hess, 2020). Die im Kontext der digitalen Transformation zwingend erforderliche integrierte Betrachtung dieser beiden Aspekte sei als das **Integrationsparadigma der digitalen Transformation** bezeichnet. Wie bereits in Abschn. 1.4 beschrieben, zielen originäre Digitalisierungsprojekte, also Transformationsprojekte im engeren Sinne, immer auf den Kern des 3SDT-Frameworks, die Veränderung der Wertschöpfung durch digitale Transformation. Projekte, die stattdessen bei den Voraussetzungen (Enabler-Projekte) oder der Transformations-Governance (z. B. Strategieentwicklungsprojekte) ansetzen, zählen wir zu den Transformationsprojekten im weiteren Sinne.

Ein typisches Beispiel für ein Projekt, das diesem Paradigma gerecht wird, ist die Ergänzung eines klassischen Produkts um eine Service-Komponente, wie z. B. die Apps von Fluggesellschaften, über die man einchecken und Informationen zum Status des Flugs abrufen kann. Dies erfordert einerseits eine technische Umsetzung (eine Software-Lösung mit einer App auf der Kundenseite sowie eine damit verbundene Server-Lösung auf der Anbieterseite) und andererseits angepasste Geschäftsprozesse. Ein anderes Beispiel, das ebenfalls dem Integrationsparadigma folgt, ist die Bereitstellung von Dienstleistungen über eine Plattform für Internet of Things-Systeme. Die damit einhergehende neue Dienstleistung für B2B-Kunden bietet dem Unternehmen neue Möglichkeiten der Kundenansprache, der Vermarktung von Produkten und Dienstleistungen und letztendlich auch der Preisdifferenzierung und stellt somit das fachliche Konzept der Lösung dar. Die Entwicklung, Bereitstellung und der Betrieb der Plattform selbst repräsentieren die technische, mit dem fachlichen Konzept eng verknüpfte Komponente der Lösung.

Unternehmen führen Transformationsprojekte in unterschiedlichen Kontexten durch. Teilweise geschieht dies als Reaktion auf dynamische Marktverhältnisse oder Umweltveränderungen wie den Eintritt neuer Wettbewerber etwa aus der Internetbranche oder den Einzug neuer digitaler Technologien. Häufig handelt es sich bei Transformationsprojekten auch um Pioniervorhaben, die den Einsatz digitaler Technologien erstmals erproben sollen. Ergebnisse solcher Projekte können Ansatzpunkte für den Einsatz neuer digitaler Technologien, konkrete Konzepte für ihren Einsatz zur Prozessoptimierung oder durch digitale Technologien ermöglichte Produkte oder Dienstleistungen sein. Beteiligt an Transformationsprojekten sind in der Regel die betroffene Fachabteilung (wie z. B. Vertrieb, Produktion, Personalwesen), die IT-Abteilung (selbst oder unter Nutzung externer Dienstleister) sowie, falls vorhanden, eine Digitalisierungseinheit.

In Transformationsprojekten finden sich eine Reihe von Elementen wieder, die auch in anderen Projekttypen anzutreffen sind (Barthel & Hess, 2020). Diese Elemente werden in Transformationsprojekten neu zusammengeführt und folgen damit weitgehend dem in Kap. 2 bereits vorgestellten Techno-Change-Ansatz (Markus, 2004). Damit lassen sie sich klar von anderen Projektarten abgrenzen.

Zu klassischen IT-Projekten: Obgleich der Fortschritt digitaler Technologien als Treiber digitaler Innovationen eine unverzichtbare Rolle in Transformationsprojekten einnimmt, lassen sich diese klar von IT-Projekten abgrenzen (Châlons & Dufft, 2016; Mertens & Wieczorrek, 2011). Im Fokus eines IT-Projekts steht immer die Einführung einer technischen Lösung. Manche IT-Projekte beschränken sich ausschließlich auf die technische Lösung, andere schließen auch die Wirkung neuer Systeme mit ein. Im zweiten Fall geht es üblicherweise aber „nur" um veränderte Prozesse, so gut wie nie um Innovation von Produkten oder Services und schon gar nicht um neue Geschäftsmodelle. IT-Projekte haben daher einen deutlich anderen Fokus als Transformationsprojekte. Die einzige Überschneidung findet sich manchmal in IT-Projekten, die mit Projekten zur Veränderung von Geschäftsprozessen verbunden sind.

Grundlegend unterschiedlich ist auch die organisatorische Reichweite von Transformationsprojekten und von klassischen IT-Projekten. IT-Projekte sind zumeist nach innen gerichtet, d. h. externe Kunden spielen in der Regel keine unmittelbare Rolle. Auch stehen hinter dem Projekt typischerweise Bemühungen um die Verbesserung der Effizienz. Im Gegensatz dazu können Transformationsprojekte einen internen wie auch einen externen Fokus haben, also sowohl die Entwicklung neuer Produkt-, Service- und Geschäftsmodellinnovationen als auch die Optimierung von Geschäftsprozessen umfassen. Transformationsprojekte sind häufig auch an der Schnittstelle des Unternehmens zu externen Partnern und Kunden lokalisiert. So wollen Unternehmen beispielsweise mittels Transformationsprojekten an der Schnittstelle zum Kunden ein neues digitales Kundenerlebnis schaffen und dadurch eine Differenzierung zum Wettbewerb sowie neue Erlösquellen realisieren.

Eine weitere Unterscheidung findet sich in der Besetzung von Projekten. IT-Projekte werden typischerweise von der IT-Abteilung selbst durchgeführt, gegebenenfalls ergänzt durch externe Dienstleister. Die Fachabteilung ist nur punktuell involviert. Die Konfiguration von Transformationsprojekten, wie oben skizziert, ist dagegen grundsätzlich anders.

Zu Organisationsentwicklungsprojekten: Organisationsentwicklungsprojekte beschäftigen sich mit dem Wandel der Organisation als Ganzes (Kanter et al., 1992; Majchrzak & Meshkati, 2007). Im Fokus von Organisationsentwicklungsprojekten stehen die formellen oder informellen Regelungen einer Organisation, d. h. beispielsweise die Aufgabenverteilung, der Umfang der Delegation, die Werte einer Organisation oder auch der Umgang mit Fehlern in einer Organisation. Transformationsprojekte beschäftigen sich dagegen mit konkreten Veränderungen in Produkten, Prozessen und Geschäftsmodellen. Die organisatorische Struktur, insbesondere ihre Innovationsfähigkeit, ist der Rahmen für die Durchführung von Transformationsprojekten, nicht aber deren Gegenstand.

Unterschiede zeigen sich auch in der personellen Zusammensetzung der Projekte. In Transformationsprojekten arbeiten Mitarbeiter der Fachabteilung(en), der IT und gegebenenfalls der Digitalisierungseinheit zusammen. In Organisationsentwicklungsprojekten liegt die Führung typischerweise bei Spezialisten aus der Organisationsabteilung und der HR.

Darüber hinaus grenzen sich Organisationsentwicklungsprojekte und Transformationsprojekte noch in einer dritten Dimension klar ab. Konstituierend für Transformationsprojekte ist die Entwicklung und Implementierung digitaler Innovationen, also eine Kombination aus technischer und fachlicher Lösung. Bei Organisationsentwicklungsprojekten sind technische Lösungen hingegen allenfalls ein Randthema. Tab. 3.1 stellt die beiden genannten Projektarten nochmals den Transformationsprojekten aggregiert gegenüber.

3.1.2 Management von Transformationsprojekten

Die Auswahl des richtigen Wegs der Strukturierung ist natürlich die zentrale Frage für das Management von Transformationsprojekten. Daneben sind aber

3 Wertschöpfungsstrukturen durch digitale Transformation verändern

Tab. 3.1 Transformationsprojekte im Vergleich zu anderen Projektarten (Barthel & Hess, 2020; Markus, 2004)

Dimension	„Originäre" digitale Transformationsprojekte	Klassische IT-Projekte	Organisationsentwicklungsprojekte
Gegenstand	Digitale Produkt-, Prozess- oder Geschäftsmodellinnovationen entwickeln und einführen (Kombination fachlicher und technischer Lösung)	Neue IT-Lösung auf Basis abgeleiteter Anforderungen einführen	Struktur einer Organisation verändern, ggf. als direkte oder indirekte Wirkung der Einführung neuer Systeme
Beispiele	Einführung einer neuen digitalen Vertriebsplattform bei gleichzeitiger Umstrukturierung der bestehenden internen Vertriebsprozesse und -strukturen	Ablösen veralteter Reporting-Software mit Data-Warehouse- und Analysetools, um die Erstellung von Management-Reports zu beschleunigen	Transformation einer etablierten Organisation, die vom Wettbewerb abgehängt wird, indem die Innovationskraft, Kundenzentriertheit und Eigenverantwortung der Mitarbeiter gestärkt werden
Beteiligte	Gleichberechtigtes Zusammenwirken von Fachabteilung, IT-Abteilung, Digitalisierungseinheit	Primär IT-Abteilung, ergänzt um Fachabteilung	Organisationsabteilung und Fachabteilung

noch weitere Aspekte beim Management derartiger Projekte zu beachten. Die wichtigsten werden nachfolgend kurz vorgestellt (Barthel & Hess, 2020; Barthel et al., 2020, 2021; Weinreich, 2016).

3.1.2.1 Teamzusammensetzung

Transformationsprojekte zeichnen sich häufig durch neuartige Aufgabenstellungen aus und unterscheiden sich damit deutlich von den routinierten Linienaufgaben, denen die meisten Mitarbeiter im Alltag nachgehen. Des Weiteren finden Transformationsprojekte oftmals abteilungsübergreifend statt und erfordern daher interdisziplinäres Wissen. Wichtig ist, dass nicht bloß eine regelmäßige Abstimmung zwischen ansonsten separierten technischen und fachlichen Teams stattfindet, sondern ein kontinuierliches, integriertes Zusammenwirken. So finden sich in Transformationsprojekten neben IT-Experten und Programmierern auch Vertreter unterschiedlicher betrieblicher Funktionen wie Marketing oder Business Development, die zusammen interdisziplinäre und cross-funktionale Digitalisierungsteams bilden. Bei der Teamzusammenstellung muss neben der fachlichen Expertise besonders auf eine hohe Eigenmotivation und Selbstständigkeit sowie auf eine hohe Affinität zu Digitalisierungsthemen geachtet werden. Ein Fehlen dieser Faktoren kann zu einem Scheitern von Transformationsprojekten führen, insbesondere, wenn Projekte nicht mit den *richtigen* Personen, sondern nur mit den gerade *verfügbaren* Mitarbeitern besetzt werden.

Zu beachten ist außerdem, dass Teammitglieder nicht nur in das jeweilige Projekt hineinwirken, sondern auch als Botschafter des Projekts (und damit der digitalen Transformation) in ihren Linienabteilungen und im Gesamtunternehmen fungieren. So können im besten Fall Akzeptanz, Bewusstsein und Verständnis für die digitale Transformation im Unternehmen gesteigert werden. Ebenso sollte jedoch auch davon ausgegangen werden, dass unzufriedene Projektmitarbeiter eine negative Einstellung in weite Teile des Unternehmens hineintragen.

3.1.2.2 Projektleitungsstil und -methoden

Transformationsprojekte sind zumeist von einer horizontalen Verteilung der Verantwortung für das Projekt geprägt. Während eine traditionell stark hierarchische Organisation für die Routineaufgaben des Kerngeschäfts eine effiziente Koordinationsform darstellen kann, ist sie den Anforderungen der Digitalisierung häufig nicht gewachsen. Hier sind Flexibilität, Agilität und Eigenverantwortlichkeit vonnöten, um dem schnellen Fortschritt und den kurzfristigen Veränderungen gerecht zu werden. Konkret bedeutet das, dass der Projektleiter nicht als klassische Führungskraft auftritt und Anweisungen erteilt, sondern das Team vielmehr als Mentor und Coach unterstützt und die Teams „empowert", eigenverantwortlich an den Projekten zu arbeiten. Hier verbergen sich immense Konfliktpotenziale, da viele Führungskräfte als Projektleiter nicht bereit sind, ihre gewohnte Führungsmacht abzugeben und ein Digitalisierungsteam als Coach oder Mentor zu leiten, statt zu führen.

Durch die funktionsübergreifende Zusammensetzung der Projektteams ergeben sich außerdem oft unterschiedliche Interessenlagen innerhalb des Projektes; häufig spielt auch die Unternehmenspolitik eine Rolle. Die Überwindung interner Konflikte zwischen den verschiedenen Beteiligten (Personen sowie Fachabteilungen) ist eine der wichtigsten Herausforderungen im Rahmen der digitalen Transformation. Kontinuierliche interne Kommunikation, Koordination und Vermittlung durch den Projektleiter spielen somit eine Schlüsselrolle. Dazu ein typisches Beispiel für eine Teamzusammensetzung: Das Team eines Transformationsprojektes wird von der Digitalisierungseinheit des Unternehmens geleitet, und zwei bis drei Mitarbeiter der Einheit arbeiten direkt im Projekt mit. Neben Mitarbeitern aus der Digitalisierungseinheit arbeiten auch Mitglieder der Kernorganisation am Projekt mit. Zwei Mitarbeiter aus der betroffenen Fachabteilung (bspw. aus dem Vertrieb) bringen das benötigte fachliche Know-how für die Lösung mit ein, zwei weitere Mitarbeiter aus der IT verantworten die technische Umsetzung. Da es für eine spezielle Projektkomponente bisher keine qualifizierten Mitarbeiter im Unternehmen gibt, wird das Team außerdem von externen Spezialisten einer Technologieberatung ergänzt.

Eng verbunden mit der Gestaltung des Projektleitungsstils ist die Auswahl geeigneter Projektmethoden. Häufig werden Transformationsprojekte mit agilen Methoden durchgeführt. Dies hat unter anderem den Grund, dass die Ziele von Transformationsprojekten zu Projektbeginn häufig nicht abschließend festgelegt werden können und lange offengehalten werden. Agile Methoden kommen dieser unscharfen Zielformulierung entgegen, da sie eine iterative Zielkonkretisierung im Projektverlauf fördern. Teilweise sind Transformationsprojekte auch nie „fertig", sondern können kontinuierlich angepasst und weiterentwickelt werden. Entscheidend ist hier deshalb wieder das bereits erwähnte integrierte Zusammenwirken von IT- und Fachabteilungen, da nur so digitale Lösungen kontinuierlich geliefert und weiterentwickelt werden können. Auf die Besonderheiten des agilen Projektmanagements wird in Abschn. 3.2.4.1 detaillierter eingegangen.

3.1.2.3 Projektcontrolling und -bewertung

Gerade in der Anfangsphase der digitalen Transformation war und ist es in vielen Unternehmen so, dass möglichste viele Transformationsprojekte grünes Licht bekommen und gefördert werden. Unternehmen hoffen so, die Transformation in Schwung zu bringen und Momentum zu gewinnen. Dadurch verstärkt sich natürlich die Komplexität der Projektlandschaft, Unternehmen können schnell den Überblick über die Vielzahl der Projekte und insbesondere auch deren Wertbeitrag verlieren. Dies erschwert die systematische und objektive Entscheidung über Priorisierung, Ressourcenzuweisung oder auch Fortführung von Projekten. Diese Komplexität sollte Unternehmen jedoch nicht dazu verleiten, sich bei der Steuerung von Transformationsprojekten rein auf das subjektive Bauchgefühl einiger Manager zu verlassen. Stattdessen müssen passende Formen des Projektcontrolling und der Projektbewertung gefunden werden.

Das Projektcontrolling soll Unternehmen dabei unterstützen, Transparenz in Bezug auf Ressourcen und Abläufe im Projekt zu erlangen und Entscheidungen auf dieser Grundlage zu optimieren bzw. steuernd einzugreifen. Drei wesentliche Aspekte zeichnen das Projektcontrolling aus: Fortschrittskontrolle, Qualitätskontrolle und Risikomanagement. Traditionell setzt das Projektcontrolling dafür sehr stark auf Plan-Ist-Vergleiche und die Einhaltung von Termin-, Kosten- und Qualitätszielen. Auch verlassen sich traditionelle Methoden der Projektevaluation in der Regel sehr stark auf primär finanzielle KPIs. Dieses Vorgehen ist bei Transformationsprojekten jedoch häufig nicht ohne weiteres umsetzbar.

Zum einen liegt das daran, dass Transformationsprojekte auch Innovationsprojekte sind, deren Ziele bzw. Ergebnisse sich teilweise erst zur Projektlaufzeit konkretisieren. Dementsprechend laufen die Projekte wie erwähnt oft nach agiler Methodik in iterativen Zyklen ab, was den Abgleich von Zwischenergebnissen mit Plandaten erschwert. Hier kann die Zufriedenheit der wichtigen Stakeholder (v. a. Kunden/Nutzer) ein geeigneter Maßstab für die Qualität des Outputs sein, denn auch eine präzise Abarbeitung der formalen Anforderungsspezifikationen garantiert nicht die Erfüllung der – eventuell unausgesprochenen – Erwartungen der Stakeholder (Gothelf & Seiden, 2017; Meyer & Reher, 2015).

Zum anderen sind die Ergebnisse von Transformationsprojekten häufig nicht kurzfristiger, finanzieller Natur, sondern entfalten durch langfristige, strategische Vorteile ihre Wirkung. Es ist auch nicht immer einfach, die indirekten Wertbeiträge von Transformationsprojekten diesen auch zuzurechnen. Rein finanzielle KPIs greifen also zu kurz, es bedarf stattdessen einer umfassenden Berücksichtigung mehrerer, auch schwerer quantifizierbarer Kriterien. Diese Kriterien können sich über die Projektlaufzeit hinweg immer weiter konkretisieren. Wichtig ist hier auch die Frage, wer den Wert von Transformationsprojekten bewertet, also wessen Maßstäbe bei der Projektevaluation angelegt werden. In der Praxis zeigt sich, dass die Einschätzungen und Evaluationskriterien von Digitalisierungseinheiten, Fachabteilungen und dem Controlling stark auseinander gehen können. Dementsprechend ist es entscheidend, dass am Anfang eines Projekts alle Stakeholder gemeinsam festlegen, nach welchen Kriterien das Projekt bewertet werden soll. Diese Kriterien können sich im Verlauf des Projekts verändern, diese Anpassung muss dann jedoch von allen Beteiligten mitgetragen werden. Insgesamt ist die „faire" Bewertung von Transformationsprojekten immer noch eine enorme Herausforderung für Unternehmen, die bisher noch kaum gelöst wurde.

Einen ersten Anhaltspunkt zur Lösung des Problems kann ein gemeinsames Projekt von Forschern der LMU München und TU Darmstadt, sowie Innovationsexperten einer Digitalisierungseinheit der BMW Group IT bieten (Barthel et al., 2021). Ziel dieses Forschungsprojekts war die Entwicklung einer Methode zur Bewertung von Digitalisierungsprojekten. Ausschlaggebend für das Projekt war die Feststellung der Digitalisierungseinheit, dass es ihnen schwerfällt die Wertbeiträge ihrer Projekte angemessen zu bewerten, wodurch zum einen die effektive Steuerung und Priorisierung der Projekte erschwert wird und zum anderen die Daseinsberechtigung der Einheit gegenüber der Kernorganisation schwerer demonstriert werden kann. Von dieser Problemstellung ausgehend wurden die Ziele einer passenden Bewertungsmethode definiert, diese dann anschließend in einem iterativen Prozess entwickelt, ihre Anwendbarkeit am Projektportfolio der Digitalisierungseinheit demonstriert und evaluiert und anschließend breiter im Unternehmen kommuniziert. Die entwickelte Methode knüpft dabei an das so genannte Digital Value Canvas an (Anding, 2020). Die Grundidee ist es, alle für BMW relevanten Wertbeiträge zu erfassen und mit entsprechenden KPIs zu hinterlegen. Die Wertbeiträge werden dabei in drei Kategorien unterteilt. Die erste Kategorie, „**Innovation für Rentabilität**", zielt auf Kostenreduktion oder Umsatzsteigerung ab, die von den Projekten unmittelbar und messbar geschaffen werden. Das kann zum Beispiel durch die Entwicklung eines digitalen Service geschehen, für den bei den Kunden eine Zahlungsbereitschaft besteht, oder indem ein Prozess durch digitale Technologien so weit optimiert werden kann, dass kostenintensive Arbeitsschritte wegfallen. Diese Kategorie ist recht unproblematisch, da Wertbeiträge hier in der Regel leicht messbar sind und von allen Beteiligten wertgeschätzt werden. Die zweite Kategorie,

„**Innovation zur Förderung des Kerngeschäfts**", zielt auf indirekte, aber gut quantifizierbare Wertbeiträge von Digitalisierungsprojekten ab. Hier geht es um Vorteile, die ein Projekt im Bereich des bestehenden Kerngeschäfts schafft, etwa indem die Kundenzufriedenheit, die Anlagenauslastung oder der Umsatz im Kerngeschäft gesteigert werden. Wertbeiträge in dieser Kategorie sind relativ leicht messbar, hier ist die Herausforderung aber, dass sie auch korrekt den entsprechenden Projekten angerechnet werden. Die dritte Kategorie, „**Innovation für zukünftigen Erfolg**", ist am schwersten messbar. Es geht dabei um die langfristigen, häufig strategischen Vorteile, die durch Digitalisierungsprojekte entstehen, etwa durch den Aufbau von Technologieexpertise. Diese Wertbeiträge sind zwar schwer quantifizierbar, trotzdem können passende KPIs gefunden werden. Im Bereich der Technologieexpertise kann das z. B. die Anzahl der angemeldeten Patente oder die Anzahl der Mitarbeiter sein, die eine neue Technologie anwenden können. Abb. 3.1 zeigt die Wertbeiträge der drei Kategorien im Überblick.

Genauso wichtig wie die Auswahl der richtigen KPIs ist allerdings die geeignete Einbettung der Bewertungsmethode in den Innovationsprozess. Entscheidend ist es hier vor allem, dass die Ziele eines Digitalisierungsprojekts zu Beginn gemeinsam von der Digitalisierungseinheit und dem Fachbereich festgelegt werden. Dies erfolgt in Form einer „Definition of Good". Es soll also nicht so sein, dass die Mehrheit der Projekte einfach mal ins Blaue hinein gestartet werden, um dann hinterher irgendeinen Wertbeitrag zu finden. Anhand der Definition of Good wird der Fortschritt des Projekts gemessen und am Ende entschieden, ob das Projekt erfolgreich war und vom Fachbereich

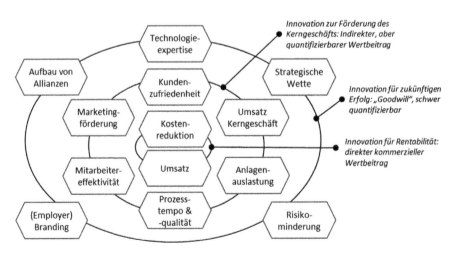

Abb. 3.1 Wertbeiträge von Transformationsprojekten. (Barthel et al., 2021)

übernommen wird. Die Projektziele können sich zwar ändern, da es sich ja um dynamische Innovationsprojekte handelt, eine Änderung muss jedoch mit allen Seiten abgestimmt sein. So sollen Digitalisierungsprojekte zielgerichtet durchgeführt werden, ohne ihre Innovationskraft einzuschränken.

Die entwickelte Bewertungsmethode schafft jetzt eine wichtige Grundlage dafür, dass die Wahrnehmung davon, ob die Digitalisierungseinheit und ihre Projekte erfolgreich sind, zwischen der Kernorganisation und der Einheit selbst nicht zu stark divergieren.

Insgesamt ist zu erwarten, dass die Bewertung von Digitalisierungsaktivitäten im allgemeinen und Digitalisierungsprojekten im speziellen in den nächsten Jahren immer wichtiger wird, da viele Unternehmen in fortgeschrittenere Phasen des Transformationsprozesses eintreten. Hier gilt es für Digitalisierungsverantwortliche nicht den Anschluss zu verlieren.

3.1.2.4 Einbettung in die Kernorganisation und Projektlandschaft

Die kontinuierliche Entwicklung von Lösungen ist nur möglich, wenn die Projektergebnisse nachhaltig in die Organisation eingebettet werden können. Transformationsprojekte sind keine isolierten Problemlösungsprojekte, sondern Teil eines komplexen Geflechts betrieblicher und sozialer Beziehungen. Entsprechend überschreitet die Projektarbeit in abteilungsübergreifenden Transformationsprojekten häufig die etablierte formale Organisationsstruktur eines Unternehmens, die darauf ausgelegt ist, die sich wiederholenden Routineaufgaben des Kerngeschäfts effizient durchzuführen. Die Mitglieder der Projektteams arbeiten zumeist parallel am Projekt und an ihren Linienaufgaben, teilweise sind sie auch in mehrere Projekte zugleich involviert. Um Projekte erfolgreich durchzuführen, ist deshalb eine eigene temporäre Projektorganisation innerhalb der Kernorganisation vonnöten. Unabhängig von der gewählten Vorgehensweise ist es wichtig, dass die Projektorganisation an der richtigen Stelle, also bei den relevanten Entscheidungsträgern der Kernorganisation, aufgehängt ist. Nur so ist ein einfaches, flexibles und schnelles Vorgehen möglich. Ein Ansatz, der hier gewählt werden kann, ist die Schaffung einer Digitalisierungseinheit, die die Koordination von Transformationsprojekten verantwortet.

Transformationsprojekte sind jedoch nicht nur in einen Unternehmenskontext, sondern häufig auch in eine komplexe Multi-Projektlandschaft eingebettet. Digitale Transformation lässt sich nicht mit einem einzigen „Big-

Bang"-Projekt umsetzen, sondern erfordert das Zusammenwirken zahlreicher Projekte in unterschiedlichen Bereichen und Ebenen eines Unternehmens. Die entstehende komplexe Projektlandschaft kann schnell überwältigend wirken. Umso wichtiger ist es, dass Digitalisierungsverantwortliche hier geeignete Ansätze des Programm- oder Projektportfoliomanagements anwenden. Die gewählten Managementansätze müssen sicherstellen, dass Projekte systematisch ausgewählt und priorisiert werden, Interdependenzen und Synergien zwischen Projekten richtig erfasst werden und alle Projekte auf das übergreifende Ziel der digitalen Transformation ausgerichtet sind. Ansonsten steht ein Unternehmen schnell mit einem Haufen isolierter Digitalisierungsinitiativen da, statt mit einem zielgerichteten Transformationsprogramm. Gleichzeitig muss das Programm- und Projektportfoliomanagement aber offen und flexibel genug sein, um die Innovativität der Transformationsprojekte nicht übermäßig einzuschränken. Deshalb lassen sich Methoden aus dem traditionellen IT-Management auch nicht ohne weiteres auf Transformationsprojekte übertragen, da diese Methoden auf die wesentlich besser planbaren und linearer ablaufenden IT-Projekte ausgerichtet sind.

3.2 Digitale Produkte und Dienste

Mit dem digitalen Wandel ist der Wettbewerb globaler geworden, und die Kundenanforderungen verändern sich zunehmend. Anstatt einfach analoge Produkte und Dienstleistungen unverändert in die digitale Welt zu transferieren, wollen viele Unternehmen die Möglichkeiten digitaler Technologien nutzen und neue Geschäftsfelder erschließen. Nachfolgend wird ein Überblick über diese Produkte und Dienste gegeben.

3.2.1 Drei Varianten digitaler Produkte und Dienste

Unternehmen können digitale Produkte und Dienste auf drei Arten in ihr Geschäftsmodell integrieren:

- Einerseits können sie völlig neue und alleinstehende digitale Produkte und Dienste anbieten – wie etwa einen Suchdienst für das Internet.
- Des Weiteren ermöglicht die Digitalisierung die kombinierte Bereitstellung analoger und digitaler Produkte bzw. Dienste. Beispielsweise hat Ravensburger mit Tiptoi genau solch eine Lösung geschaffen. In den ge-

druckten Büchern können Kinder mit einem Stift auf ein Tier oder ein anderes Objekt zeigen und so den Namen abrufen.
- Und als drittes besteht die Möglichkeit, etablierte Produkte durch digitale Mehrwertdienste (Value-Added Services) zu ergänzen.

Im Folgenden werden diese drei Varianten näher beschrieben.

Neue digitale Dienste. Besonders gut kann man die Entstehung derartiger Dienste wieder einmal in der Medienindustrie beobachten. Traditionell wurden und werden viele Inhalte von Autoren oder Redaktionen bereitgestellt, so z. B. die klassische Zeitung oder ein Spielfilm. In diesem Modell ist der Nutzer passiv. Etwas anderes war bei Druckmedien und Radio/Fernsehen auch nicht möglich. Mit dem Internet hat sich dies geändert. Über das Internet kann der Konsument weiterhin konsumieren, aber er kann auch selbst Inhalte erstellen, und das in jedem beliebigen Format. Für den Austausch dieser Inhalte ist eine technische Unterstützung erforderlich. Sogenannte Content-Plattformen bieten eine derartige Unterstützung (Hess, 2014). Mittlerweile gibt es eine Vielzahl derartiger Plattformen. Besonders bekannt sind soziale Netzwerke (wie etwa Facebook oder Xing) und Videoplattformen (z. B. von Netflix oder von Amazon).

Mit den klassischen Produkten der Medienindustrie haben diese neuen Dienste wenig zu tun. Zwar unterstützen auch sie die öffentliche Kommunikation, doch auf eine ganz andere Art und Weise als die klassischen Produkte der Medienindustrie. Auch folgen sie anderen Marktlogiken. Hier ist insbesondere die hohe Bedeutung von Netzwerkeffekten zu nennen. Dieses für die digitale Ökonomie zentrale Konstrukt wurde bereits in Abschn. 2.4 eingeführt. Erläutert sei dies am Beispiel von Facebook, das sowohl von indirekten als auch von direkten Netzwerkeffekten profitiert. Direkte Netzwerkeffekte führen bei Facebook dazu, dass die wahrgenommene Attraktivität und der Wert der Plattform mit der Anzahl der Nutzer steigen. Das bedeutet, je mehr Nutzer Facebook nutzen, desto höher ist auch der Anreiz für Personen außerhalb des Netzwerks, die Plattform zu nutzen. Indirekte Netzwerkeffekte führen dazu, dass die Verbreitung komplementärer Produkte einen positiven Einfluss auf den Wert der Plattform hat. Das bedeutet, je mehr zusätzliche Applikationen auf Facebook angeboten werden, desto mehr zusätzliche Nutzer treten dem Netzwerk bei, und umgekehrt. Außerdem steigt mit der Anzahl der Nutzer auch die Anzahl werbetreibender Unternehmen, die Anzeigen auf Facebook schalten. Abb. 3.2 zeigt diese Logik in einer schematischen Darstellung, eingebettet in die Geld- und Leistungsströme.

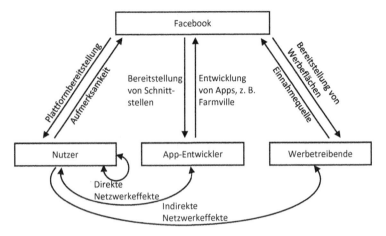

Abb. 3.2 Netzwerkeffekte am Beispiel von Facebook

Neben den informationsorientierten Diensten gibt es eine zweite Gruppe von ebenfalls originären Internet-Diensten. Diese unterstützen Märkte in bisher nicht gekannter Art und Weise. Die Zahl der Dienste in diesem Segment ist kaum noch überschaubar, denn anders als bei den informationsorientierten Diensten gibt es hier keine direkten Netzwerkeffekte, die schnell zu einer Polarisierung führen. Sehr früh am Markt waren Auktionsdienste. Aufgrund der hohen Transaktionskosten waren Auktionen vorher wenigen Gütern vorbehalten. Mit den Auktionsplattformen wie eBay hat sich das geändert. Schnell gefolgt sind Marktplattformen, so z. B. für Reisen. Derartige Marktplattformen gibt es auch im industriellen Sektor; sie werden z. B. für den Einkauf von B-Teilen von vielen Unternehmen genutzt.

Hybride Produkte und Dienste. Als zweite Variante können Unternehmen ihre etablierten Produkte über einen Online-Kanal bereitstellen. Ein gutes Beispiel für die Bereitstellung klassischer Produkte über das Internet ist die aktuell zu beobachtende digitale Transformation des klassischen Bankgeschäfts. Online-Banking ermöglicht die aktive Einbeziehung des Kunden in den Leistungserstellungsprozess. So kann der Kunde beispielsweise online selbstständig Überweisungen tätigen, Formulare ausfüllen und Transaktionen ausführen. Sowohl Kunde als auch Anbieter können von dieser Entwicklung profitieren. Einerseits kann das Geldinstitut Kosten sparen, die durch den Unterhalt der Filiale und die persönliche Betreuung des Kunden entstehen würden. Auf der anderen Seite profitieren die Kunden von der Flexibilität und der Bequemlichkeit, die Online-Banking mit sich bringt. Komplexere Geschäfte, so z. B. der Abschluss eines größeren Kreditvertrags, können allerdings nicht über das Online-Banking abgewickelt werden. In Summe entsteht so – wenn die Bank es richtig angeht – ein hybrides Produkt, das Online- und Offline-Komponenten hat. Auch im viel zitierten Medienbereich gibt es heute eine Vielzahl hybrider Produkte und Dienste. So stellen viele Tageszeitungen ihre Inhalte sowohl in klassischer Form (in gedruckten Ausgaben) als auch über Online-Dienste für den Zugriff über stationäre oder mobile Endgeräte zur Verfügung. Sehr schnell stellt sich in dieser Konstellation die Frage der gegenseitigen Verdrängung, d. h. der Kannibalisierung vorhandener Angebote und Dienste. Im Kern tritt Kannibalisierung immer dann auf, wenn sich die über die unterschiedlichen Kanäle bereitgestellten Produkte zu wenig unterscheiden. Genau das war am Anfang der Verlagerung der Inhalte auf Online-Kanäle in der Medienindustrie der Fall. Mittlerweile unterscheiden sich die Online-Angebote der Medienunternehmen deutlich von den analogen Angeboten.

Ähnliche Fragen stellen sich auch im Handel. Über viele Jahre hinweg haben traditionelle Handelsunternehmen den Aufbau eines eigenen Online-Angebots aus Furcht vor der Kannibalisierung des Angebots in den Filialen gescheut. Neue Anbieter mit Amazon an der Spitze haben diese Lücke sehr erfolgreich besetzt. Erst langsam setzt sich bei traditionellen Händlern die Einsicht durch, dass sie ebenfalls ein Online-Angebot aufbauen müssen.

Mehrwertdienste. Als dritte Variante können Unternehmen digitale Technologien nutzen, um ihr aktuelles Angebot gezielt zu ergänzen. Auf diese Weise können sich Anbieter positiv von Wettbewerbern differenzieren und die Loyalität und Zahlungsbereitschaft ihrer Kunden erhöhen. Derartige Dienste können am Produkt selbst, an der Bereitstellung des Produkts oder an der Anbahnung des Kaufs sowie beim Service nach dem Kauf ansetzen. So bieten heutzutage beispielsweise viele Fluggesellschaften Applikationen für das Smartphone an, die das Flugerlebnis mithilfe unterschiedlicher Dienstleistungen angenehmer und effizienter gestalten. Die Kunden können z. B. am Smartphone einchecken und aktuelle Informationen über den Flugstatus und die Bordkarte abrufen, d. h. der Dienst deckt sowohl die Anbahnungs- als auch die Abwicklungsphase ab. Dies ermöglicht es den Fluggesellschaften, ihr Leistungsversprechen entlang aller Phasen der Kundenbeziehung auszuweiten und zu verbessern. Das Kernprodukt, in diesem Fall der Transport per Flugzeug, bleibt zwar gleich, doch dazu kommen digitale Services. Solche Services bieten heute z. B. auch viele Automobilhersteller an. Zusammen mit Fahrassistenzsystemen werden Autos wohl bald sogar zu hybriden Produkten.

Mehrwertdienste gibt es natürlich auch im industriellen Bereich. Eine Reihe von Maschinenbauern bietet ebenfalls derartige Dienste an. Sie statten ihre Maschinen mit Sensoren, einer zusätzlichen Applikation sowie einer Verbindung zum eigenen Unternehmen aus und können auf dieser Basis eine verbesserte Form der „Fernwartung" anbieten. Über derartige Dienste erschließen sie sich eine neue Erlösquelle und gewinnen zudem interessante Informationen über den Betrieb ihrer Maschinen. Tab. 3.2 zeigt die skizzierten Typen und Subtypen digitaler Angebote noch einmal kompakt im Überblick.

3.2.2 Die Rolle von Ecosystems für digitale Produkte und Dienste

In der digitalen Welt sind insbesondere Unternehmen erfolgreich, die es geschafft haben, um ein Kernprodukt herum eine Vielzahl komplementärer Produkte aufzubauen und das daraus entstehende Gesamtsystem zu steuern. Ein derartiges Gesamtsystem wird als (Business-) Ecosystem bezeichnet. In Abschn. 2.4 war dieses Konstrukt bereits skizziert worden, nun soll dies vertieft werden.

Einbezogen in ein Ecosystem sind alle Akteure, die einen wertsteigernden Beitrag für das im Zentrum stehende Produkt liefern können. Die Verbindung zu den Elementen eines Ecosystems entsteht über die bereits erwähnten Netzwerkeffekte, konkret die indirekten Netzwerkeffekte. Begrifflich und auch konzeptionell ist das Konzept der Ecosystems an die Ökosysteme in der Natur angelehnt – auch dort sind alle Akteure in ihrer Existenz voneinander abhängig.

Die Wertschöpfung in Ecosystems weist im Vergleich zu traditionellen Wertschöpfungsketten eine andere, komplexere Struktur auf. Die traditionelle Wertschöpfungskette ist linear. In Ecosystems stellen sowohl die End-

Tab. 3.2 Typen und Subtypen digitaler Angebote

Alleinstehende digitale Produkte und Dienste	Hybride Produkte und Dienste	Mehrwertdienste
Informationsdienste, z. B. Suchmaschinen	Abgestimmte Online-Offline-Angebote, z. B. bei Banken	Unterstützung der Anbahnung, z. B. mit Produktinformationen
Marktdienste, z. B. Auktionen	Konkurrierende Angebote, z. B. Tageszeitungen mit diversen Kanälen für weitgehend gleiche Inhalte	Unterstützung der Abwicklung, z. B. bei Fluggesellschaften Ergänzung des klassischen Produkts, z. B. digitale Dienste im Auto

kunden als auch die Anbieter komplementärer Dienste und Produkte jeweils unterschiedliche Marktseiten des Kernprodukts dar, die jeweils Leistungen beziehen und zum Umsatz beitragen können. Das Engagement aller Beteiligten ist für den langfristigen Fortbestand eines Ecosystems zwingend notwendig.

Verschiedene aktuelle Beispiele zeigen, dass Ecosystems insbesondere im Kontext von Online-Angeboten von hoher Relevanz sind. Apple mit dem Kernprodukt iPhone ist ein sehr erfolgreiches Beispiel (siehe auch Abb. 3.3). So müssen sich z. B. die Betreiber einer App, die Hersteller von Zubehör und die Lieferanten von Produktteilen abstimmen, um eine kundenzentrierte Lösung anzubieten. Als Einzelkämpfer könnte Apple nicht so ein attraktives Produkt anbieten. Apple ist davon abhängig, dass Entwickler interessante Apps entwickeln und damit einen zusätzlichen Kundennutzen schaffen. Existiert also ein großes komplementäres Angebot, ist das Kernprodukt zumeist auch für Endkunden attraktiver.

Vorrangiges Thema von Ecosystem-Kooperationen ist die Einigung auf eine übergreifende Systemarchitektur, d. h. die Frage, welche technischen Komponenten das System umfasst und – ganz entscheidend – wie diese interagieren. Für die Interaktion wird in der Regel ein Standard festgelegt. Dieser kann zum Austausch von Daten oder aber zum Aufruf von Funktionen in einer anderen Komponente des Systems über sogenannte APIs (Application Programming Interfaces) dienen.

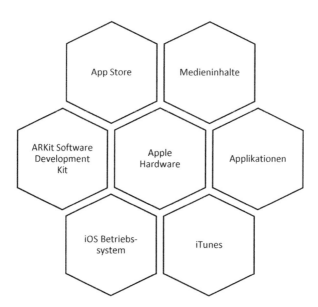

Abb. 3.3 Das Ecosystem von Apple

Unternehmen, die das Kernprodukt eines Ecosystems anbieten wollen (wie etwa Apple im Beispiel oben), stehen vor allem vor der Aufgabe, die Kooperation, d. h. die Zusammensetzung und die Steuerung der Zusammenarbeit, zu managen (Benlian et al., 2015). Als Initiator des Ecosystems muss der Anbieter des Kernprodukts darauf bedacht sein, einen Interessensausgleich zwischen den verschiedenen Teilnehmergruppen zu schaffen. In der Phase der Markteinführung eines Ecosystems besteht die Gefahr, dass sich weder Komplementärhersteller überzeugen lassen, in Vorleistung zu gehen, noch Endkunden bereit sind, ein Produkt zu kaufen, für das notwendige komplementäre Angebote (noch) nicht verfügbar sind. Für diese „Henne-Ei-Problematik" bei der Etablierung eines Ecosystems kann ein Lösungsansatz in einer entsprechenden Preisgestaltung liegen, indem in der Startphase eine der beiden am Ecosystem beteiligten Gruppen (Komplementäre oder Endnutzer) subventioniert wird, um die Attraktivität zu steigern.

Neben der Preissetzung ist der Grad der Öffnung des Ecosystems das zweite zentrale Steuerungsinstrument. Anbieter müssen sich entscheiden, ob sie sich gegenüber konkurrierenden Ecosystems öffnen wollen und inwieweit eine vertikale Öffnung gegenüber Anbietern von Komplementären angestrebt wird. Eine Öffnung führt zu einer größeren Vielfältigkeit, geht aber zu Lasten der Kontrollmöglichkeiten des Anbieters. So gibt es im Markt für Smart-Home-Plattformen derzeit mehrere (horizontal) konkurrierende Anbieter mit proprietären Standards und auch unterschiedlichen Lösungen im Hinblick auf die vertikale Öffnung, von Open Source bis hin zu ausgewählten, lizenzierten Komplementäranbietern. Es bleibt abzuwarten, welches Konzept sich langfristig durchsetzen wird.

Wenn verschiedene Ecosystems zur Auswahl stehen, muss sich ein Komplementäranbieter (im Beispiel oben also z. B. ein Anbieter von Inhalten) zunächst entscheiden, ob er nur einem oder mehreren Ecosystems beitreten will, denn üblicherweise geht der Beitritt zu einem Ecosystem mit Kosten einher, weil etwa Schnittstellen zur Plattform des Ecosystems geschaffen werden müssen. Wenn hohe Eintrittsbarrieren überwunden werden müssen oder eine bereits etablierte Konkurrenz für ähnliche Angebote besteht, kann dies auch zur Auswahl eines weniger etablierten Ecosystems führen.

Die Vernetzung von diversen Akteuren, die durch viele digitale Technologien gefördert wird oder sogar einen Kernaspekt darstellt (vgl. Internet der Dinge oder Datennetze für künstliche Intelligenz), hat auch für die digitale Transformation entscheidende Auswirkungen. So steht das Unternehmen zwar nach wie vor im Zentrum der Betrachtung, der Blick richtet sich jedoch zunehmend über die organisationalen Grenzen hinweg. In Ecosystems ist die Transformation des Unternehmens im Verbund mit verknüpften Partnern,

Komplementären und anderen Anbietern zu verstehen. Im Kontext von digitalen Technologien zeichnen sich Ecosystems insbesondere durch die Vielzahl an involvierten heterogenen Akteuren sowie einer gewissen Unsicherheit aus, die durch den steten technologischen Wandel und dem häufigen Ein- und Austritt von Akteuren hervorgerufen wird. Dies gilt es bei der digitalen Transformation eines Unternehmens, das in ein Ecosystem eingebettet ist, zu berücksichtigen.

Um das Ecosystem eines Unternehmens besser verstehen, strukturiert ordnen und die zentralen Kollaborationen mit aber auch Abhängigkeiten von Partnern analysieren zu können, gilt es, die involvierten Akteure sowie deren Beziehungen zu beschreiben. Während es eine Vielzahl an unterschiedlichen methodischen Ansätzen gibt, die Vernetzungen und Verflechtungen zu visualisieren oder zu modellieren, bietet sich ein übersichtlicher Ansatz an (siehe Abb. 3.4 für die Beschreibung des Ecosystems von Apple am Beispiel des App Stores), der den Fokus auf die vier zentralen Bestandteile eines Ecosystems legt:

- **Akteure** – welche Unternehmen, Organisationen oder Kunden spielen eine Rolle?
- **Aktivitäten** – welche Services, Dienste oder Aktivitäten werden für das Funktionieren des Ecosystems von welchem der Akteure bereitgestellt?
- **Positionen** – wie lassen sich die (Macht-)Positionen der Akteure im Verhältnis zueinander verstehen?
- **Beziehungen** – wie sind die Akteure untereinander vernetzt und welche Art von Beziehungen unterhalten sie?

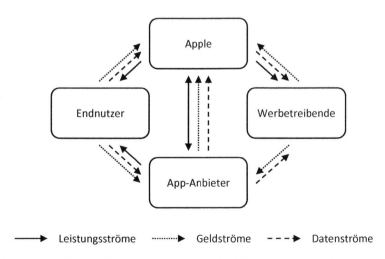

Abb. 3.4 Beschreibung eines Ecosystems am Beispiel des Apple App Stores

3.2.3 Add-on: Wie viel Privatheit will der (deutsche) Kunde bei digitalen Produkten und Diensten?

Daten stellen schon heute einen zentralen „Rohstoff" und eine wichtige Geschäftsgrundlage vieler Unternehmen dar. Obwohl sich Unternehmen im Grad der Abhängigkeit von personenbezogenen Daten unterscheiden, vereint sie alle das Interesse, mit Hilfe von Daten ihre Kundenansprache stärker auf einzelne Kundengruppen oder sogar Kunden zuzuschneiden und ggf. sogar ihre Preise auszudifferenzieren sowie – falls möglich – das Produkt oder den Service an Kundengruppen bzw. einzelne Kunden anzupassen (Morlok et al., 2017). Exemplarisch sei auf personalisierte Filmvorschläge auf dem Video-on-Demand-Dienst von Netflix oder auf die allseits bekannten Empfehlungen im E-Commerce („Kunden, die diesen Artikel gekauft haben, kauften auch ...") verwiesen. Auch ist bekannt, dass die Nutzer von Apple-Smartphones bei einer Reihe von Internet-Diensten einen höheren Preis in Online-Shops genannt bekommen als die Nutzer anderer Endgeräte. Im Extremfall führt diese Entwicklung sogar zu vordergründig kostenfreien Angeboten, die der Nutzer aber auf andere Weise entgelten muss. Der Suchdienst von Google ist wohl das bekannteste Beispiel für das „Bezahlen des Kunden" durch seine Daten (Buxmann, 2018).

Durch das Internet ergeben sich zahlreiche neue Möglichkeiten, Informationen über den Kunden zu gewinnen. Die Nutzung verschiedener Internet-Dienste erwartet vom Nutzer eine Reihe von Angaben zur Person, zum Geschlecht, zum Alter etc. Derartige Angaben wurden aber grundsätzlich schon immer erhoben, auch wenn die heute in sozialen Netzwerken vorzufindenden Selbstbeschreibungen bis vor wenigen Jahren noch unvorstellbar waren. Neu hinzugekommen sind die vielen Daten über das individuelle Nutzerverhalten. Diese finden sich in Protokolldateien der hinter den Online-Angeboten liegenden Anwendungssysteme und in der Systemsoftware vieler mobiler und stationärer Angebote. In extremer Form wird dies von den Anbietern mancher Websites umgesetzt. Wird die jeweilige Seite über einen Browser aufgerufen, dann laufen für den Nutzer unsichtbare kleine Programme ab (sogenannte Plug-ins), die Informationen an Dritte weitergeben. Man denke auch an das Internet der Dinge, also die Internetanbindung von häufig mit Sensoren ausgestatteten Alltagsgegenständen (wie intelligente Haushaltsgeräte oder das vernetzte Auto), die neue Informationsquellen für Hersteller von vorwiegend physischen Alltagsgegenständen schafft.

Deutlich verbessert haben sich aber auch die Möglichkeiten zur Verdichtung und Auswertung der gesammelten Daten. Mithilfe neuester Datenbanksysteme können große Menge von Daten zum Profil eines Nutzers zusammengeführt werden. Im Extremfall lassen sich aus den Daten sogar Verhaltensprognosen ableiten, entweder für eine einzelne Person (z. B. zur Kaufwahrscheinlichkeit für ein Produkt) oder für eine bestimmte Menge an Personen.

Doch Konsumenten geben nicht sofort und unbesorgt ihre Daten preis und somit die Kontrolle über ihre sogenannte informationelle Privatheit auf. Die Themen Privatheit und Datenschutz sind nicht zuletzt durch die NSA-Abhöraffäre, diverse Angriffe auf sensible Kundendaten von Unternehmen und das modifizierte Datenschutzrecht stärker in das Bewusstsein der Bevölkerung gerückt. So sind 37 % der deutschen Bevölkerung um ihre Privatsphäre besorgt bis sehr besorgt, wenn sie das Internet nutzen (Trepte & Masur, 2015). Dabei fürchten 61 % der Bürger, nicht ausreichend Einblick zu haben, was Unternehmen mit ihren gesammelten Daten tun.

Studien zeigen aber schon länger, dass bereits kleine Anreize dazu führen, dass viele Nutzer ihre Vorbehalte gegen die Weitergabe ihrer Daten vergessen. Zum Beispiel stellten Acquisti und Grossklags fest, dass im Austausch gegen kleine Vorteile (Rabatte, besserer Service oder gute Empfehlungen) beachtliche 29 % der Teilnehmer im Experiment ihre Telefonnummer preisgaben und 22 % der Probanden sogar ihre sonst so streng gehütete Sozialversicherungsnummer (Acquisti & Grossklags, 2005).

Diese offensichtliche Diskrepanz zwischen Einstellung und Handlung wird auch **Privacy Paradoxon** genannt (Morlok et al., 2017). Nutzer sind zwar grundsätzlich um ihre informationelle Privatheit besorgt und haben eine eher abwehrende Einstellung, zeigen aber in ihrem Verhalten nicht im selben Ausmaß, dass sie Maßnahmen zum Schutz dieser Privatheit ergreifen. Erklärungsansätze dafür gibt es viele. Eine Variante ist, dass der typische Konsument die mit der Freigabe seiner Daten verbundenen Risiken unterschätzt, denn sie sind zu abstrakt und liegen zu weit in der Zukunft. Auch geben Studien Hinweise darauf, dass Sicherheitsvorkehrungen in Bezug auf die Preisgabe von Informationen im Internet stark vom Alter der Nutzer abhängig sind. Je jünger die Nutzer – und je intensiver und vielfältiger damit auch die Nutzung des Internets als Informations- und Kommunikationsmedium –, umso unbefangener gehen die Nutzer mit ihren Daten im Internet um, und dies, obwohl sich jüngere Personen hinsichtlich ihrer Bedenken kaum von älteren unterscheiden.

Noch eine spezifische Ergänzung sei hier angefügt: Aus unternehmerischer Sicht liegt es nahe, den auf Privatheit bedachten Kunden eine kostenpflichtige

Premium-Version anzubieten, bei der auf die Verarbeitung und die Weitergabe personenbezogener Daten vollständig verzichtet wird. Wie eine Bezahlung für Privatheit funktionieren kann, zeigte eine Studie von Schreiner und Kollegen bereits in 2013 (Schreiner et al., 2013). Zumindest ein Teil der Probanden des Experiments war bereit, knapp zwei Euro im Monat für eine Premium-Version eines sozialen Netzwerkes zu zahlen, das die Privatsphäre schützt. Bisher hat sich dieser Ansatz aber noch nicht etablieren können. Interessant sind auch die aktuell zu beobachtenden Versuche, dem Nutzer die Kontrolle über seine Daten wieder zurückzugeben. Gedacht ist dabei häufig an einen Internet-Service, über den der Nutzer gezielt die Freigabe der ihn betreffenden Daten steuern kann, für die Bereitstellung Geld bekommt und eine einmal gewährte Erlaubnis auch wieder zurücknehmen kann.

3.2.4 Vorgehen bei der Entwicklung digitaler Produkte und Dienste

3.2.4.1 Grundsatzentscheidung über das Vorgehen

Vorgehensmodelle für Projekte lassen sich – wenn auch etwas vereinfachend – in traditionelle und agile Konzepte unterteilen. Diese beiden Ansätze finden sich auch in den Vorgehensmodellen für die Entwicklung von Software (Buxmann et al., 2015).

Traditionelle Vorgehensmodelle finden sich insbesondere in planbasierten Ansätzen der Softwareentwicklung wie dem Wasserfallmodell oder dem Spiralmodell wieder. Diese Projektmanagementmethoden sind dabei von systematischen und umfänglichen Vorabplanungen der Projekte geprägt, welche in definierten Arbeitspaketen sowie in phasenorientierten Arbeitsschritten münden. Die definierten Arbeitspakete werden in sequenziell aufeinander aufbauenden Phasen abgearbeitet, wobei in jeder Phase umfangreiche Projektartefakte wie beispielsweise eine Dokumentation der Nutzeranforderungen oder ein Lastenheft für das technische Design entstehen. Diese Artefakte bilden schließlich den Grundstein für die nachgelagerten Arbeitsphasen. Typisch für dieses Vorgehen ist auch, dass erst die fachliche Konzeption und dann die technische Umsetzung im Fokus stehen.

Planbasierte Methoden weisen den Vorteil auf, dass bereits zu Beginn der eigentlichen Projektdurchführung ein klarer Plan vorhanden ist, wie das Projekt ablaufen soll. Dies macht das Projekt gut steuerbar. Weiterhin werden die notwendigen Ressourcen sowie die voraussichtliche Projektdauer, die entsprechenden Kosten und der konkrete Projektoutput frühzeitig im Projekt festgelegt. Diese Aspekte führen zu einer Reduzierung der Unsicherheiten für Projektteams sowie die „Kunden" des Projektes und minimieren damit das Risiko. Dennoch haben klassische Methoden wesentliche Nachteile, die auf ihren inflexiblen, starren Charakter zurückzuführen sind und zu überhöhten Kosten, langen Projektlaufzeiten und schlechter Qualität führen können. Klassische Methoden können der Komplexität eines sich ständig verändernden Geschäftsumfelds nur schwer gerecht werden, da durch die sequenzielle Vorgehensweise Änderungen der Markt- oder Kundenanforderungen meist erst zum Ende eines Projektes berücksichtigt werden können und da Kunden zu spät in den Projektablauf integriert werden. Somit wird im Worst Case ein Produkt entwickelt, für das schließlich keinerlei Nachfrage vorhanden ist. Zudem werden planbasierte Methoden häufig dafür kritisiert, dass ein hoher Overhead produziert wird (wie etwa Spezifikationen und Designs), welcher keinen Mehrwert für den Kunden bietet und damit lediglich Kosten verursacht.

Agiles Projektmanagement stammt ebenfalls aus der Softwareentwicklung und ist als „leichtgewichtige" Reaktion auf die prozess- und dokumentenlastigen („schwergewichtigen") traditionellen Methoden und deren Schwierigkeiten im Umgang mit sich schnell verändernden Anforderungen entstanden. Dabei verfolgen die agilen Projektmanagementmethoden einen „Just enough"-Ansatz und zielen auf eine möglichst hohe Flexibilität ab, um auf Änderungen der Anforderungen rasch reagieren zu können. Dabei wird neben einer Anfangsspezifikation des Projektoutputs auf weitere, detaillierte Spezifikationen, nicht wertschaffende Prozesse – wie beispielsweise eine exakte Dokumentation – oder eine extensive Vorabplanung des Projektes verzichtet, um den erwarteten Anpassungsaufwand zu minimieren. So erscheint es nur folgerichtig, dass agile Projektmanagementmethoden nicht auf die Entwicklung eines perfekten Produktes abzielen, sondern stattdessen auf ein lauffähiges Produkt, das schnell auf dem Markt getestet werden kann. Mit Hilfe dieses **Minimum Viable Product** (MVP) kann ein Unternehmen Markt- und Kundenfeedback einholen und das Produkt den erklärten Bedürfnissen entsprechend weiterentwickeln. Hinzu kommt, dass agile Projektmanagementmethoden eine aktive Einbindung des Kunden in den Entwicklungsprozess und die frühzeitige Berücksichtigung von dessen Wünschen und Anforderungen fördern.

Den Ausgangspunkt für agile Projektmanagementmethoden stellt das sogenannte Agile Manifesto (Beck et al., 2013) dar, welches 2001 veröffentlicht wurde und die grundlegenden Werte und Prinzipien konkretisiert. Die Verfasser haben zudem zwölf agile Prinzipien festgelegt, welche als allgemeine Grundlage für agiles Arbeiten dienen sollen. Zu den bekanntesten Methoden, die auf diesen Werten und Prinzipien beruhen, zählt **Scrum,** welches sowohl in der Softwareentwicklung als auch im Projektmanagement Anwendung findet.

Oftmals wird fälschlicherweise angenommen, dass agile Projektmanagementmethoden chaotisch ablaufen. Das exakte Gegenteil ist jedoch der Fall. Agile Frameworks wie Scrum sind extrem strukturiert und beinhalten neben einem konkreten Vorgehensmodell auch definierte Rollen. Zu diesen zählen der Scrum Master – Coach des Projektteams, der auf die korrekte Anwendung des Frameworks achtet und das Team vor Störungen während der Projektdurchführung schützt; der Product Owner – Repräsentant der Kundenseite, welcher den Projektoutput mit dem Team verhandelt; das agile Projektteam – ein interdisziplinäres, „empowertes" und eigenverantwortliches Team; sowie der Kunde, dessen Anforderungen im Projektverlauf erfüllt werden sollen.

Der in Abb. 3.5 skizzierte typische Ablauf des Scrum-Frameworks zeigt deutlich die strukturierte Vorgehensweise innerhalb eines agilen Projektes auf. Dabei ist zu beachten, dass sich die Vorabplanung nahezu ausschließlich mit der Spezifizierung des Projektoutputs befasst, welcher im Product Backlog (Liste offener Produktanforderungen) festgehalten wird. Anschließend startet die eigentliche Entwicklung bzw. Durchführung des Projektes.

Im Kern agiler Vorgehensmodelle steht ein inkrementelles, iteratives und zyklisches Vorgehen. Im Rahmen des Scrum-Frameworks nennen sich diese zyklischen Iterationen „Sprints". Innerhalb eines Sprints – welcher je nach Projekt typischerweise zwischen zwei und vier Wochen dauert – wird ein definiertes Arbeitspaket, der sogenannte Sprint Backlog, abgearbeitet. Zu Beginn eines Sprints (Pre-Game) wird in der Sprint-Planung das Arbeitspaket für den anstehenden Sprint, basierend auf dem übergeordneten Product Backlog (Liste offener Produktanforderungen), definiert und priorisiert. So sind zumeist mehrere Sprints nötig, um einen Projektoutput zu erarbeiten. Vereinzelte, eher kleine Projekte können aber auch innerhalb eines Sprints zu Ende geführt werden. Während des Sprints (Main Game) finden häufig sogenannte Daily Scrums (tägliche Scrums) bzw. Daily Standups (kurze tägliche Besprechungen) innerhalb des Teams zusammen mit dem Scrum Master (Moderator/Vermittler) statt. Dies sind tägliche ca. 15-minütige Meetings, in denen das Projektteam erläutert, was es innerhalb der letzten 24 h erreicht hat, was innerhalb der nächsten 24 h erarbeitet wird und welche Hindernisse bestehen. Am Ende eines Sprints wird im Sprint Review das Ergebnis des Sprints dem Product Owner (fachlicher Auftraggeber) und dem Kunden des Projektes vorgestellt, und in der anschließenden Sprint Retrospective (Sprint-Nachbesprechung) wird innerhalb des Teams zusammen mit dem

3 Wertschöpfungsstrukturen durch digitale Transformation verändern

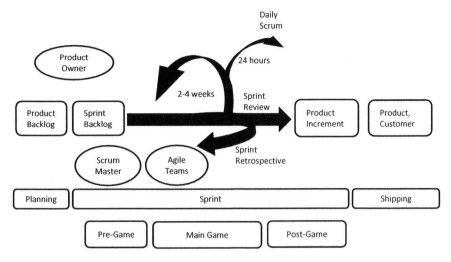

Abb. 3.5 Vorgehen im Rahmen des Scrum-Frameworks. (In Anlehnung an Sutherland & Schwaber, 2017)

Scrum Master (Moderator/Vermittler) besprochen, was während des Sprints gut funktioniert hat und was noch verbessert werden kann. Sind schließlich alle Aspekte aus dem Product Backlog (Liste offener Produktanforderungen) erfüllt oder noch ausstehende als nicht relevant für ein Shippable Product (lieferbares Produkt) definiert worden, wird der Projektoutput auf den Markt gebracht.

Wie sich an dieser Kurzbeschreibung bereits erkennen lässt, wird der entstehende Projektoutput regelmäßig dem Kunden gezeigt, um Feedback einzuholen und potenzielle Änderungswünsche in den nächsten Sprint aufnehmen zu können.

Agile Ansätze sind insbesondere dann geeignet, wenn die Dynamik hoch und die Komplexität des Projekts groß ist (Buxmann et al., 2015). Das Anwendungspotenzial neuer Technologien ist typischerweise vorab nicht klar abzuschätzen. Auch verändern sich neuere Technologien immer noch. Beides führt zu einer hohen Dynamik. Gleichzeitig macht die unvermeidbare Verbindung zwischen der technischen und der fachlichen Sicht ein Projekt zur Entwicklung digitaler Produkte und Dienste fast automatisch komplex. Dazu kommt in der Regel noch die große Zahl an einzubeziehenden Stakeholdern. Ein Produktentwicklungsprojekt im digitalen Kontext zeichnet sich daher typischerweise durch eine hohe Komplexität aus.

Empirisch scheint sich diese Einschätzung zu bestätigen. Beispielsweise zeigt eine aktuelle Praxisstudie von Lünendonk, dass in der Versicherungsbranche in 79 % der Unternehmen zumindest teilweise agile Methoden in

Transformationsprojekten angewandt werden (Lünendonk, 2018). In ähnlicher Weise konnte das Beratungsunternehmen etventure in einer Befragung zur digitalen Transformation ermitteln, dass die Vermittlung agiler Methoden zu den wichtigsten Maßnahmen für die Vorbereitung auf die digitale Transformation zählt (etventure, 2018).

3.2.4.2 Design Thinking als spezielle Form des agilen Vorgehens

Design Thinking stellt eine nutzerzentrierte und systematische Herangehensweise an komplexe Problemstellungen dar. Ursprünglich wurde Design Thinking von dem Unternehmen IDEO entwickelt, das Anfang 2000 neben klassischen Designaufgaben immer komplexere Problemstellungen lösen musste, wie beispielsweise die Gestaltung einer alternativen Lernumgebung für eine Universität. Daher orientierte sich IDEO an einer innovativen Methodik, um Verbrauchererlebnisse anstelle von Verbraucherprodukten zu designen. Diese neue Art des Designs wurde später von David Kelly, dem Gründer des Hasso-Plattner-Institutes of Design der Stanford Universität, „Design Thinking" genannt. Auch andere Universitäten, Business Schools und Unternehmen übernahmen diese Methodik und verbreiteten sie weiter.

Dem Design-Thinking-Ansatz (Uebernickel et al., 2015) liegt zugrunde, dass wertvolle Innovationen an der Schnittstelle von technologischer Umsetzbarkeit (Technologie), Wirtschaftlichkeit (Wirtschaft) und menschlicher Erwünschtheit (Mensch) auftauchen. Diese gilt es in einem flexiblen Prozess schrittweise zu identifizieren. Typischerweise werden dabei die in Abb. 3.6 dargestellten Schritte durchlaufen.

Wie Abb. 3.6 aufzeigt, ist der Design-Thinking-Prozess nicht als rein sequenzielles Phasenmodell zu verstehen, sondern vielmehr als iterativer Prozess, der stets Rückgriffe in vorherige Phasen erlaubt. Es handelt sich daher im Grunde um einen agilen Ansatz. So können sich beim Testen des Prototyps neue Ideen ergeben, welche weiterer Brainstorming-Sessions oder gar Recherchen bedürfen. So lassen sich aber auch Fehler aufdecken. Zu den einzelnen Schritten:

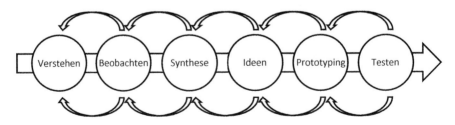

Abb. 3.6 Prozess des Design Thinking. (Grots & Pratschke, 2009)

- **Verstehen:** Im ersten Schritt des Design-Thinking-Prozesses muss die zugrunde liegende Problematik erfasst und verstanden werden. Dazu wird zunächst ausführlich und unvoreingenommen im Team recherchiert.
- **Beobachten:** Ein Großteil der Recherche wird im Rahmen des Design-Thinking-Prozesses anhand von qualitativen Studien und Feldforschung betrieben. Dabei beobachtet das Team Personen bei der Nutzung oder auch Ablehnung eines Produktes oder einer Dienstleistung und tritt anschließend mit diesen Personen in einen Dialog. Insbesondere diese Kommunikation im direkten Kontext des Produktes oder der Dienstleistung ist wichtig, um ein vertieftes Verständnis für die Designprobleme zu erhalten. Um einen gemeinsamen Wissensstand im Team aufzubauen, wird das gesammelte Material mithilfe von Fotos, Notizen oder auch Skizzen ausführlich dokumentiert und visualisiert.
- **Synthese:** Der gemeinsame Wissensstand des Teams wird letztendlich in der Synthese-Phase geschaffen. Hier „briefen" sich die Teammitglieder gegenseitig mit Hilfe von Erzählungen. In dieser Aggregation von Wissen werden Verbindungen offengelegt und erste Erkenntnisse abgeleitet. Ziel der Synthese-Phase ist neben dem Aufbau eines gemeinsamen Wissensstandes auch die Entwicklung eines abstrakten Frameworks, welches die Erkenntnisse in einfacher visueller Form darstellen kann, also beispielsweise Prozesse wie die Customer Journey.
- **Ideen:** In der Ideen-Phase werden die Generierung und Ableitung spezifischer Fragestellungen aus dem Framework fokussiert. Dabei wird besonders häufig auf Brainstorming als Methode zur Ideengenerierung zurückgegriffen. Im Anschluss an die Brainstorming-Sessions werden die Erkenntnisse erneut visuell festgehalten. Oftmals geschieht dies über Notizen und Post-it Notes direkt am Framework. Anhand der Grundprinzipien einer Innovation – Technologie, Wirtschaft und Mensch (wobei Letzterer im Fokus steht) – werden die Ideen evaluiert und gerankt.
- **Prototyping:** Ähnlich wie agile Projektmanagementmethoden wie Scrum setzt auch der Design-Thinking-Prozess auf schnelles und iteratives Prototyping. Prototypen können hierbei unterschiedlich ausfallen. Es kann sich bei den Prototypen um Stories, Legomodelle oder auch um Rollenspiele handeln, wobei der Entwicklungsgrad über die Anzahl an Iterationen determiniert wird.
- **Testen:** Im Anschluss an die Entwicklung eines Prototyps wird dieser getestet und Feedback gesammelt. Oftmals wird das Testen der Prototypen

mit Verweis auf die Nutzerzentriertheit des Design-Thinking-Ansatzes direkt mit potenziellen Nutzern durchgeführt. Dabei wird erneut neben der Beobachtung auf einen aktiven Dialog und eine Interaktion mit den Testern gesetzt.

Der Design-Thinking-Ansatz besitzt neben dem eigentlichen Innovationsprozess noch zwei weitere Komponenten, die nicht zu vernachlässigen sind. Zunächst wird der Ansatz meist in inter- bzw. multidisziplinären Teams eingesetzt. Konkret heißt das, dass Teammitglieder mit unterschiedlichen fachlichen Hintergründen zusammenkommen. Weiterhin wird der Ansatz durch eine passende räumliche Umgebung unterstützt. So stehen zumeist flexible Möbel, variable Büroeinrichtungen und Materialien zur Auseinandersetzung mit und Gestaltung von Ideen, wie beispielsweise Legosteine, Bilder oder auch bestimmte Werkzeuge, zur Verfügung.

Selbstverständlich ist Design-Thinking kein Allheilmittel, das immer und überall eingesetzt werden sollte. Nach ersten Analysen dient es primär der Generierung von Ideen, vor allem in Situationen in denen bei unklarer Zielsetzung kreative Lösungen gefordert sind. Entsprechend findet der Ansatz vor allem in produktnahen Bereichen Anwendung, wie etwa der Forschung und Entwicklung, dem Marketing, aber auch im Consulting, der IT und dem Vertrieb. Eher selten werden Design-Thinking Ansätze in Betrieb und Fertigung oder in der Finanzbuchhaltung angewandt. Unternehmen schreiben dem Ansatz eher eine Verbesserung von weichen Faktoren, wie der Arbeitskultur, Innovationsprozesse und Nutzerintegration zu, während eine harte Erfolgsmessung in Form von Kostensenkung oder Gewinnsteigerung eher schwierig ist (Schmiedgen et al., 2015).

3.2.5 Produktorientierte Ausgestaltung einer Organisation

Intensiv diskutiert wird zurzeit die Idee einer flexiblen, an Produkten ausgerichteten Gestaltung der Struktur einer Organisation. Kernidee ist, dass für die stetige Weiterentwicklung der Produkte und Dienste eines Unternehmens Produktentwicklungsteams mit einer flexiblen Zusammensetzung sinnvoll sind, die gemeinsam in kurzen Zyklen ein Produkt entwickeln – ganz wie es die Scrum-Logik für die Entwicklung von Software vorsieht. In diesem Sinne würde ein Unternehmen aus zwei Bereichen bestehen: dem produktnahen Bereich und dem produktfernen Bereich. Im produktnahen Bereich wären alle Mitarbeiter angesiedelt, die potenziell zur Weiterentwicklung des Angebots am Markt beitragen können. Aus diesem Pool würde dann für die Verbesserung eines Produkts ein Team zusammengestellt. In zweiter Linie wären die Mitarbeiter nach Wissensgebieten und in dritter Linie gegebenenfalls noch nach Standorten gliedert. In produktfernen Bereichen, z. B. im Personalwesen, ändert sich dagegen wenig; dort findet sich typischerweise eine klassische funktionale Organisation.

Eines der bekanntesten Unternehmen mit einer agilen Organisation im deutschsprachigen Raum ist die Xing SE (Vollmöller, 2018). Das Unternehmen betreibt das mit 14 Mio. Mitgliedern führende soziale Netzwerk für berufliche Kontakte im deutschsprachigen Raum. Gegründet im Jahr 2003 und börsennotiert seit 2006, erzielte das Unternehmen im Jahr 2017 einen Umsatz von rund 190 Mio. EUR. Xing beschäftigt mehr als 1200 Mitarbeiter an verschiedenen Standorten in Europa, vor allem in Hamburg und München. Ihre Positionen finden sich zwar in einem funktional organisierten Organigramm, aber im Tagesgeschäft greift Xing in 2018 stark auf agile Teams zurück, die die klassischen Berichtslinien aushebeln. Rund acht bis zehn Personen arbeiten jeweils zusammen an Projekten. Diese Teams umfassen beispielsweise Backend- und Frontend-Entwickler, mobile Entwickler, User-Experience-Designer und Projektmanager. Diese absolvieren Sprints, an deren Ende Reviews stehen. Im Rahmen ihrer agilen Projekttätigkeit berichten die Team-Mitglieder entweder an den Chief Product Officer, den Chief Sales Officer oder den Chief Technology Officer. Rund ein Drittel der Mitarbeiter von Xing, organisiert in 50 Teams, sorgen auf diese Weise dafür, dass das Unternehmen in der Produktentwicklung rasch auf Marktentwicklungen reagieren und technologische Innovationen vorantreiben kann. Auch abseits der Produktentwicklung arbeitet Xing teilweise agil. In Bereichen, in denen Projektarbeit nur einen geringen Teil ausmacht, wie z. B. dem Vertrieb, greift das Unternehmen aber meist auf eine klassische funktionale Organisation zurück.

3.3 Digitale Kundenschnittstellen

Digitale Produkte und Dienste können das Angebot eines Unternehmens signifikant verändern. Dies ist aber nicht die einzige mögliche Veränderung durch digitale Technologien auf der Absatzmarktseite. Signifikante Veränderungen sind auch bei der Interaktion mit dem Kunden vor, während und nach dem Kauf möglich. Während früher Werbung, Kundenansprache oder Kundenbetreuung über eine begrenzte Anzahl an Kanälen erfolgten, im ersten Fall beispielsweise über Werbeplakate oder Fernsehspots, im Fall der

Kundenbetreuung in der Regel über das Telefon oder per Post, haben sich die Möglichkeiten heute aufgrund digitaler Technologien und insbesondere durch das Internet vervielfacht. Über soziale Netzwerke, Apps, Chats etc. können Unternehmen immer und überall mit ihren Kunden in Verbindung treten. Ständig entstehen neue Möglichkeiten zur digitalen und ggf. sogar mobilen Interaktion zwischen Unternehmen und Kunden, und die Anzahl digitaler Kundenschnittstellen wächst stetig. Zunehmend erforderlich ist daher eine systematische Auseinandersetzung mit den Optionen neuer Technologien auch an der Schnittstelle zum Kunden. Unter dem Begriff der „Customer Journey Analysis" hat sich dafür ein neuer Analyseansatz etabliert, der nachfolgend beschrieben wird.

3.3.1 Grundverständnis der Customer Journey

Die Customer Journey (Lemon & Verhoef, 2016) ist der Prozess, den ein Kunde durchläuft, um ein Produkt zu kaufen oder einen Service in Anspruch zu nehmen. In diesen Prozess können einer oder mehrere Anbieter involviert sein. Die Customer Journey kann somit auch als eine **Aneinanderreihung von Kundenkontaktpunkten** gesehen werden, die allesamt das Bild beeinflussen, das sich ein Kunde von einem Unternehmen macht. Theoretisch beginnt die individuelle Customer Journey also mit dem ersten Kontakt des Kunden mit dem Unternehmen und endet entweder mit dem Ableben dieses Kunden oder mit dem Ende der Unternehmung. Eine derart weite Betrachtung der Customer Journey ist jedoch kaum praktikabel. In der Praxis wird daher für gewöhnlich der Prozess analysiert, der mit der Entstehung eines bestimmten Bedürfnisses beim Kunden beginnt und mit dem Zeitpunkt endet, an dem der Kunde das Bedürfnis verspürt, das Produkt zu ersetzen.

Etabliert hat sich eine **Untergliederung der Customer Journey** in die vorangegangene, die momentane und die künftige Kundenerfahrung. Verstanden wird die Customer Journey demnach als iterativer und dynamischer Prozess, der im Verlauf der Zeit die gesamte „Reise" des Kunden mit einem Unternehmen während eines Kaufzyklus über mehrere Schnittstellen hinweg repräsentiert. Abb. 3.7 gibt einen Überblick über die nach diesem Verständnis definierte Customer Journey.

Mit dem gezielten Management und einer intensiven Auseinandersetzung mit allen Kundenschnittstellen kann ein Unternehmen verschiedene Ziele verfolgen. An den Kontaktpunkten können beispielsweise wertvolle Kundeninformationen gesammelt werden, wodurch Erwartungen und Bedürfnisse besser erkannt und verstanden werden können. Das kann sich positiv sowohl

3 Wertschöpfungsstrukturen durch digitale Transformation verändern

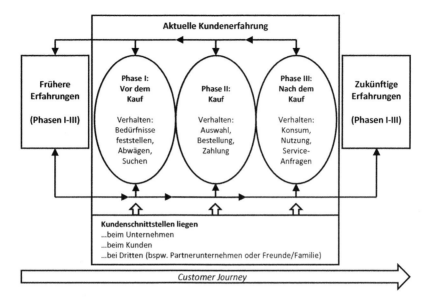

Abb. 3.7 Grundmodell der Customer Journey. (In Anlehnung an Lemon & Verhoef, 2016)

auf die Neukundengewinnung als auch auf die langfristige Kundenbindung auswirken. Außerdem kann die Kundenschnittstelle als Quelle für neue Ideen genutzt werden, um die Innovationskraft und Wettbewerbsfähigkeit des Unternehmens zu stärken.

Die in Abb. 3.7 dargestellte **Customer Journey im engeren Sinne,** das heißt die aktuelle Kauferfahrung, durchläuft drei wesentliche Phasen:

- Phase eins (**vor dem Kauf – „Pre-purchase Stage"**) beginnt mit der Entstehung eines Bedürfnisses beim Kunden und umfasst alle Aspekte der Interaktion eines Kunden mit der Marke, Produkt- oder Servicekategorie und Umwelt vor einem Kauf. Das beinhaltet zum Beispiel die Suche und das Abwägen verschiedener Angebote. Typische Kundenschnittstellen in dieser Phase sind daher zum Beispiel Werbeanzeigen und -kataloge, Newsletter oder auch der Informationsaustausch mit Familie und Freunden. Unternehmen sollten in dieser Phase den Fokus darauf legen, beim Kunden ein starkes Markenbewusstsein zu erzeugen und den Kundennutzen klar herauszustellen, um sich vom Wettbewerb abzuheben.
- Die zweite Phase (**Kauf – „Purchase Stage"**) deckt alle Kundeninteraktionen mit der Marke und ihrer Umwelt während des entsprechenden Kaufereignisses ab. Dazu zählen vor allem die Kaufentscheidung, die Bestellung und die Bezahlung. Um den Kunden in seiner Entscheidung

zum Erwerb des Produkts oder der Dienstleistung zu bestärken, können Unternehmen beispielsweise für eine möglichst angenehme Atmosphäre während des Kaufprozesses sorgen. Dabei sollte darauf geachtet werden, dass die entsprechenden Kundenschnittstellen wie Geschäftsfilialen, Verkäufer oder Produktverpackungen besonders einladend und vertrauenswürdig wirken.
- Die dritte Phase (**nach dem Kauf – „Post-purchase Stage"**) umfasst alle Interaktionen, die ein Kunde nach dem erfolgten Kauf mit der Marke oder seiner Umwelt hat. Darunter fallen zum Beispiel der Konsum und die Nutzung, der Wiederkauf oder auch die Weiterempfehlung des gekauften Produkts an Familie und Freunde. In dieser Phase ist das Produkt oder die Dienstleistung selbst also eine kritische Schnittstelle zum Kunden. Die Zufriedenheit der Kunden und das Ausmaß, zu dem die Erwartungen übertroffen wurden, entscheiden letztendlich, ob der Kunde eine Markenloyalität entwickelt und sich langfristig an das Unternehmen bindet.

Neben der Unterteilung der Customer Journey in die oben beschriebenen drei Phasen kann die Unterteilung der **Kundenschnittstellen** entlang der Customer Journey in vier verschiedene Kategorien hilfreich sein. Dabei hängen ihre Bedeutung und Relevanz jeweils von der Art des Produktes oder der Dienstleistung und der kundenspezifischen Customer Journey ab.

- **Direkte Kundenschnittstellen** („Brand-owned Touchpoints"): Unter diese Kategorie fallen Kundenschnittstellen, die vom Unternehmen selbst gestaltet und verwaltet werden und innerhalb des Kontroll- und Einflussbereichs des Unternehmens liegen. Als Beispiele können unter anderem Werbeanzeigen, Webseiten oder das Design der Produkte und Verpackungen aufgeführt werden.
- **Indirekte Kundenschnittstellen** („Partner-owned Touchpoints"): Zu dieser Kategorie zählen Kontaktpunkte, die nicht vom eigenen Unternehmen selbst, sondern von dritten Unternehmen (ggf. in Kooperation mit Unternehmen auf gleicher oder höherer/tieferer Wertschöpfungsstufe) gestaltet, verwaltet und überwacht werden. Ein Beispiel hierfür können Paketdienste sein, die ein gekauftes Produkt zum Kunden liefern, aber auch Marketingagenturen und Multi-Channel Vertriebspartner.
- **Kundeneigene Kundenschnittstellen** („Customer-Owned Touchpoints"): Aktionen von Kunden, auf die ein Unternehmen und seine Partner keinen Einfluss nehmen können und die außerhalb ihres Kontrollbereichs liegen, sind dieser Kategorie von Kundenschnittstellen zuzuordnen. Hierbei kann es sich zum Beispiel um den Konsum oder die Nutzung des Produktes

nach dem Kauf handeln. Aber auch die Überlegungen, die sich ein Kunde vor einem Kauf zu seinen Bedürfnissen und Wünschen macht, oder die Wahl der Bezahlmethode sind Beispiele für diese Kategorie.
- **Soziale/externe Kundenschnittstellen** („Social/External Touchpoints"): Diese Kategorie umfasst alle externen Kontaktpunkte, die einen Kunden während seiner Customer Journey umgeben und den Kaufprozess beeinflussen. Das kann zum Beispiel der Einfluss von Familie und Freunden, aber auch von anderen Kunden sein. Dabei spielen Bewertungsportale und soziale Netzwerke, mit denen Kunden sich informieren und über Erfahrungen austauschen können, eine entscheidende Rolle.

Eine Reihe von Studien weist darauf hin, dass die Analyse der Customer Journey für Unternehmen sinnvoll ist (Rawson et al., 2013). Häufig können die Unternehmen dadurch eine höhere Kundenzufriedenheit, geringere Abwanderungsquoten und höhere Umsätze erreichen. Durch die verbesserte Anpassung der Kundenschnittstellen auf die Kundenbedürfnisse und die Schaffung einer aus Kundensicht hervorragenden Customer Journey können Kunden zudem in sogenannte „Loyalty Loops" gezogen werden. Darunter versteht man die Verkürzung der Customer Journey in Bezug auf die Informationsrecherche und den Auswahlprozess, bei dem im Idealfall keine anderen Anbieter mehr berücksichtigt werden (Edelman & Singer, 2015). Beispielsweise hat Apple zu diesem Zweck in den Vereinigten Staaten ein Upgrade-Programm für iPhones eingeführt. Unter dem Werbespruch „Getting the latest iPhone has never been easier" (übersetzt: „Das neueste iPhone zu bekommen war niemals einfacher") wird dem Kunden für eine monatliche Grundgebühr die Möglichkeit geboten, alle zwölf Monate sein altes iPhone gegen das neueste Modell einzutauschen.

3.3.2 Die Customer Journey Map

Um die Kundenschnittstellen eines Unternehmens vollständig zu erfassen, zu visualisieren und die Potenziale entlang der gesamten Customer Journey zu entdecken, kann eine Customer Journey Map erstellt werden (Lemon & Verhoef, 2016). Diese wird typischerweise im Kontext eines agilen und fachlich-technisch integrierten Projektmanagementansatzes zum Einstieg verwendet und unterstützt bei der Analyse, wie die einzelnen Kunden mit den verschiedenen Kundenschnittstellen aktuell interagieren und wie sie sich entlang der Customer Journey von der Kaufabsicht zum Kauf bis hin zum Wiederkauf und zur Weiterempfehlung bewegen. Auf diese Weise können die Verhaltensmöglichkeiten und Entscheidungen von Kunden besser verstanden werden.

Mithilfe der Customer Journey Map soll nachvollzogen werden, wie sich Kunden während der einzelnen Phasen des Kaufprozesses verhalten. Ein Unternehmen sollte sich also in jeder der oben dargestellten Phasen und entlang der Customer Journey bei jeder Schnittstelle in die Lage der Kunden versetzen. Was motiviert die Kunden zu diesem Verhalten? Was fühlen sie dabei? Gibt es möglicherweise Kontaktpunkte, die den Kunden verwirren oder gar überfordern? Diese können leicht dazu führen, dass ein Kunde an dieser Stelle den Informations- oder Kaufprozess abbricht und eventuell zu einem anderen Anbieter wechselt.

Der Grundgedanke der Customer Journey Map baut auf der **Sequential Incident Technique** auf (Stauss & Weinlich, 1997). Im Vergleich zur Critical Incident Technique, die lediglich besonders außergewöhnliche Ereignisse („Moments of Truth") erfasst und dadurch ein eher lückenhaftes Bild der Customer Journey liefert, werden bei der Sequential Incident Technique alle Kundenschnittstellen über den gesamten Prozess hinweg vollständig erfasst. Im klassischen Aufbau werden in einer Customer Journey Map die identifizierten Kundenschnittstellen den Phasen der Kaufabsicht, dem Kauf und der Kundenbindung sowie Weiterempfehlung zugeordnet (Lemon & Verhoef, 2016). Abb. 3.8 zeigt eine Customer Journey Map am Beispiel des Online-Kaufs von Craft Beer. In der Phase der Kaufabsicht nimmt der Kunde das Produkt zuerst durch Werbung (z. B. durch Mundpropaganda, Blogger, Social Ads) wahr, informiert sich dann bezüglich Preis sowie Produktbeschaffenheit und besucht anschließend den Online-Shop des Craft-Beer-Herstellers. Beim Kauf selbst bezahlt der Kunde das Produkt mittels eines Online-Services. In der folgenden Phase der Kundenbindung und Weiterempfehlung verfasst der Kunde eigene Rezensionen über das Produkt, empfiehlt es via Social Media und tauscht sich darüber in speziellen Bier-Foren aus.

Customer Journey Maps können aber nicht nur verwendet werden, um den tatsächlich von Kunden durchlaufenen Weg darzustellen, sondern können auch der Planung von Customer Journeys dienen. So können Unternehmen einen Entwurf bzw. alternative Entwürfe erstellen, die ihnen besonders gut für den Kunden geeignet erscheinen. Die Kundenschnittstellen werden dabei so angeordnet und gestaltet, dass sie die einzelnen Ziele und Bedürfnisse des Kunden bestmöglich erfüllen und reibungslos ineinander übergehen.

Customer Journey Maps werden üblicherweise in abteilungsübergreifenden Workshops erstellt. Aber auch qualitative Kundeninterviews und das Beobachten von Kunden während des Kaufprozesses können interessante Ein-

3 Wertschöpfungsstrukturen durch digitale Transformation verändern

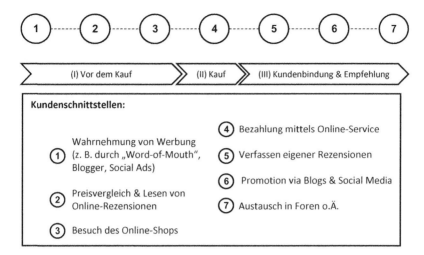

Abb. 3.8 Beispiel einer Customer Journey Map. (In Anlehnung an Lemon & Verhoef, 2016)

blicke in die individuellen Kundenerfahrungen geben. Durch eine Visualisierung und Gegenüberstellung der tatsächlichen und der geplanten Customer Journey können Lücken zwischen der Erwartung des Unternehmens und der Erfahrung des Kunden aufgezeigt werden. Dabei ist zu berücksichtigen, dass jede Customer Journey anders verläuft. So unterschiedlich die Kunden sind, so unterschiedlich sind auch ihre Wege zur Befriedigung ihrer Bedürfnisse. Aus diesem Grund muss also im Vorfeld festgelegt werden, für welche Zielgruppe die Customer Journey Map eigentlich erstellt wird. Mit diesen Gedanken im Hinterkopf kann ein Unternehmen im nächsten Schritt beispielsweise die eigene Landingpage anpassen oder neue Kanäle schaffen, wie beispielsweise Apps, um die Kundenerfahrung abzurunden. Dabei sollten aber auch Kontaktpunkte, die nicht im eigenen Kontrollbereich des Unternehmens liegen, wie zum Beispiel externe Bewertungs- oder Preisvergleichsportale, nicht außen vorgelassen werden.

3.3.3 Die Veränderung der Customer Journey durch die Digitalisierung

Digitale Technologien eröffnen Unternehmen vier wesentliche Ansatzpunkte für Verbesserungen an der Schnittstelle zum Kunden (Edelman & Singer, 2015):

- Zu wissen, an welcher Stelle sich ein Kunde in seiner Customer Journey in einem bestimmten Moment befindet, ermöglicht es Unternehmen, weitere Schritte gezielt einzuleiten (**„kontextabhängige Interaktionen"**). Wenn zum Beispiel das Verhalten eines Kunden in einem Online-Shop darauf schließen lässt, dass der Kunde in diesem Moment kein bestimmtes Produkt sucht, sondern nur stöbert, können ihm vermehrt beliebte Produkte im unteren Preissegment angezeigt werden, um ihn zu einem Kauf zu verleiten.
- Moderne CRM-Systeme ermöglichen es den Unternehmen, ihre Kunden einfach zu identifizieren und deren Customer Experience besser zu verstehen (**„proaktive Personalisierung"**). Auf diese Weise lassen sich Marketing- und Verkaufsmaßnahmen besser auf die einzelnen Kunden abstimmen. Durch intelligente, personalisierte Produktempfehlungen steigert Amazon in seinem Online-Shop beispielsweise seinen Erfolg aufgrund höherer Warenkorbwerte und Konversionsraten. Erforderlich ist dafür natürlich die Gewinnung von Daten über den Kunden – siehe dazu Abschn. 3.2.3.
- Die Digitalisierung bietet Unternehmen aber auch neue Möglichkeiten, ihre Kunden durch die Automatisierung komplexer und aufwändiger Prozesse zu entlasten (**„Automatisierung"**). Dadurch können viele Tätigkeiten entlang der Customer Journey schneller und einfacher durchgeführt werden. Aktuell erproben vielen Unternehmen neue Verfahren der Spracherkennung für erste Stufen der Behandlung von Problemen der Kunden.
- Um Customer Journeys kontinuierlich zu verbessern oder gänzlich neu zu erfinden, bedarf es der fortlaufenden Analyse von Kundenbedürfnissen, Technologien und Service-Prozessen sowie der Testung verschiedener Varianten (**„Journey Innovation"**). Beim sogenannten A/B-Testing werden zum Beispiel unterschiedliche Varianten eines Benutzeroberflächendesigns miteinander verglichen. Führt ein Design dazu, dass signifikant mehr Kunden ihre Customer Journey fortsetzen, wird das andere Design verworfen. Dieses Verfahren lässt sich in verschiedenen Bereichen anwenden. Unterschiedliche Werbebotschaften in Newslettern oder verschiedene Zeitpunkte, zu denen sie versendet werden, können zum Beispiel auf anschließende Besuche der Webseite über den enthaltenen Link untersucht und entsprechend angepasst werden.

3.3.4 Gatekeeper an der digitalen Kundenschnittstelle

Unternehmen stehen heute jedoch nicht nur vor der Herausforderung, ihre Schnittstellen zum Kunden um digitale Angebote zu erweitern und auszubauen. Sie müssen auch mit neuen Marktteilnehmern umgehen, die sie von diesen Schnittstellen verdrängen wollen oder ihnen den Zugang zum Kunden erschweren.

Dieser Kampf um die Kundenschnittstellen wird häufig als das **Gatekeeper-Problem des Internets** bezeichnet (Hess & Matt, 2012). Das Gatekeeper-Problem beschreibt in diesem Kontext eine Konstellation, in der sich (neue) Marktteilnehmer zwischen einem etablierten Unternehmen und den Kunden positionieren und damit den Zugang zu den Endkunden kontrollieren können. Das Problem ist aus dem klassischen Medienbereich hinlänglich bekannt, und das gleich zweifach. Im klassischen Mediensystem, d. h. vor der Einführung von Inhalte-Plattformen wie den sozialen Netzwerken, standen die Journalisten zwischen der Realität und der Öffentlichkeit; sie entschieden letztendlich, was der Öffentlichkeit über die Realität auf welche Weise berichtet wurde. Verwendet wurde dieser Begriff im Medienbereich aber auch, um die starke Position der Betreiber von geschlossenen Netzen (z. B. von Kabelnetzen) zu beschreiben. Diese entschieden darüber, welche Sender ins Netz eingespeist wurden – und fungierten damit ebenfalls als Gatekeeper.

Analog dazu stellt sich das Gatekeeper-Problem auch im Internet. Gatekeeper im Internet können ebenfalls sowohl an der technischen Infrastruktur als auch bei Software und Daten ansetzen. Ansatzpunkte bei der technischen Infrastruktur können das Netz und die verwendete Hardware inklusive der damit verbundenen Systemsoftware sein. So kann ein Netzbetreiber das Aufrufen ausgewählter Internet-Dienste unterbinden bzw. die Kosten für den Aufruf ausgewählter Internet-Dienste nicht weiterverrechnen. Exemplarisch sei hier das frühere „Stream On"-Feature von T-Online genannt, bei dem die Nutzung beteiligter Streaming-Dienste nicht auf das Datenvolumen angerechnet wurde. Hardware-Hersteller können nur ganz bestimmte Anwendungssoftware oder Datenformate für ihre Hardware zulassen – so hat das z. B. Apple bei der Einführung des Musikdownload-Dienstes iTunes gemacht und so faktisch den Kauf seiner Hardware erzwungen, wenn man iTunes nutzen wollte.

Praktisch am bedeutendsten ist aber heute die Rolle sogenannter Navigationshubs, und dies gilt keinesfalls nur für die Informationssuche. Navigationshubs sind Dienste im Internet, die sich sehr hoher Nachfrage erfreuen und über die Konsumenten weiterführende Angebote suchen bzw. die es ermöglichen, Konsumenten eine schnelle Personalisierung zu bieten. Aktuell trifft dies, gerade in Deutschland, vor allem auf den Suchdienst von Google und mit Abstrichen auch auf Facebook als breit angelegtes soziales Netzwerk zu. Ein nicht unerheblicher Teil der Konsumenten sucht neue Online-Angebote über den Suchdienst von Google. Google hat daher grundsätzlich die Möglichkeit, den Strom von Nutzern zu steuern, sich selbst gut zu positionieren und dabei auch noch umfangreiche Datenbestände über Konsumenten aufzubauen. Verstärkend kommen die hohen Werbeeinnahmen hinzu, die sich aus dem hohen Marktanteil in einem wichtigen Markt (bei den Suchdiensten) sowie aus den aufgebauten Datenbeständen ergeben. Im Bereich der sozialen Netzwerke hat Facebook einen hohen Marktanteil. Aufgrund der Selbstbeschreibung der Nutzer und der in seinem sozialen Netzwerk hinterlegten Beziehungen zwischen Nutzern sowie der Aufzeichnungen zu Seitenabrufen etc. weiß auch Facebook viel über seine Nutzer und kann dies zur Navigation nutzen, ebenfalls wieder in Verbindung mit hohen Werbeerlösen. Nicht zu unterschätzen ist auch die Rolle von Facebook bei der politischen Meinungsbildung, gerade im Vorfeld von Wahlen – denn der vorhandene Datenbestand erlaubt eine sehr gezielte Ausspielung von Werbebotschaften.

Im klassischen Medienbereich gibt es, insbesondere bei der Frage der Einspeisung in Netze, in vielen Ländern eine lange Tradition der Regulierung potenzieller Gatekeeper. So werden Netzbetreiber in vielen Ländern gezwungen, eine gewisse Menge von Sendern aufzunehmen (die sogenannte Must-carry-Regelung). Für die Netzebene und damit für die Telekommunikationsunternehmen entstehen für das Internet mittlerweile ähnliche Regelungen. Weitgehend offen ist aber noch der Umgang mit den erwähnten Navigationshubs. Betroffene Unternehmen engagieren sich im Moment auf zwei Ebenen: Einmal versuchen Sie ihre eigene Sichtbarkeit bei den Hubs zu verbessern, bei den Suchmaschinen insbesondere über die sogenannte Search Engine Optimization. Zudem versuchen sie auf die Politik und damit auf eine entsprechende Regulierung einzuwirken.

3.4 Digitale Geschäftsprozesse

Prozesse hat jedes Unternehmen. Lange wurden diese aber wenig beachtet. Erst in den 90er-Jahren des vergangenen Jahrhunderts hat sich das geändert. Damals neue Anwendungssysteme, wie z. B. ERP-Systeme, konnten ihren tatsächlichen Nutzen nur entfalten, wenn im Kontext ihrer Einführung auch Prozesse verändert wurden. So gut wie alle Unternehmen haben in den letzten

Jahren immer wieder Projekte zur Verbesserung ihrer Prozesse durchgeführt. Neue Technologien, neue Produkte, Dienste und Kundenschnittstellen, aber auch sich über die Zeit einschleichende Ineffizienzen führen jedoch immer wieder dazu, dass sich Unternehmen mit ihren Prozessen beschäftigen müssen. Nachfolgend ist beschrieben, wie dies am besten angegangen wird.

3.4.1 Abgrenzung von Prozessen

Selbst in einem kleineren Unternehmen gibt es eine Vielzahl von Prozessen. Viele dieser Prozesse sind sicherlich verbesserbar. Unternehmen konzentrieren sich typischerweise aber auf die für ein Unternehmen wettbewerbskritischen Prozesse („Geschäftsprozesse", „Kernprozesse") und erfassen diese, noch vor der Durchführung einzelner Projekte, in einer Prozesslandkarte. In Abb. 3.9 ist als Beispiel dafür die Prozesslandkarte einer Autovermietung dargestellt.

Auf den ersten Blick fällt in dieser Abbildung auf, dass die aufbauorganisatorische Gliederung eines Unternehmens für die Abgrenzung von Geschäftsprozessen ohne Bedeutung ist. Analog gilt dies auch für die Unterstützung durch Anwendungssysteme, d. h. ein Geschäftsprozess wird in der Regel von unterschiedlichen Anwendungssystemen unterstützt. Anders ausgedrückt: Prozesse überschreiten in der Regel die Grenzen zwischen verschiedenen Unternehmensbereichen und IT-Anwendungssystemen.

Typisch ist die auch die in der Abbildung vorgenommene Unterscheidung zwischen Leistungs-, Unterstützungs- und Managementprozessen:

- **Leistungsprozesse** bilden den Leistungserstellungsprozess von der Kundennachfrage bis hin zur Leistungserbringung ab. Beispiele dafür sind Auftragsbearbeitung, Produktentwicklung, Produktion, Distribution und Service.
- **Unterstützungsprozesse** unterstützen die Leistungsprozesse. Hierzu gehört in der Regel die Bereitstellung wichtiger Ressourcen wie IT-Systeme oder Personal.
- **Management- oder Führungsprozesse** verantworten das Zusammenspiel aller Teile eines Unternehmens. Unter Managementprozessen werden daher die übergeordneten Steuerungsprozesse eines Unternehmens verstanden, wie zum Beispiel strategische und finanzielle Planung.

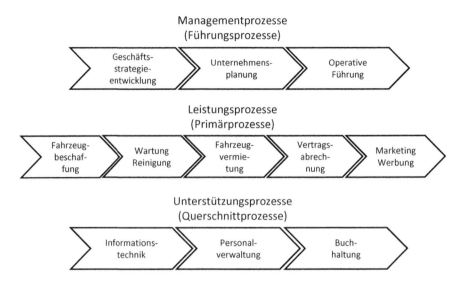

Abb. 3.9 Prozesslandkarte einer Autovermietung. (Gadatsch, 2012)

3.4.2 Prozessmodellierung

Mittlerweile liegen für die Dokumentation und Analyse eines einzelnen Geschäftsprozesses unterschiedlichste Beschreibungsansätze vor. Diese Methoden stellen ein Rahmenwerk mit Vorgaben dar, um die erstellten Modelle lesbar, verständlich, einheitlich und wiederverwendbar zu gestalten. Business Process Model and Notation (BPMN) gehört zur Klasse der kontrollflussorientierten Sprachen, wird seit 2005 von der der Object Management Group (OMG) verantwortet und hat sich in vielen Unternehmen als Standard etabliert.

Abb. 3.10 gibt einen Überblick über die wesentlichen Symbole der BPMN. Abb. 3.11 veranschaulicht die BPMN-Modellierung anhand eines exemplarischen Prozesses.

Zur werkzeugunterstützten Analyse von Geschäftsprozessen existieren zahlreiche Softwarepakete. Der Funktionsumfang dieser Tools reicht von der bloßen Visualisierung über die Modellierung bis hin zur prototypischen Simulation von Prozessen (Gronau, 2017). Visualisierungswerkzeuge ermöglichen es, identifizierte Prozesse grafisch darzustellen. Modellierungstools können zudem auch die Integrität des Modells, basierend auf der verwendeten Methode, überprüfen. Simulationswerkzeuge gehen noch einen Schritt weiter und erlauben den Vergleich modellierter Ist- und Soll-Prozesse anhand vordefinierter Parameter, wie Ereigniswahrscheinlichkeiten oder Ressourcenaufwand (z. B. Kosten und Zeit). Ziel der werkzeugunterstützten Prozessanalysen

3 Wertschöpfungsstrukturen durch digitale Transformation verändern 83

Symbol	Benennung	Bedeutung
	Aktivität	Eine Aktivität (activity) beschreibt einen Vorgang, der durch das Unternehmen ausgeführt wird. Sie kann atomar (task) oder zusammengesetzt sein, also Unternehmensprozesse (subprocesses) enthalten.
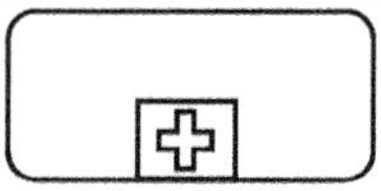	Aktivität (mit Unterprozessen)	
	Start-Ereignis Zwischen-ereignis End-Ereignis	Ereignisse (events) sind Geschehnisse, die während eines Prozesses auftreten. Sie können auslösend sein oder das Ergebnis einer Aktivität. Es gibt drei grundlegende Typen (start, intermediate and end) und Spezialfälle.
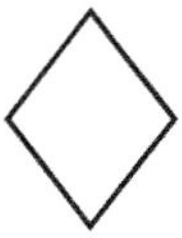	Entscheidung (Gateway)	Gateways sind Synchronisationspunkte im Prozessverlauf. Sie entscheiden über den weiteren Verlauf des Prozesses. Es gibt mehrere Gateway Typen: XOR, OR, AND und Eventbasierte Entscheidung.
⟶	Kontrollfluss (sequence flow)	Der Kontrollfluss beschreibt den zeitlichen Ablauf der Aktivitäten im Prozess.
┄┄┄▶	Nachrichten-fluss (message flow)	Der Nachrichtenfluss beschreibt den Austausch von Nachrichten zwischen zwei Objekten (Aktivitäten, Ereignisse oder Entscheidungen).
⟶	Verbindung (Association)	Die Verbindung zeigt an, dass Daten, Texte oder andere Objekte dem Kontrollfluss verbunden sind, z. B. Input oder Output einer Aktivität.
	Datenobjekt (Data object)	Das Datenobjekt zeigt an, welche Informationen/Daten als Input benötigt bzw. Output einer Aktivität sind.

Abb. 3.10 Elemente der BPMN-Notation. (Gadatsch, 2012; Object Management Group, 2011)

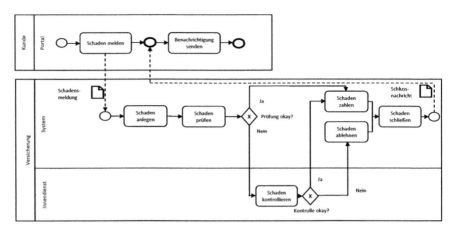

Abb. 3.11 BPMN-Modellierungsbeispiel

ist es, Verbesserungspotenziale aufzudecken, zu dokumentieren und gegebenenfalls zu quantifizieren. Die identifizierten Verbesserungen sollten dann anhand der Relation von potenzieller Auswirkung zu geschätztem Aufwand evaluiert und ggf. umgesetzt werden.

3.4.3 Typische Ansatzpunkte für Prozessverbesserungen

Verbesserungen von Prozessen können auf der technischen und auf der organisatorischen Seite ansetzen. Auf der technischen Seite ist einmal zu prüfen, ob mittlerweile neue Technologien existieren, die neue Anwendungslösungen und darauf aufbauend neue Prozesse möglich machen.

Klassisches Beispiel für eine technologie-induzierte Prozessveränderung ist Fords Einführung einer unternehmensweiten Datenbank für den Einkauf bei Lieferanten (Hammer, 1990). Vormals bekam die Rechnungsabteilung jeweils Dokumente zu Bestellung, Wareneingang und Rechnung und beglich nach Abgleich dieser drei Dokumente schließlich die Rechnung. Die Einführung der Datenbank ermöglichte einen veränderten Abrechnungsprozess, bei dem Bestellungen und Wareneingang automatisch synchronisiert werden. Auf Basis dieser Daten werden die Lieferungen sofort als Gutschrift beglichen. Somit ist ein Abgleich der Lieferantenrechnungen überflüssig, da Preise und Stückzahlen im neuen Prozess bereits mit der Bestellung festgelegt und in der Datenbank gespeichert werden. Dies vereinfacht die Kontrolle des Materialbestands und die Prozesse der Rechnungsabteilung. Die Einführung einer neuen Technologie ermöglichte somit die radikale Veränderung des Lieferantenabrechnungsprozesses, wodurch Ford die administrativen Kosten pro Bestellung erheblich reduzieren konnte.

Aktuell wird im Kontext der Diskussion um verbesserte Möglichkeiten der künstlichen Intelligenz z. B. die Übertragung von bisher dem Menschen vorbehaltenen Aufgaben auf die Maschine thematisiert. Immer wieder erlauben neue Technologien aber auch neue Formen der Arbeitsteilung, so z. B. die Überwälzung von Aufgaben auf den Kunden. Zwei bedeutende Ansätze hierzu, die durch digitale Technologien ermöglicht werden, sind Co-Creation und User Generated Content. Bei der Co-Creation bindet das Unternehmen seine Kunden in kollaborativer Form in Innovations- und Entwicklungsprozesse von Produkten ein (siehe auch Abschn. 3.2). Beim User Generated Content hingegen überträgt das Unternehmen die konkrete Gestaltung und Produktion unterschiedlichster Inhalte auf die Nutzer seiner Plattform(en), um das kreative Potenzial einer großen Masse an Individuen zu nutzen.

Ebenfalls den technischen Ansatzpunkten zuzuordnen ist die Verbesserung des Zusammenwirkens bestehender Systeme. Häufig lässt eine Prozessdokumentation erkennen (vor allem, wenn sie auch die Unterstützungsprozesse mit den entsprechenden Aufgaben mit einschließt), dass die einen Prozess unterstützenden Systeme keine Daten austauschen. Nicht selten hat das zur Folge, dass grundsätzlich bereits vorhandene Daten ein zweites Mal erfasst werden müssen – sicherlich ein unerwünschter Zustand, der sich aber leicht beheben lässt, sobald er erkannt wurde.

Unabhängig von technologiegetriebenen Veränderungen existieren zahlreiche generische Veränderungspotenziale auf organisatorischer Seite. Abb. 3.12 gibt einen Überblick über eine Vielzahl von organisatorischen Ansatzpunkten für die Verbesserung von Prozessen.

Entscheidend für die Bewertung konkreter Ideen für die Verbesserung eines Prozesses – ob diese nun aus der Technik stammen oder rein organisatorischer Natur sind – sind die mit einem Prozess verfolgten Ziele. Diese sind dabei stets spezifisch zu formulieren. Als Ansatzpunkte hierfür dienen z. B. Kosten, Durchlaufzeiten oder Qualität. Besonders wichtig ist es dabei, die spezifizierten Ziele nicht nur einmalig zu messen, sondern kontinuierlich zu analysieren.

3.4.4 Process Mining als neuer Analyseansatz

Geschäftsprozesse basieren heute sehr häufig nahezu vollständig auf der Unterstützung durch IT-Systeme. Jede Aktion eines Benutzers wird in diesen Systemen detailliert protokolliert, ursprünglich eher aus technischen Grün-

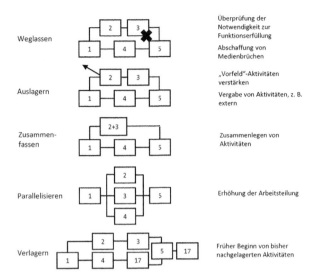

Abb. 3.12 Organisatorische Ansätze für eine Prozessverbesserung. (In Anlehnung an Bleicher, 1981)

den. Process Mining visualisiert prozessbezogene Zusammenhänge und ermöglicht somit auch Einblicke in komplexe, wenig transparente Prozessabläufe (Tiwari et al., 2008). Dabei greift Process Mining auf ausgefeilte Algorithmen zurück, um aus den Log-Daten des jeweiligen Systems automatisiert ein Prozessmodell zu generieren.

Verglichen mit den klassischen Ansätzen der Prozesserhebung, wie Fragebögen, Interviews oder Workshops mit prozessbeteiligten Personen, die im Allgemeinen sehr zeit- und kostenintensiv sind, können Techniken des Process Minings in kurzer Zeit Prozessmodelle auf einer objektiven Datenbasis generieren und visualisieren, wie real gelebte Prozesse tatsächlich ausgeführt werden. Es entfällt nicht nur der Aufwand für die manuelle Erstellung eines Prozessmodells, die extrahierten Prozessmodelle sind zudem auch wirklichkeitsgetreu und reflektieren den tatsächlichen Prozessablauf, da sie ausschließlich auf Fakten und nicht auf Annahmen basieren. Daher bietet die Anwendung von Process Mining-Verfahren wesentliche Vorteile gegenüber traditionellen Ansätzen zur Erstellung und auch zur Analyse von Prozessmodellen.

Die prozessrelevanten Informationen müssen in der Regel zunächst aus verschiedenen beteiligten Systemen extrahiert, bereinigt und konsolidiert werden. Dabei muss auf die Qualität und Vollständigkeit der aufgezeichneten Daten geachtet werden. Mangelnde Vollständigkeit und redundante Informationen sind zwei zentrale Problemstellungen, die die Ergebnisse von Process

Mining beeinflussen können. Eine mangelnde Vollständigkeit kann durch versteckte Aktivitäten verursacht werden, die nicht in den Log-Daten erfasst werden. Dies kann beispielsweise bei manuell ausgeführten Prozessschritten auftreten, die vom Softwaresystem nicht berücksichtigt werden. Doppelte Aktivitäten liegen vor, wenn unterschiedliche Aktivitäten unter gleichem Namen auftreten. Es ist deshalb notwendig, die Daten in einem vorgelagerten Schritt in entsprechender Form aufzubereiten.

Auf Basis der aufbereiteten Log-Daten kann die eigentliche Analyse des Prozesses stattfinden. Hierbei sind drei Zugänge denkbar:

- Ausgangsbasis der Analyse ist in der Regel die automatisierte Erkennung von Prozessablaufmodellen aus den gegebenen Ereignislogs. Die Darstellung ermöglicht Einblicke in die Prozesskomplexität, indem sowohl die Prozessaktivitäten als auch deren Übergänge dargestellt werden.
- Auch kann mithilfe einer Variantenanalyse ermittelt werden, über welche verschiedenen Wege der Prozess tatsächlich ausgeführt wurde und mit welchen Häufigkeiten die einzelnen Varianten auftreten.
- Anhand des extrahierten Prozessmodells lässt sich anschließend überprüfen, ob die tatsächlichen Abläufe in einem Unternehmen mit dem Soll-Verhalten übereinstimmen.

Die Differenzen zwischen Ist-Prozessmodellen und Soll-Prozessmodellen identifizieren den Handlungsbedarf zur Erreichung des gewünschten Zustands und dienen der Ableitung konkreter Handlungsmaßnahmen. Prozessschleifen geben beispielsweise einen Hinweis auf redundante Schritte oder zeigen fehlende beziehungsweise übersprungene Prozessaktivitäten auf. Zu komplexe Prozessketten können hingegen auf unnötige Mehrarbeiten hinweisen. Bei stark standardisierten Prozessen, bei denen eine Reihenfolge vorgeschrieben ist, stehen seltene Ablauffolgen mit abweichenden Prozessausführungen im Sinne von Ausreißern im Fokus des Interesses und sind herauszufiltern. Über den Abgleich können fehlerhafte beziehungsweise nicht konforme Verhaltensweisen identifiziert werden. Zum Beispiel kann die Einhaltung von Sicherheitsanforderungen automatisiert überprüft und von den Vorgaben abweichende Fälle können aufgezeigt werden.

3.4.5 Vorgehen bei der Geschäftsprozessoptimierung

Traditionell werden Projekte zur Verbesserung von Geschäftsprozessen in einem strukturierten Ansatz durchgeführt, der sich am klassischen, planbasierten Ansatz des Projektmanagements orientiert. Dies bedeutet auch, dass zunächst ein Idealprozess entwickelt wird und dieser dann zur Umsetzung an die IT-Abteilung geht.

Für die konkrete Ausgestaltung eines derartigen Vorgehens sind drei wichtige Entscheidungen zu treffen (Hess, 1996):

- Nicht selten beginnen derartige Projekte mit einer detaillierten **Modellierung der aktuellen Prozesse.** Dies ist typischerweise mit erheblichem Aufwand verbunden, ist aber unverzichtbar, wenn es um eher inkrementelle Verbesserungen des Prozesses geht. Stehen dagegen grundlegende Veränderungen des Prozesses im Raum, dann kann eine detaillierte Erfassung nicht nur überflüssig, sondern sogar kontraproduktiv sein. Hintergrund ist, dass detaillierte Erfassungen des Ist häufig den Blick für grundlegend neue organisatorische Lösungen verstellen. Aus diesem Grund hat sich der Ansatz des „Clean Sheet of Paper" (der Start ohne detaillierte Erfassung des Ist-Zustands) auf dem Weg zu größeren Veränderungen bewährt.
- Ein zweiter wesentlicher Aspekt für die Gestaltung eines Prozessoptimierungs-Projekts ist die Frage, inwieweit die Lösung schon vorgegeben ist. Derartige **Vorgaben** kommen typischerweise von einer einzusetzenden Standard-Software, gelegentlich aber auch aus regulatorischen Vorschriften. Existieren derartige Vorgaben, dann existieren in deren Kontext häufig auch sogenannte **Referenzmodelle.** Referenzmodelle beschreiben die auf Basis der einzusetzenden Technik oder der zu beachtenden Vorgaben möglichen Prozesse. Insbesondere die großen Anbieter von Standardsoftware stellen in der Regel derartige Referenzmodelle zur Verfügung.
- Ebenfalls zu klären ist die Frage, wie detailliert der Soll-Prozess zu beschreiben ist. Entscheidend ist hierfür, ob der Soll-Prozess nur als Vorgabe für die involvierten Personen dienen soll oder aber als Vorlage für die Realisierung von Software-Lösungen bzw. die Steuerung von Prozessen mittels sogenannter Workflow-Managementsysteme. Ist Letzteres der Fall, dann ist – zumindest in Teilen – eine **Detaillierung** bis auf die Ebene einzelner Arbeitsschritte sowie eine Spezifikation der ggf. unterlegten Features von Software-Systemen erforderlich.

Agile Ansätze für die Durchführung von Projekten für die Geschäftsprozessanalyse finden bisher kaum Anwendung. Zwar spricht die Komplexität manches Projekts dafür. Auch sind Prozesse und unterstützende Systeme eng miteinander verbunden, das bisher praktizierte Hintereinanderschalten von fachlichem und technischem Entwurf ist daher grundsätzlich nicht nötig. Dagegen spricht aber – zumindest nach bisheriger Einschätzung – die relative

Stabilität der Anforderungen im Kontext der Prozessveränderungen. Auch werden viele Standardsysteme der Unternehmen im Back-Office nach dem klassischen Ansatz weiterentwickelt.

Es bleibt abzuwarten, ob nicht zukünftig doch auch in diesem Feld Methoden Einzug halten, die agile, fachliche und technische Aspekte integrieren. Dabei könnten modifizierte Prozesse zusammen mit einer modifizierten technischen Unterstützung integriert entwickelt und erprobt werden, ggf. unterstützt durch eine Workflowsteuerungssoftware.

3.4.6 Die Idee einer prozessorientierten Organisation – und ihre Realität

Zu den Hochzeiten der Diskussion um die IT-getriebene Reorganisation von Prozessen kam immer wieder die Idee einer an Prozessen orientierten Strukturierung der Unternehmensorganisation ins Spiel. Konkret würde das bedeuten, dass ein Unternehmen nicht nach Funktionen oder nach Geschäftsfeldern (oder nach Produkten, siehe Abschn. 3.2.5), sondern nach seinen Prozessen zu gliedern wäre. In diesem Sinne wäre ein Autoversicherer z. B. in die Bereiche Produktentwicklung, Vermarktung, Schadensabwicklung, Infrastrukturbereitstellung, Ressourcenbereitstellung etc. zu gliedern.

Durchgesetzt hat sich diese Idee aber nicht. Zwar wäre auf diesem Weg eine abteilungsübergreifende Betrachtung sichergestellt. Aber ganz offensichtlich wog dieser Vorteil doch nicht so schwer wie der damit verbundene Verlust von Skaleneffekten bei der Nutzung von Ressourcen. Gleichwohl sind eine Reihe von Unternehmen dazu übergegangen, eine nach Prozessen gegliederte Sekundärorganisation aufzubauen, und dies mit der kontinuierlichen Beobachtung von Prozesskennzahlen. In manchen Unternehmen werden sogar Prozess-Verantwortliche (Process Owner) installiert.

3.5 Digitale Geschäftsmodelle

In den vergangenen Jahren hat sich die Geschäftsmodellanalyse zunehmend als essenzielles Managementtool etabliert. Charakteristisch dafür ist die integrative Betrachtung eines Unternehmens. Eine Geschäftsmodellanalyse zeigt stark vereinfacht die grundlegenden Zusammenhänge in einem Unternehmen auf, also beispielsweise, wie Werte geschaffen werden oder welche Kosten-Erlös-Struktur der Wertschöpfung zugrunde liegt. Ebenso wird aus der Betrachtung eines Geschäftsmodells die Einbettung eines Unternehmens in die

Wertschöpfungsstruktur deutlich. Die Vernetzung mit zentralen Partnern über die Grenzen der Organisation hinweg wird somit explizit mit in die Betrachtung aufgenommen und zollt dem Einfluss von digitalen Technologien und ihres systemischen Charakters Rechnung. Viele andere Fragen, wie z. B. nach der Organisation eines Unternehmens, werden ebenso ausgeblendet wie auch etwaige Details.

Viele der in den vorangegangenen Abschnitten diskutierten Aspekte, z. B. die Einführung neuer Produkte oder Kundenschnittstellen oder die Veränderung von Prozessen, fließen in stark aggregierter Form in ein Geschäftsmodell ein. Eine abstrakt-isolierte Betrachtung von Geschäftsmodellen ist dagegen eher selten.

Digitale Geschäftsmodelle werden häufig in einem Atemzug mit datengetriebenen Geschäftsmodellen oder Plattformansätzen genannt, die als prominente Ausprägungen der Entwicklung zählen. Die Kernfrage, wann ein Geschäftsmodell digital ist, lässt sich jedoch nicht abschließend beantworten. Grundsätzlich ist von einem digitalen Geschäftsmodell die Rede, wenn ein Unternehmen sowie die Art und Weise der Umsatzgenerierung maßgeblich von digitalen Technologien beeinflusst werden (Hess & Engert, 2021). Auch wenn sich der Digitalisierungsgrad eines Unternehmens und damit seines Geschäftsmodells nicht exakt bestimmen lässt, so kann sich dem nichtsdestotrotz mithilfe der Betrachtung des Grads der Digitalisierung der Prozesse und dem der Produkte angenähert werden (Porter & Millar, 1985). Unternehmen lassen sich so anhand dieser zwei Dimensionen in eine Matrix einordnen. Ein Zementhersteller mit analogen Produkten und Prozessen findet sich somit in einer Ecke wieder, während ein Cloud-Anbieter mit einem gänzlich digitalen Geschäftsmodell dem diagonal gegenübersteht (Abb. 3.13).

Im Kontext der digitalen Transformation hat die Betrachtung von Geschäftsmodellen eine besondere Bedeutung gewonnen. So hat die zunehmende Verbreitung des Internets seit Anfang der 2000er-Jahre eine Entwicklung angestoßen, welche die Unternehmen – vor dem Hintergrund des immer schneller werdenden technischen Fortschritts, aber auch des zunehmenden internationalen Wettbewerbs – dazu zwingt, Geschäftsmodelle immer wieder zu hinterfragen und anzupassen, um so die Position des eigenen Unternehmens zu prüfen und gegebenenfalls zu verbessern.

Abzugrenzen sind Geschäftsmodelle insbesondere von Strategien und von Geschäftsplänen. Ein **Geschäftsmodell** beschreibt die Art und Weise, wie ein Unternehmen handelt und dabei Wert für seine Stakeholder generiert, während eine **Strategie** als Handlungsplan zur Erreichung eines bestimmten Ziels beschrieben werden kann. Somit reflektiert das Geschäftsmodell die umgesetzte Strategie des Unternehmens. Ein **Geschäftsplan** spezifiziert und de-

Abb. 3.13 Digitalgrad von Geschäftsmodellen. (In Anlehnung an Porter & Millar, 1985)

tailliert weitere Aspekte des Unternehmens, wie etwa Marketing und Vertrieb, Kunden und Mitbewerber.

Nachfolgend werden die wichtigsten Themen beschrieben, die man bei der Nutzung des Konstrukts der Geschäftsmodelle kennen sollte.

3.5.1 Beschreibung von Geschäftsmodellen

Ein etabliertes Konzept zur Darstellung von Geschäftsmodellen ist der **Business Model Canvas** (Osterwalder & Pigneur, 2011). Ziel dieses Modells ist es, die Diskussion über Geschäftsmodelle auf eine ebenso einfache wie intuitive Art und Weise zu ermöglichen. Das Modell fungiert als eine gemeinsame Sprache, um sich über das abstrakte Grundprinzip, nach dem eine Organisation Werte schafft, vermittelt und erfasst, auszutauschen.

Osterwalder und Pigneur unterscheiden zwischen einer leistungswirtschaftlichen und einer finanzwirtschaftlichen Ebene. Im Zentrum der leistungswirtschaftlichen Ebene steht das Wertangebot eines Unternehmens, also seine Produkte und Services. Auf der Seite der Absatzmärkte werden Kundensegmente, Kundenbeziehungen und Kanäle betrachtet. Produktionsseitig werden zentrale Aktivitäten sowie zentrale Ressourcen aufgeführt, ergänzt um eine Beschreibung der wesentlichen Partner. Auf finanzieller Ebene werden Erlösströme und Kostenstrukturen betrachtet. Insgesamt umfasst das Konzept neun Elemente. Abb. 3.14 stellt diese neun Elemente im Überblick dar.

- Im Element **Wertangebote** werden die Produkte oder Dienstleistungen auf die definierten Kundenbedürfnisse und -wünsche abgestimmt. Es stellt auf aggregierter Basis die Vorteile für den Kunden dar, die durch die Beantwortung der Kundenbedürfnisse geschaffen werden. Dies setzt eine genaue Analyse der Kundenbedürfnisse voraus. Darauf aufbauend können bestehende Produkte oder Dienstleistungen angepasst oder komplett neu eingeführt werden. Der dem Kunden gebotene Wert manifestiert sich in verschiedenen Formen. So kann das Produkt oder die Dienstleitung dem Konsumenten z. B. durch einen günstigen Preis oder ein außergewöhnliches Kundenerlebnis Vorteile verschaffen.
- Die Abgrenzung des **Kundensegments** ist zentral für jedes Unternehmen. Viele weitere Elemente werden um die Kunden herum gebaut und auf sie zugeschnitten bzw. abgestimmt. Somit beschäftigt sich eine der neun Komponenten mit den Kundensegmenten, die für das Unternehmen relevant sind. Hier werden die Kundengruppen, die erreicht werden sollen, definiert und die Charakteristika, Bedürfnisse und Erwartungen der Zielgruppe(n) beschrieben. Je nach Unternehmen und Unternehmensziel existieren verschiedene Arten von Kundensegmenten. Es kann sich dabei

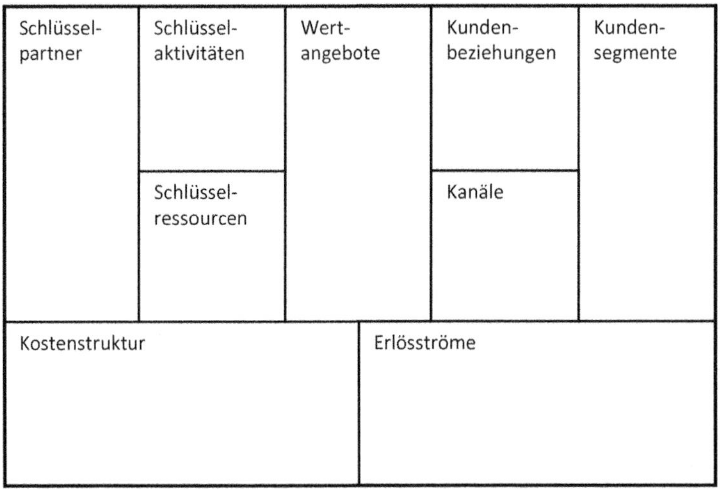

Schlüssel-partner	Schlüssel-aktivitäten	Wert-angebote	Kunden-beziehungen	Kunden-segmente
	Schlüssel-ressourcen		Kanäle	
Kostenstruktur		Erlösströme		

Abb. 3.14 Business Model Canvas. (In Anlehnung an Osterwalder & Pigneur, 2011)

um breite, aber auch um sehr spezifische Kundensegmente bzw. Nischenmärkte handeln.
- Das Element **Kanäle** verbindet die zwei oben genannten Elemente und beschäftigt sich mit der Frage, wie das Wertangebot den Kunden auch wirklich erreicht. Es stellt somit die Schnittstelle zwischen Unternehmen und Kunden dar. Ein Unternehmen kann eine Reihe von Kommunikations- und Vertriebskanälen – auch über Partner – nutzen, um alle Kundensegmente zu erreichen. Die Kanäle ermöglichen eine Vielzahl von Aktionen und Kontakte mit dem Kunden, von der Schaffung von Aufmerksamkeit für das Produkt bis hin zum Kundendienst nach dem Verkauf.
- Durch die oben genannten Kanäle kann das Unternehmen eine **Kundenbeziehung** aufbauen und pflegen. Diese spielt, analog zu den Kundensegmenten, eine zentrale Rolle im gesamten Geschäftsmodell. Diese Beziehung ermöglicht es, (Neu-)Kunden zu akquirieren, zu binden und sogar weitere Potenziale durch den Verkauf zusätzlicher bzw. komplementärer Produkte und Dienstleistungen zu nutzen. Je nach Produkt oder Dienstleistung und Marktlage kann der Fokus unterschiedlich sein. Die Beziehung zu den Kunden kann persönlich, automatisiert oder eine Kombination daraus sein. Darüber hinaus gibt es besondere Möglichkeiten, die genutzt werden können, um die Kunden in den Wertschöpfungsprozess miteinzubeziehen (z. B. durch Co-Creation, also eine enge Zusammenarbeit bei der Produkterstellung).
- **Schlüsselressourcen** umfassen nicht nur die wichtigsten Mittel zur Erstellung des Produktes oder der Dienstleistung, sondern auch die Hilfsmittel, die notwendig sind, um das Produkt oder die Dienstleistung an den Markt zu bringen, also dem Kunden anzubieten, aber auch, um die Kundenbeziehung zu pflegen und schlussendlich das Wertangebot in Umsätze zu überführen. Das Unternehmen muss die notwendigen Ressourcen nicht zwangsläufig selbst besitzen, sondern kann sich diese auch leihen oder von einem Partner gestellt bekommen. Sie können physischer, finanzieller, immaterieller oder personeller Art sein.
- Analog zu den Schlüsselressourcen umfassen die **Schlüsselaktivitäten** die wichtigsten Aktivitäten, die zur Realisierung des Wertangebots nötig sind. Diese können sich je nach Geschäftsmodell unterscheiden. Beispielsweise sind der Produktionsprozess und die damit verbundenen Aktivitäten in der Fertigungsindustrie von hoher Bedeutung, während in der Beratungsbranche größerer Wert auf Personal- und Wissensmanagement gelegt wird.
- Ein weiteres Element, das mit den Schlüsselressourcen und Schlüsselaktivitäten eng verbunden ist, sind die **Schlüsselpartner.** Damit sind die Partner gemeint, die notwendig sind, um die Aktivitäten umsetzen zu kön-

nen und die benötigten Ressourcen zur Verfügung zu stellen. Partnerschaften spielen eine wichtige Rolle und bieten eine Vielzahl von Vorteilen. So gehen Unternehmen beispielsweise Kooperationen ein, um das Geschäftsrisiko nicht alleine tragen zu müssen, um Kosten zu sparen oder um Zugang zu Ressourcen zu erlangen. Dabei gibt es verschiedene Grade von Bindung, von klassischen Lieferantenbeziehungen bis hin zu Joint Ventures.

- Ein Ergebnis aus dem durch die Kanäle erschlossenen Wertangebot sind die **Erlösströme,** welche ein Unternehmen generiert. Diese entstehen dann, wenn Kundenbedürfnisse und -wünsche befriedigt werden. In diesem Element werden die potenziellen Umsätze dargestellt, die bei den unterschiedlichen Kundengruppen bereits jetzt erreicht werden oder in Zukunft noch erreicht werden können. Wichtig sind hier neben den identifizierten Strömen (wie z. B. Abo-Erlöse) auch deren Treiber (z. B. die Anzahl der Kunden).
- Das letzte Element bildet die **Kostenstruktur** ab, indem es die Kosten zur Umsetzung des Wertangebotes darstellt und aufgliedert. Kosten können durch jegliche Aktivitäten entstehen, z. B. durch den Erwerb von Ressourcen, die Pflege von Kundenbeziehungen oder letztlich das Schaffen eines Wertangebots. Dabei kann, wie in der klassischen Kostenrechnung auch, eine Unterteilung in fixe und variable Kosten erfolgen.

Eine Weiterentwicklung des etablierten Business Model Canvas bietet der **Lean Canvas** von Maurya (2012). Das modifizierte Konzept richtet sich primär an Start-ups, wird aber auch zunehmend von klassischen, sich digital transformierenden Unternehmen im Rahmen digitaler Innovationsprojekte angewandt. Das Modell ersetzt die vier Elementgruppen Kundenbeziehungen, Schlüsselpartner, Schlüsselaktivitäten und Schlüsselressourcen durch vier stark vereinfachte Komponenten (Maurya, 2012):

- **Problem:** Start-ups mit innovativen Geschäftsmodellen fokussieren sich darauf, für ihre Kunden einen neuartigen Wert zu schaffen, indem sie zentrale Probleme für diese lösen. Oftmals scheitern Start-ups jedoch, weil es ihnen nicht gelingt, die Kundenbedürfnisse richtig zu verstehen und in der Folge Ressourcen verschwenden, indem sie auf das falsche Produkt setzen. Erfolgreiche Start-ups arbeiten daher mit Hypothesen zu den Problemen ihrer Kunden, die durch kontinuierliches Testen validiert bzw. verworfen werden. Daher werden im Element „Probleme" die (vermeintlich) größten Probleme der Kunden aufgenommen.

- **Lösung:** Als Antwort auf das Element „Problem" werden in dieser Komponente mögliche Lösungen gefunden und definiert. Die Formulierungen sollten kurz gehalten werden, da Unternehmen sich nicht zu früh auf eine Lösung festlegen und diese im Detail ausformulieren sollten. Ansonsten besteht das Risiko, sich zu frühzeitig auf einen Weg zu fixieren und dadurch an (notwendiger) Flexibilität zu verlieren.
- **Unfairer Vorteil:** Ein weiteres Element, welches im Lean Canvas eingeführt wurde, ist der sogenannte „unfaire Vorteil". Dieser beschreibt den Wettbewerbsvorteil, den ein Unternehmen besitzt. Dies ist eine einzige Fähigkeit oder Ressource, welche für Wettbewerber nur sehr schwer zu kopieren ist. Das Element beschreibt somit die Eintrittsbarrieren für andere Unternehmen. Start-ups haben zu Beginn ihrer Tätigkeit oft keinen unfairen Vorteil und müssen sich diesen erst erarbeiten. Da aber erfolgreiche Geschäftsmodelle gerne kopiert werden, ist es wichtig, das erworbene Alleinstellungsmerkmal nicht aus den Augen zu verlieren und zu verteidigen.
- **Kennzahlen:** Jedes Unternehmen verfügt über eine Menge an Informationen über zentrale Abläufe. Besonders für Start-ups und Innovationsprojekte ist es wichtig, den unternehmerischen Erfolg immer wieder durch Kennzahlen zu belegen. Allerdings sind zumeist nur einige wenige Kennzahlen von zentraler Bedeutung bzw. Aussagekraft. Um den Fokus auf die wichtigsten Indikatoren zu legen, wurde im Lean Canvas daher das Element „Kennzahlen" eingeführt, in welchem die für den (vermeintlichen) Geschäftserfolg wichtigsten Indikatoren skizziert werden.

Auf der gleichen Abstraktionsebene liegt die **Anwendungssystem-Architektur** (Krcmar, 2015). Sie ist Teil der IT-Landschaft, beschreibt die wesentlichen Software-Komponenten und ihr Zusammenwirken und sollte das Geschäftsmodell auf der Software-Seite „spiegeln" – entsprechend den beiden Seiten einer Medaille, wie sie schon bei den digitalen Innovationen skizziert wurden. Die Architektur sollte die für Transformationsprojekte erforderliche Integration der fachlichen und technischen Perspektive unterstützen. Abb. 3.15 beschreibt ein sehr einfaches Beispiel für eine Anwendungssystem-Architektur.

Auch für die Beschreibung von Anwendungssystem-Architekturen gibt es eine Vielzahl von Beschreibungsverfahren. Im Kontext der Entwicklung von Geschäftsmodellen reicht aber der intuitive Beschreibungsansatz aus.

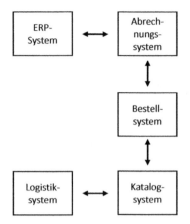

Abb. 3.15 Beispiel für eine Anwendungssystem-Architektur

3.5.2 Typische Geschäftsmodellinnovation im Rahmen der digitalen Transformation

Im Zeitalter des digitalen Wandels hat sich die „Lebenszeit" eines Geschäftsmodells stark verkürzt. Der rasante technologische Fortschritt und die dadurch erhöhte Wettbewerbsintensität bewirken, dass Geschäftsmodelle kontinuierlich hinterfragt werden müssen. Um auf diese Gefahr zu reagieren und die Existenz eines Unternehmens, teilweise sogar einer gesamten Branche zu sichern, müssen die bestehenden Geschäftsmodelle daher stetig an das dynamische Umfeld angepasst werden. Doch neben den Risiken finden sich auch Chancen in dem durch die Digitalisierung hervorgerufenen Wandel. Neue Potenziale können ausgeschöpft werden, indem die bestehenden Modelle optimiert oder komplett neu konzipiert werden.

Beispiele aus dem Retail-Banking. Über lange Zeit war das Geschäftsmodell der Banken im Geschäft mit privaten Kunden sehr stabil. Angeboten wurden Kontoführung, einfache Möglichkeiten der Geldanlage, das Kaufen und Verkaufen von Wertpapieren sowie einfache Kredite. Die Schnittstelle zum Kunden war die Filiale. Alle Produkte waren, anders als im Private Banking und im Wealth Management, sehr umfangreich standardisiert. Die Prozesse im Hintergrund waren in Teilen bereits automatisiert und digitalisiert. Erlöse wurden über Zinsen für Kredite, über die Weiterverwertung des auf den Konten liegenden Kapitals und über Transaktionsgebühren für Kapitalmarktgeschäfte generiert. Nicht selten war das Konto – zumindest ab einem gewissen Zahlungseingang – für den Kunden kostenlos.

Mit der zunehmenden Verbreitung des Internets entstand bei vielen Kunden der bereits erwähnte Wunsch, ihr Konto online zu führen, zunächst von stationären Endgeräten, später auch von mobilen Endgeräten aus. Die Banken kamen diesem Wunsch schrittweise nach und verkleinern nun schrittweise ihr Filialnetz. Mittels einer konsequenteren Automatisierung der Prozesse und der verstärkten Nutzung von Standardsoftware, aber auch durch mehr Outsourcing sowie Kooperationen und Zusammenschlüsse und damit ein grundlegend anderes Geschäftsmodell versuchen die Banken ihre Kostenposition zu verbessern. Als neue Konkurrenten treten aber einerseits neue Banken gerade im Retail-Banking auf, die über kein Filialnetz verfügen und ihren Online-Zugang schon stark auf heutige Kunden und ihre Bedürfnisse ausgerichtet haben. Zudem etablieren sich Unternehmen, die aus Sicht der Kunden sehr effiziente Lösungen für die Abwicklung von Zahlungen, für die Vergabe von Kleinkrediten und für die Vermittlung von Krediten anbieten. In Verbindung mit einer geringen Zinsmarge, hohen regulatorischen Auflagen, aufstrebenden Start-ups aus dem FinTech-Bereich sowie einem in drei Lager zersplitterten Markt steht das Retail-Geschäft vieler Banken in Deutschland vor großen Herausforderungen.

Beispiel Cloud-Computing und Software-Anbieter. Bemerkenswert ist auch der fundamentale Wandel von Software-Anbietern infolge der Technologie des Cloud-Computings (siehe Abschn. 4.1.3) Bis vor wenigen Jahren musste Standardsoftware auf dem Rechner der Anwender komplett installiert werden. Auch lagen alle Daten dort. Dies ist nun nicht mehr zwingend so. Nach dem Modell des Cloud-Computing reicht es aus, wenn auf dem Rechner eines Anwenders nur ein kleiner Teil der Software installiert ist. Wesentliche Teile der Software und auch der Daten können bei einem Dienstleister gespeichert werden. Hält das Cloud-Computing Einzug, dann ändert sich das Geschäftsmodell eines Software-Unternehmens fundamental. Einmal stellt das Unternehmen kein Produkt, sondern eine Dienstleistung zur Verfügung, mit umfangreichen Anforderungen an Verfügbarkeit, Service etc. sowie das Management von Updates. Dies wiederum erfordert entsprechende Kompetenzen bei dem Anbieter bzw. zumindest das Management beauftragter Dienstleister. Fundamental ändert sich auch der Weg, wie Software-Unternehmen Erlöse generieren. Im klassischen Modell erhebt ein Software-Unternehmen für die Bereitstellung einer Lizenz zur Nutzung seiner Software Up-Front eine Gebühr. Bei größeren Software-Paketen, wie sie Unternehmen einsetzen, wurden und werden in jedem Jahr der Nutzung zusätzlich noch Wartungsgebühren fällig. Diese können nach ein paar Jahren in Summe nochmals auf das Niveau der Up-Front-Zahlung kommen. Im Cloud-Computing-Modell zahlt der Nutzer dagegen eine Nutzungsgebühr.

Beispiele für Innovationen in Teilbereichen. Veränderungen finden sich teilweise aber auch in einzelnen Elementen eines Geschäftsmodells. Ein Beispiel auf der **Marktseite** ist das **Freemium-Modell.** Unter dem Begriff Freemium versteht man ein Erlösmodell für Online-Services, bei dem die Betreiber den Nutzern zwei unterschiedliche Optionen anbieten (Wilson, 2006): zum einen eine kostenlose Version mit den grundlegenden Funktionalitäten des Dienstes, zum anderen eine zahlungspflichtige Premiumversion mit zusätzlichen Features, wie z. B. Werbefreiheit oder Bonusinhalte. Ziel dieser Segmentierung ist es, fortlaufend eine breite Masse an Nutzern über die kostenlose Version zu akquirieren und anschließend einen Teil der nicht-zahlenden Nutzer zu zahlenden Premiumkunden zu konvertieren. Da die Konversionsraten von kostenloser zu kostenpflichtiger Version in den meisten Fällen niedrig sind, nutzen Anbieter von Freemium-Diensten zumeist werbebasierte Modelle als zusätzliche, indirekte Erlösquelle. Die Anbieter stellen Werbetreibenden hierbei Werbeplätze auf ihren Plattformen zur Verfügung, welche diese nutzen, um ihre Produkte bei den Nutzern der kostenlosen Variante zu bewerben (siehe Abb. 3.16).

Ein viel diskutiertes Anwendungsbeispiel für das Freemium-Modell ist der Musik-Streamingdienst Spotify. Den nicht-zahlenden Nutzern dieses Service ist es möglich, ein Portfolio von Millionen von Songs unbegrenzt zu konsumieren, wobei die Inhalte gelegentlich von Werbung unterbrochen werden. Für die zahlenden Nutzer der Premiumversion hingegen ist der Musikkonsum durchgehend werbefrei, zudem gibt es für sie weitere Komfortfeatures wie etwa die Möglichkeit, favorisierte Songs auch offline anzuhören. Am Beispiel

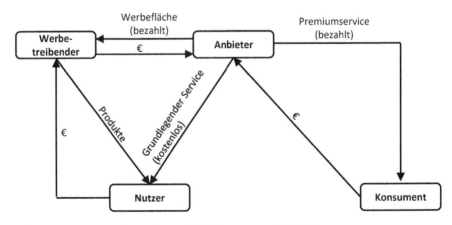

Abb. 3.16 Das Freemium-Erlösmodell. (Wagner et al., 2014)

Spotify lässt sich auch der spezielle Trade-off darstellen, dem Freemium-Dienste ausgesetzt sind. So ist es einerseits notwendig, eine möglichst große Nutzerbasis anzuziehen, damit möglichst viele Nutzer zur kostenpflichtigen Premiumversion konvertiert werden können. Andrerseits fallen natürlich auch Bereitstellungskosten für jeden Nutzer der kostenlosen Version an, z. B. in Form von Lizenz- und Serverkosten.

Ein prominentes Beispiel für Innovation auf der **Produktionsseite** und damit ebenfalls in einem Teil eines Geschäftsmodells, ist die **modulbasierte Produktion von Medieninhalten** (Grau, 2008). Technologische Neuerungen zur medienneutralen Inhaltsspeicherung (z. B. mit der Extensible Markup Language, XML) und Inhaltsverwaltung (in Form von Content-Management-Systemen) führten zu neuen Möglichkeiten in der Medienproduktion. Analog zu Konzepten in der Automobilindustrie wurde es dadurch möglich, einzelne Modulbausteine für mehrere Produkte einzusetzen. Wurden Produkte vormals als isolierte Einheiten geplant, kann man diese nun modular, auf Basis einer Menge an medienneutralen Einheiten, konzipieren.

Die Produktion veränderte sich durch die modulare Erstellung von Inhalten zu einem dreistufigen Modell (siehe Abb. 3.17). Auf der ersten Stufe erzeugen Unternehmen Module als kleinste Einheiten der Wertschöpfung, die alleinstehend nicht vermarktungsfähig sind. Im nächsten Schritt werden die einzelnen Module dann zu vermarktungsfähigen Bündeln kombiniert, wie etwa Zeitschriften. Abschließend koppeln die Unternehmen die zusammengestellten Bündel an spezifische Medien, wonach sie die fertigen Medienprodukte vervielfältigen und distribuieren.

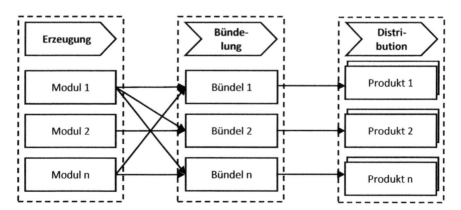

Abb. 3.17 Modell der modularen Medienproduktion. (In Anlehnung an Grau, 2008)

Die Auswirkungen der modulbasierten Produktion auf das Geschäftsmodell lassen sich am Beispiel einer Tageszeitung verdeutlichen. Im Kern setzt sich jede Ausgabe einer Tageszeitung aus text- oder grafikbasierten Modulen zusammen. Erst indem man diese Module bündelt, erhält man ein Produkt, welches vermarktungsfähig ist. Aufgrund der Modularisierung können die einzelnen Bestandteile der Tageszeitung cross-medial genutzt und mehrfach verwendet werden. Exemplarisch sei hier die Mehrfachnutzung von Artikeln in Print- und Onlineausgaben der Tageszeitung genannt. Zudem vereinfacht es die Modularisierung, personalisierte Produkte anzubieten, die auf Basis von individuellen Kundenwünschen gebündelt werden.

Stark diskutiert wird aktuell auch die Genese **datenbasierter Geschäftsmodelle.** Das Konzept datengetriebener Geschäftsmodelle ist nicht völlig neuartig, man denke z. B. an die hohe Relevanz von Daten für Versicherungsunternehmen. Innovativere datengetriebene Geschäftsmodelle wurden jedoch erst in den letzten Jahren durch neue Technologien ermöglicht, die es erlauben, Daten aus unterschiedlichsten Quellen (z. B. Social Media, Sensoren oder mobile Endgeräte) zu sammeln, zu verknüpfen, weiterzubearbeiten, zu analysieren und zu distribuieren.

Die strukturierte Nutzung von Daten mithilfe von algorithmischer Analyse ermöglicht es Unternehmen, Wertangebote, die Wertschöpfung oder Erlösmodelle neu zu gestalten. Dabei lassen sich durch die Kombination dieser drei Elemente fünf grundlegende Schemata für die **datengetriebene Innovation** eines Geschäftsmodells erkennen (Schüritz & Satzger, 2016):

- **Datengetriebene Wertschöpfung**: Daten können für Unternehmen großen Einfluss auf die Wertschöpfung haben. Die strukturierte Analyse und Auswertung von großen Datenbeständen ermöglichen es, Produkte oder Prozesse im Unternehmen selbst oder im Zusammenspiel mit externen Partnern zu optimieren, um die bestehende Wertschöpfung anzureichern. So können beispielsweise durch die Nutzung von sensorischen Daten Fehler oder Abfallprodukte in der Produktion verringert und damit Kosten eingespart werden. Diese Art von datengetriebener Innovation wird in der unternehmerischen Praxis breit angewandt, beschränkt sich jedoch auf das Wertschöpfungselement eines Geschäftsmodells.
- **Datengetriebene Erlösmodelle**: Neben der veränderten Wertschöpfung lassen sich Daten auch für innovative Erlösmodelle nutzen, indem zusätzliche Informationen über das Kaufverhalten oder die Charakteristika von Kundensegmente in der gezielten Anpassung von Preiskategorien Anwendung finden. Auf Basis einer breiten Datenanalyse können so beispielsweise mit dynamischen Preissetzungsmechanismen – anhand von

temporalen, geografischen, saisonalen oder demografischen Daten – zusätzliche Erlöspotenziale erschlossen werden.
- **Datengetriebene Wertangebote in Verbindung mit Wertschöpfung:** Häufig lässt sich eine durch die Analyse von Daten angereicherte Wertschöpfung auch mit neuen, innovativen Wertangeboten verbinden. Dabei ermöglichen es die datengetriebenen Erkenntnisse dem Unternehmen, seinen Kunden verbesserte oder zusätzliche Services anzubieten. Überwachen Sensoren die Leistung von Maschinen und ermöglichen so die Optimierung von Prozessen, können die anfallenden Daten folglich auch genutzt werden, um den zukünftigen Wartungsbedarf vorherzusagen. So können Reparaturen besser geplant und kostspielige Produktionsausfälle verhindert werden.
- **Datengetriebene Wertangebote in Verbindung mit Erlösmodellen**: Die Auswertung von Daten eröffnet Unternehmen jedoch auch Möglichkeiten, ihre Wertangebote mit datengetriebenen Erlösmodellen zu kombinieren. Versicherungsanbieter können durch die Aufzeichnung von Fahr- und insbesondere Bremsdaten mithilfe intelligenter Messgeräte individualisierte Versicherungsprämien für Versicherungsnehmer berechnen, die auf dem Fahrverhalten der jeweiligen Kunden und dem damit verbundenen Risiko basieren. So entstehen nicht nur zusätzliche Vorteile für Kunden mit vorausschauendem Fahrverhalten, sondern auch das Unternehmen profitiert durch die Möglichkeit der maßgeschneiderten Preissetzung.
- **Neue datengetriebene Geschäftsmodelle**: Wenn alle Dimensionen des Geschäftsmodells, also Wertangebote, Wertschöpfung und Erlösmodelle, von der Nutzung von Daten betroffen sind und diese fundamental verändern, entstehen gänzlich neue Geschäftsmodelle. Unternehmen, deren ganze wirtschaftliche Logik auf Daten basiert oder darauf angewiesen sind, bieten Aggregations- oder Analyse-Services an, handeln mit Daten als Produkt oder ermöglichen es ihren Kunden personalisierte Dienstleistungen zu nutzen, deren Wert mit ansteigender Nutzungsdauer durch die permanente datenbasierte Optimierung der Leistung stetig steigt. Rücken Daten und die daraus gewonnenen Informationen ins Zentrum des Geschäftsmodells, ergeben sich für Unternehmen zahlreiche Innovationspfade.

3.5.3 Vorgehen bei der Geschäftsmodellanalyse

Beschreibungsansätze für Geschäftsmodelle, wie sie oben dargestellt wurden, sind die Basis für die Beschreibung eines bestehenden Geschäftsmodells, für dessen Analyse und für die Beschreibung eines zukünftigen Geschäftsmodells. Um die Beschreibungsansätze herum haben sich in der Praxis Vorgehensmodelle etabliert, die Unternehmen Hinweise zum Vorgehen geben sollen. Üblicherweise enthalten diese Vorschläge drei typische Schritte:

- **Analyse des bestehenden Geschäftsmodells:** Grundsätzlich beginnt die Transformation eines Geschäftsmodells mit einer Analyse des bestehenden Geschäftsmodells. Dazu ist das bestehende Geschäftsmodell mit einem Beschreibungsansatz wie dem Business Model Canvas zu erfassen. Es lohnt sich in der Regel, auf dieser Basis die Stärken und Schwächen des Ist-Zustandes zu identifizieren, damit diese wirksam adressiert bzw. reduziert werden können. Dabei muss untersucht werden, welche Teile des bestehenden Modells die Wettbewerbsfähigkeit stützen und welche Teile die Unternehmung anfällig machen. In diesem Zusammenhang sind auch alle Stakeholder im Umfeld des Unternehmens einzubeziehen und etwaige Abhängigkeiten zu identifizieren.
- **Identifizierung nicht ausgeschöpfter Potenziale neuer Technologien:** Nach der Analyse des bestehenden Geschäftsmodells betrachtet man Möglichkeiten zur Verbesserung des Modells vor dem Hintergrund der technologischen Potenziale. Jede einzelne Komponente des Modells und des Wertschöpfungsprozesses wird mit der Frage geprüft, ob das Unternehmen diese mithilfe digitaler Technologien nicht effizienter oder kundennäher gestalten könnte. Dabei wird nicht nur versucht, die Schwächen auszubessern, sondern auch gut funktionierende Teile des bestehenden Modells werden überdacht. Häufig sind die Potenziale neuer Technologien und der daraus entstehenden Veränderungen im Verhalten von Kunden und Mitarbeitern bzw. von Marktkonstellationen keinesfalls klar. Es bietet sich daher an, mit Szenarien zu arbeiten. Zu diesen Szenarien sollte auch immer die oben beschriebene Anwendungssystem-Architektur skizziert werden, bei der insbesondere die Schnittstellen zu wichtigen Partnern berücksichtigt werden sollten.
- **Implementierung:** Vor der tatsächlichen Implementierung sollten die Ziele im Detail ausformuliert werden. Daraus ergeben sich die nötigen Anpassungen und Veränderungen am bestehenden Geschäftsmodell und die zur Umsetzung benötigten Produkte und Prozesse sowie technischen Lösungen und ggf. Strukturen im Unternehmen. In diesem Schritt wird auch die „User Experience" (Nutzererfahrung) gestaltet und optimiert. Das neue transformierte Geschäftsmodell wird in einer Reihe von Tests, gegebenenfalls in Varianten, immer wieder durchgespielt und angepasst, bis es den Vorstellungen des Managements entspricht.

Diese drei Schritte zeigen, dass Geschäftsmodelle häufig als „Integrationsplattform" dienen, mit deren Hilfe detaillierte Analysen von Produkten, Kundenschnittstellen und Prozessen zusammen-geführt und (z. B. durch die Betrachtung von Erlösmodellen und Wertschöpfungsstrukturen) ergänzt werden.

Als praktisch ebenfalls hilfreich haben sich Klassifikationen von Geschäftsmodellinnovationen herausgestellt. Die Klassifikation von Nemeth (2011) beschreibt die verschiedenen Schwerpunkte der Veränderung. Er unterscheidet zwischen drei Fällen:

- **Wertinnovation:** Die Wertinnovation bezieht sich auf das Wertangebot eines Geschäftsmodells. Dabei werden die Kundenbedürfnisse nochmals genau definiert und das Produkt oder die Dienstleistung wird angepasst oder gar neu erstellt, um dem spezifischen Kundensegment weiterhin den größtmöglichen Nutzen zu stiften. Dabei entstehen neuartige Produkte, die als Ergebnis weitere Veränderungen des Geschäftsmodells in anderen Bereichen bringen, beispielsweise in der Wertschöpfungsarchitektur.
- **Ertragsmodellinnovation:** Die Ertragsmodellinnovation bezieht sich auf die Ertragsstruktur eines Geschäftsmodells, denn auch hier können durch Innovation neue wirtschaftliche Potenziale gehoben werden. Sie beschäftigt sich mit der Frage, wie Einnahmen generiert werden. So können bestehende Einnahmequellen verändert werden, indem beispielsweise anstelle von höheren einmaligen Zahlungen geringere, dafür aber regelmäßigere Zahlungsströme generiert werden – etwa bei dem nutzungsbasierten Ertragsmodell, das Automobilhersteller mit dem Carsharing verfolgen.
- **Architektonische Innovation:** Diese Art von Innovation beschäftigt sich direkt mit der bereits genannten Wertschöpfungsarchitektur eines bestehenden Geschäftsmodells. Hierbei steht im Vordergrund, wie die Leistungserstellung optimiert oder revolutioniert werden kann. Es stellt sich die Frage, wie man die Wertschöpfungskette effizient gestalten kann, sowohl intern als auch extern. Dies können beispielsweise Prozessinnovationen bei der Herstellung sein oder neue Vertriebskanäle.

Um bei der Geschäftsmodelltransformation das Erstellen und Optimieren von Geschäftsmodellen zu erleichtern, können Unternehmen auf Software-Tools zurückgreifen. Im Vergleich zu papierbasierten Methoden sollen Softwarelösungen helfen, Geschäftsmodelle effizienter zu erstellen, anzupassen und zu überprüfen. Loos et al. (2018) haben unterschiedliche Tools zur Geschäftsmodellerstellung untersucht und verglichen. Der Großteil der untersuchten Tools basiert auf dem Business Model Canvas, da es diese Methode ermöglicht, sowohl die Unternehmens- als auch die Kundensicht interaktiv und strukturiert abzubilden. Es zeigt sich zudem, dass sich die meisten Tools auf die reine Darstellung des Geschäftsmodells fokussieren und keine oder nur geringe Unterstützung bei der Erstellung oder Optimierung bieten. Einige Tools beinhalten jedoch auch Analysefunktionalitäten, die es erlauben, das Geschäftsmodell nicht nur abzubilden, sondern auch differenziert zu betrachten und auszuwerten. Außerdem ermöglichen manche Tools die gemeinsame, synchrone Bearbeitung des Geschäftsmodells. Doch nur wenige Softwarelösungen bieten sowohl Analyse- als auch Kollaborationsfunktionalitäten. Softwarebasierte Lösungen zur Geschäftsmodellierung dienen deshalb in den meisten Anwendungsfällen lediglich als optionale Ergänzung zu bestehenden Methoden. Die Wichtigkeit von Tools ist in diesem Bereich geringer als z. B. bei der Geschäftsprozessanalyse.

Literatur

Acquisti, A., & Grossklags, J. (2005). Privacy and rationality in individual decision making. *IEEE Security and Privacy, 3*(1), 26–33.

Anding, M. (2020). *Value creation with digital products and services: Digital value canvas.* https://www.excubate.de/de/insights/value-creation-with-digital-products-and-services-digitalvalue-canvas-3/. Zugegriffen am 22.09.2020.

Barthel, P., & Hess, T. (2020). Towards a characterization of digitalization projects in the context of organizational transformation. *Pacific Asia Journal of the Association for Information Systems, 12*(3), 31–56.

Barthel, P., Stark, N., & Hess, T. (2020). Exploring new areas for project portfolio management – Evolving practices for digital transformation projects. In *Proceedings of the 28th European Conference on Information Systems (ECIS 2020). A virtual AIS conference* (S. 1–11).

Barthel, P., Perrot, C. M., Benlian, A., & Hess, T. (2021). Towards a method for evaluating digital innovation projects. In *Proceedings of the 29th European Conference on Information Systems (ECIS 2021). A virtual AIS conference* (S. 1–16).

Beck, K., Beedle, M., van Bennekum, A., Cockburn, A., Cunningham, W., Fowler, M., et al. (2013). *Manifesto for agile software development.* https://moodle2016-17.ua.es/moodle/pluginfile.php/80324/mod_resource/content/2/agile-manifesto.pdf. Zugegriffen am 30.08.2018.

Benlian, A., Hilkert, D., & Hess, T. (2015). How open is this platform? The meaning and measurement of platform openness from the complementors' perspective. *Journal of Information Technology, 30*(3), 209–228.

Bleicher, K. (1981). *Organisation – Formen und Modelle.* Gabler.

Buxmann, P. (2018). Der Preis des Kostenlosen – Das Spannungsfeld zwischen dem Wert von Daten und der Privatsphäre von Nutzern. *ifo Schnelldienst, 10*, 18–21.

Buxmann, P., Diefenbach, H., & Hess, T. (2015). *Die Softwareindustrie: Ökonomische Prinzipien, Strategien, Perspektiven* (3. Aufl.). Springer.

Châlons, C., & Dufft, N. (2016). Die Rolle der IT als Enabler für Digitalisierung. In F. Abolhassan (Hrsg.), *Was treibt die Digitalisierung: warum an der Cloud kein Weg vorbeiführt* (S. 27–37). Springer Gabler.

Edelman, D. C., & Singer, M. (2015). *Competing on customer journeys.* https://hbr.org/2015/11/competing-on-customer-journeys. Zugegriffen am 30.08.2018.

etventure. (2018). *Studie digitale transformation. Hemmnisse, Fortschritte und Alternativen.* https://service.etventure.de/digitale-transformation-2018. Zugegriffen am 23.09.2018.

Forbes. (2019). *Companies that failed at digital transformation and what we can learn from them.* https://www.forbes.com/sites/blakemorgan/2019/09/30/companies-that-failed-at-digital-transformation-and-what-we-can-learn-from-them/?sh=6a72d35f603c. Zugegriffen am 09.09.2021.

Gadatsch, A. (2012). *Grundkurs Geschäftsprozess-Management: Methoden und Werkzeuge für die IT-Praxis: eine Einführung für Studenten und Praktiker* (7. Aufl.). Springer Vieweg.

Gothelf, J., & Seiden, J. (2017). *You need to manage digital projects for outcomes, not outputs.* https://hbr.org/2017/02/you-need-to-manage-digital-projects-for-outcomes-not-outputs. Zugegriffen am 01.09.2018.

Grau, C. (2008). *Kostendegression in der digitalisierten Medienproduktion: eine Neukonzeption des First-Copy-Cost-Effekts.* Kovač.

Gronau, N. (2017). *Geschäftsprozessmanagement in Wirtschaft und Verwaltung, Analyse, Modellierung und Konzeption* (2. Aufl.). Gito-Verlag.

Grots, A., & Pratschke, M. (2009). Design Thinking – Kreativität als Methode. *Marketing Review St. Gallen, 26*(2), 18–23.

Hammer, M. (1990). *Reengineering work: Don't automate, obliterate.* https://hbr.org/1990/07/reengineering-work-dont-automate-obliterate. Zugegriffen am 30.08.2018.

Hess, T. (1996). *Entwurf betrieblicher Prozesse.* Springer Fachmedien.

Hess, T. (2014). What is a media company? A reconceptualization for the online world. *International Journal on Media Management, 16*(1), 3–8.

Hess, T., & Engert, S. (2021). *Glossar: Digitales Geschäftsmodell.* https://www.bidt.digital/glossar-digitales-geschaeftsmodell/. Zugegriffen am 20.08.2021.

Hess, T., & Matt, C. (2012). Gatekeeper in der digitalen Medienwelt. *Medien Wirtschaft – Zeitschrift für Medienmanagement und Kommunikationsökonomie, 9*(3), 48–51.

Kanter, R. M., Stein, B. A., & Jick, T. D. (1992). *The challenge of organizational change: How companies experience it and leaders guide it.* Free Press.

Krcmar, H. (2015). *Informationsmanagement* (6. Aufl.). Springer.

Lemon, K. N., & Verhoef, P. C. (2016). Understanding customer experience throughout the customer journey. *Journal of Marketing, 80*(6), 69–96.

Loos, P., Klein, S., & Emrich, A. (2018). Softwaregestützte Modellierung und Optimierung von Geschäftsmodellen. *MedienWirtschaft – Zeitschrift für Medienmanagement und Kommunikationsökonomie, 15*(3), 54–59.

Lünendonk. (2018). *Versicherungen in der Zeitfalle: Wie die digitale Transformation gelingt und das Spannungsfeld aus Innovation und IT-Modernisierung aufgelöst wird.* Lünendonk & Hossenfelder GmbH.

Majchrzak, A., & Meshkati, N. (2007). Aligning technological and organizational change. In G. Salvendy (Hrsg.), *Handbook of industrial engineering* (3. Aufl.). John Wiley & Sons.

Markus, M. L. (2004). Technochange management: Using IT to drive organizational change. *Journal of Information Technology, 19*, 4–20.

Maurya, A. (2012). *Running lean: Iterate from plan A to a plan that works.* O'Reilly Media.

Mertens, P., & Wieczorrek, H. W. (2011). *Management von IT-Projekten: von der Planung zur Realisierung.* Springer.

Meyer, H., & Reher, H.-J. (2015). *Projektmanagement: Von der Definition über die Projektplanung zum erfolgreichen Abschluss.* Springer Fachmedien Wiesbaden.

Morlok, T., Matt, C., & Hess, T. (2017). Privatheit in den Wirtschaftswissenschaften – Individual- und Marktperspektive. *Arbeitsbericht des Instituts für Wirtschaftsinformatik und Neue Medien,* 1.

Nemeth, A. (2011). *Geschäftsmodellinnovation – Theorie und Praxis der erfolgreichen Realisierung von strategischen Innovationen in Großunternehmen.* https://www1.unisg.ch/www/edis.nsf/SysLkpByIdentifier/3921/$FILE/dis3921.pdf. Zugegriffen am 01.09.2018.

Object Management Group. (2011). *Business Process Model and Notation (BPMN).* https://www.omg.org/spec/BPMN/2.0/. Zugegriffen am 02.11.2018.

Osterwalder, A., & Pigneur, Y. (2011). *Business Model Generation: ein Handbuch für Visionäre, Spielveränderer und Herausforderer.* Campus-Verlag.

Porter, M. E., & Millar, V. E. (1985). How information gives you competitive advantage. *Harvard Business Review, 63*(4), 149–160.

Rawson, A., Duncan, E., & Jones, C. (2013). *The truth about customer experience.* https://hbr.org/2013/09/the-truth-about-customer-experience. Zugegriffen am 30.08.2018.

Schadler, T. (2016). *Digital transformation budgets will top the Billion-Dollar bar.* https://go.forrester.com/blogs/16-11-01-in_2017_digital_transformation_budgets_will_top_the_billion_dollar_bar/. Zugegriffen am 30.08.2018.

Schmiedgen, J., Rhinow, H., Köppen, E., & Meinel, C. (2015). *Parts without a whole – The current state of design thinking practice in organization.* Technischer Bericht des Hasso-Plattner-Institut für Softwaresystemtechnik an der Universität Potsdam.

Schreiner, M., Hess, T., & Fathianpour, F. (2013). On the willingness to pay for privacy as a freemium model: First empirical evidence. In *Proceedings of the 21st European Conference on Information Systems (ECIS 2013)* (S. 1–7).

Schüritz, R., & Satzger, G. (2016). Patterns of data-infused business model innovation. In *IEEE 18th Conference on Business Informatics (CBI), 2016* (S. 133–142).

Stauss, B., & Weinlich, B. (1997). Process-oriented measurement of service quality: Applying the sequential incident technique. *European Journal of Marketing, 31*(1), 33–55.

Sutherland, J., & Schwaber, K. (2017). *The scrum guide*. https://www.scrumguides.org/docs/scrumguide/v2017/2017-Scrum-Guide-US.pdf#zoom=100. Zugegriffen am 02.09.2018.

Tiwari, A., Turner, C. J., & Majeed, B. (2008). A review of business process mining: State-of-the-art and future trends. *Business Process Management Journal, 14*(1), 5–22.

Trepte, S., & Masur, P. K. (2015). *Privatheit im Wandel: Eine repräsentative Umfrage zur Wahrnehmung und Beurteilung von Privatheit* (Bericht vom 18. Juni 2015). Universität Hohenheim.

Uebernickel, F., Brenner, W., Naef, T., Pukall, B., & Schindlholzer, B. (2015). *Design Thinking: Das Handbuch* (2. Aufl.). Frankfurter Allgemeine Buch.

Vollmöller, T. (2018). Communities sind der Weg, um Inhalte intelligent zu streuen. *MedienWirtschaft – Zeitschrift für Medienmanagement und Kommunikationsökonomie, 15*(3), 8–11.

Wagner, T. M., Benlian, A., & Hess, T. (2014). Converting freemium customers from free to premium – The role of the perceived premium fit in the case of music as a service. *Electronic Markets, 24*(4), 259–268.

Weinreich, U. (2016). *Lean Digitization: Digitale Transformation durch agiles Management*. Springer.

Wilson, F. (2006). *Freemium business model*. http://willoughby.ucsd.edu/files/2017/01/Caliber-Freemia.pdf. Zugegriffen am 01.09.2018.

4

Voraussetzungen für die digitale Transformation schaffen

Die Digitalisierung von Produkten, Prozessen und Geschäftsmodellen erfordert flexible IT-Landschaften, innovationsfördernde Organisationsstrukturen, eine digitale Unternehmenskultur sowie umfassende Kompetenzen im digitalen Bereich. Keinesfalls sind diese Voraussetzungen immer vollständig gegeben, vielmehr müssen sie – in mehr oder weniger großem Maße – erst geschaffen werden. Im nachfolgenden Abschnitt wird beschrieben, wie dies erreicht werden kann. Ist beispielsweise die bimodale IT der perfekte Lösungsweg für die Einbettung neuer, im Kontext der digitalen Transformation geschaffener technischer Lösungen? Was bringen Hackathons für den Kompetenzaufbau? Und welche Instrumente können helfen, eine Unternehmenskultur digital werden zu lassen?

4.1 IT-Landschaft vorbereiten: Erweiterbarkeit möglich machen

Hinter einer fachlichen Innovation steht immer auch eine technische Innovation. So steht hinter einem Online-Service-Angebot, sei es bei einer Bank oder einer Fluggesellschaft, typischerweise eine Client-Server-Lösung mit App und Server. Genauso erfordert z. B. mehr Automatisierung eines Prozesses häufig ein sogenanntes Workflow-Management-System.

Im einfachsten Fall handelt es sich dabei um eine alleinstehende technische Lösung, d. h. um eine technische Lösung, die autark und unabhängig von den anderen technischen Systemen funktioniert. Dies ist aber nur ganz selten der Fall. Typischerweise muss eine neue technische Lösung in die Gesamtheit aller technischen Lösungen, die IT-Landschaft, eingebunden werden. Der Grund dafür kann sein, dass Daten auf einem anderen Rechner liegen, etwa weil Kundendaten (sinnvollerweise) auf einem zentralen Rechner abgelegt werden. Grund kann aber auch sein, dass andere Rechner spezielle Funktionen anbieten, z. B. zur Analyse des Kaufverhaltens über Nacht – auch in diesem Fall muss die neue technische Lösung in die IT-Landschaft eingebunden werden. Zudem sind für die Realisierung neuer Applikationen spezifische technische Fähigkeiten erforderlich, die in vielen Unternehmen heute noch fehlen und kurzfristig auch nur schwer aufzubauen sind. Nachfolgend wird beschrieben, warum die Einbindung einer neuen Lösung in die IT-Landschaft häufig eine größere Herausforderung ist und wie die beiden wichtigsten Konzepte zur Lösung dieses Problems zu bewerten sind.

4.1.1 Warum geht nicht alles, und das sofort? Zur Veränderbarkeit von IT-Landschaften

Die Realisierung einer für ein neues Produkt oder einen neuen Prozess erforderlichen Applikation umfasst zwei Schritte:

- Zunächst muss die Applikation an sich konzipiert und implementiert werden.
- Anschließend muss diese in die bestehende IT-Landschaft eingebunden werden.

Für IT-Anwender stellt die Realisierung neuer, typischerweise mit innovativen Technologien unterlegten Applikationen sehr häufig ein Problem dar. Häufig sind viele IT-Ressourcen für den Betrieb und die Weiterentwicklung vorhandener Systeme gebunden. Zudem herrschen in einem Unternehmen nicht selten noch die Paradigmen der klassischen Software-Entwicklung vor – diese gehen aber von stabilen Anforderungen an das System und ausreichend Zeit für die Entwicklung aus. Beides ist im Kontext der digitalen Transformation häufig nicht gegeben. Neue Entwicklungsteams, die im Zweifel auch neue Entwicklungsmethoden anwenden können, lassen sich jedoch meist nicht schnell aufbauen.

Zudem ist die Einbindung einer neuen Applikation in eine bestehende IT-Landschaft häufig eine echte Herausforderung. Einbindung setzt voraus, dass Klarheit darüber herrscht, welche Daten in welchem Format zwischen welchen Rechnern ausgetauscht werden sollen. Diese Frage stellt sich z. B., wenn auf Rechner A die Adressdaten liegen, die Rechner B für das Ausstellen von Rechnungen benötigt. Dafür muss bekannt sein, dass die Daten auf besagtem Rechner A liegen und in welchem Format sie abgespeichert sind. Einfach wäre dieses Problem zu lösen, wenn es sich um eine kleine Menge von Daten mit simplen Austauschbeziehungen handeln würde. Beides ist in Unternehmen aber in der Realität typischerweise nicht der Fall. Vielmehr finden sich dort in der Regel über Jahrzehnte gewachsene komplexe IT-Landschaften. Diese bestehen aus einer Vielzahl von Systemen, die Daten in den unterschiedlichsten Formaten austauschen. Erschwerend kommt häufig noch dazu, dass viele Unternehmen überhaupt keinen detaillierten Überblick über ihre Systemlandschaft haben. Über Jahre hinweg wurden immer wieder schnell neue Systeme eingebunden und mit anderen Systemen vernetzt. Die saubere Dokumentation dieser Schnittstellen wurde häufig vernachlässigt. Projekte zur Vereinfachung der Landschaft wurden gerne umgangen.

Nachfolgend werden zwei Ansätze beschrieben, wie das Thema angegangen werden kann, sollte es zu einem echten Problem im Unternehmen werden.

4.1.2 Bimodale IT als Lösungsansatz?

Einen ersten möglichen Weg zur Reduktion der Komplexität einer IT-Landschaft und zur schnellen Realisierung neuer Applikationen skizziert das Konzept der bimodalen IT (Haffke et al., 2017). Es wurde vor einigen Jahren vom Analystenhaus Gartner entwickelt. Die Kernidee dieses Konzeptes ist es, für neue Lösungen eine weitgehend separierte IT-Landschaft aufzubauen und die IT-Organisation für diese und für die weiter bestehende Landschaft aus Altsystemen unterschiedlich auszurichten. Dieses Konzept folgt damit der Idee einer Komplexitätsreduktion durch Separierung sowie der Verbesserung der Software-Entwicklung durch Teil-Einführung einer neuen Methode. Im ersten (klassischen) Teil finden sich die Kernsysteme eines Unternehmens. Diese sollten zuverlässig und kostengünstig laufen. Sie sollen gemäß dem Paradigma „Stabilität und Zuverlässigkeit" betrieben und weiterentwickelt werden. Die Systeme im zweiten (neuen) Teil weisen häufig experimentellere, stark den Kunden zugewandte Charakteristika auf. Die Weiterentwicklung erfolgt hier mit agilen Methoden. Nicht selten sind die Projekte risikoreich. Abb. 4.1 stellt die beiden Ansätze gegenüber.

Der traditionelle Ansatz ist angebracht, um ein veraltetes unternehmensübergreifendes IT-System (z. B. ERP-System) zu aktualisieren oder durch ein modernes System zu ersetzen, oder um eine unternehmenseigene monolithische Anwendungssoftware zu erneuern, wie zum Beispiel ein Rechnungserstellungs- und Abrechnungssystem. Typischerweise sind bei solchen Projek-

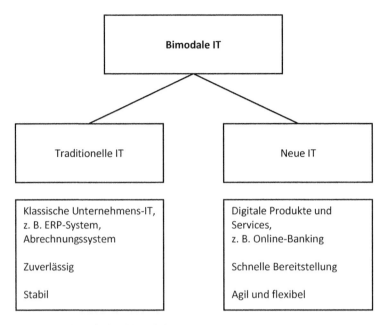

Abb. 4.1 Die zwei Modi der bimodalen IT

ten die Anforderungen und das gewünschte Ergebnis eindeutig definiert und auf einen längeren Zeitraum ausgelegt. Der agile Ansatz liegt dagegen bei kurzlebigeren Pilotprojekten (z. B. IoT-Projekten, Big-Data-Projekten) nahe, bei denen sich ein konkreter Anwendungsfall zum Teil erst bei der Bearbeitung herauskristallisiert und entsprechend mehr Freiraum erforderlich ist. Auch kundennahe digitale Produkte und Services werden häufig agil entwickelt, um Kundenwünsche und Feedback aus der Nutzung der Services (z. B. App) direkt in der Weiterentwicklung der Software berücksichtigen zu können.

4.1.2.1 Organisatorische Abbildung der bimodalen IT

Die zwei angesprochenen Organisationsmodi der bimodalen IT lassen sich, wie bereits angedeutet, anhand ihrer unterschiedlichen Strukturen, Vorgehensmodelle und Risikobereitschaften differenzieren. Tab. 4.1 zeigt anschaulich, dass der Modus der traditionellen IT auf Stabilität und Sicherheit in der Entwicklung und dem Betrieb von IT-Systemen beruht, wohingegen bei der agilen IT der Fokus auf Agilität und Geschwindigkeit hinsichtlich neuer Lösungen gelegt wird.

Tab. 4.1 Traditionelle und agile IT im Vergleich. (Horlach et al., 2016)

Charakteristika	Traditionelle IT	Agile IT
Ziel	Stabilität und Zuverlässigkeit	Innovation und Differenzierung
Fokus	Systemzentriert	Benutzerzentriert
Planungshorizont	Langfristig	Kurzfristig
Methoden	Plangetrieben	Iterativ und agil
Entwicklungszyklen	Lang	Kurz
Entwicklung und Betrieb	Strikt getrennt	Integriert

- Bei Projekten im traditionellen Modus liegt der Fokus häufig auf der Stabilität der Software und Hardware sowie auf einer sauberen und guten Datenqualität. Häufig finden dabei im Projektmanagement sogenannte lineare, planbasierte Vorgehensmodelle (wie z. B. das Wasserfallmodell) Anwendung, mit den Vorteilen einer systematischen und qualitätsorientierten Entwicklung, aber auch dem damit einhergehenden Nachteil langer Freigabezyklen.
- Die Entwicklungskultur der agilen IT ist dagegen innovationsorientiert und experimentell geprägt. Die Entwickler agiler IT-Lösungen zielen häufig auf die Entwicklung des bereits erwähnten Minimum Viable Products und das rasche Testen ihrer Prototypen am Endkunden ab. Agile Projektmanagementmethoden, wie zum Beispiel der Scrum-Ansatz, ermöglichen hierbei kurze Freigabezyklen.

Der Ansatz der bimodalen IT ist nicht unumstritten. Nachfolgend werden relevante Vorteile des Konzepts kurz erläutert sowie mögliche Risiken herausgearbeitet.

4.1.2.2 Vor- und Nachteile des bimodalen Ansatzes

Wie bereits angedeutet, kann der Aufbau und Einsatz einer bimodalen IT als großer Hebel verstanden werden, um notwendige Voraussetzungen für die digitale Transformation in Unternehmen zu schaffen. So ermöglicht die agile IT im bimodalen Konzept eine effektivere, aktivere und flexiblere Unterstützung digitaler Unternehmensinitiativen. Vor allem das iterative Vorgehen im Projektmanagement innerhalb des agilen Arbeitsmodus ermöglicht ein hohes Maß an Flexibilität. Dadurch können rasch neue Projekte angestoßen und Lösungen in kurzen Freigabezyklen entwickelt werden, um auf sich ändernde Kundenanforderungen zu reagieren. Dies bedeutet auf der anderen

Seite aber nicht, dass auf traditionelle Eigenschaften der IT wie Stabilität, Sicherheit und Effizienz verzichtet werden muss. Diese sind im traditionellen Modus weiterhin vorhanden.

Im Rahmen der digitalen Transformation hat die IT-Abteilung, im Gegensatz zum traditionellen Verständnis, nur zum Teil das Ziel, Kosten zu optimieren und inkrementell Hard- und Software-Verbesserungen zu implementieren. Vielmehr geht es darum, die Grundlage für innovative Ideen und deren Umsetzung bereitzustellen. Der agile Modus ermöglicht ein passendes Arbeitsumfeld, um risikofreudig bzw. über „trial and error"-Ansätze kreatives Arbeiten zu fördern und schnellere Entscheidungen herbeizuführen.

Der Nachteil: Die Etablierung eines agilen Entwicklungs- und Betriebsmodus kann zu einem internen Bruch in bestehenden Prozessen, Arbeitsmethoden, aber auch Aufgaben- und Rollenverteilungen führen. So führt beispielsweise die Einführung eines Scrum-Entwicklungsansatzes zu neuen Rollen innerhalb eines Entwicklungsteams, welche im Gegensatz zum traditionellen Rollenverständnis und zu Hierarchie-Gesichtspunkten stehen und daher zu Spannungen innerhalb eines Teams führen können. Auch die stark divergierende Risikofreudigkeit beider Ansätze kann zu einem unterschiedlichen Toleranzlevel hinsichtlich der Qualität von IT-Produkten führen und folglich eine gemeinsame Gesprächs- und Konsensebene beider Entwicklungseinheiten erschweren.

Bei der Einführung einer bimodalen IT ist nicht nur ein „Alignment" zwischen IT und Fachbereichen notwendig, sondern es spielt auch zwischen den beiden unterschiedlichen Modi der IT-Organisation eine große Rolle. Denn trotz der Trennung in zwei Arbeitsmodi gibt es weiterhin Berührungspunkte und Abhängigkeiten zwischen dem agilen und dem traditionellen Ansatz, sowohl auf technischer als auch auf personeller Ebene. Diese können zu Problemen innerhalb der Organisation führen, wenn beispielsweise innovative oder gar disruptive Lösungen nicht einfach per Schnittstelle mit der existierenden traditionellen IT-Landschaft verbunden werden können.

Einen kritischen Aspekt stellt auch das Ressourcen- und Wissensmanagement zwischen den beiden Ansätzen dar. Zum Teil werden Fachexperten je nach Projekt und Expertise einem traditionellen oder agilen Projekt zugeordnet. Die daraus resultierenden häufigen Wechsel einzelner IT-Fach- und Führungskräfte zwischen beiden Ansätzen können zu Interessenskonflikten und somit potenziell zu schwindender Motivation einzelner Mitarbeiter führen. Ebenso kann der kontinuierliche Einsatz einzelner Mitarbeiter im neuen IT-Modus zu Wissenslücken bezüglich der Aufgaben und Operationen im traditionellen IT-Kern führen und umgekehrt.

In vielen Unternehmen wurden, häufig weniger geplant als aus operativem Druck heraus, bimodale Konzepte eingeführt. Aktuell gilt es in diesen Unternehmen, die beiden Teile dieser Lösungen sowohl technisch als auch personell zu verbinden und auch, gerade hinsichtlich der Entwicklungsverfahren, idealtypisch auszugestalten. Nicht selten laufen derartige Projekte als Unterstützungsprojekte im Kontext der digitalen Transformation. Ein nicht unerheblicher Teil von Unternehmen sieht den bimodalen Ansatz aber eher kritisch und setzt bei ihren IT-Projekten mehr und mehr auf vollständige agile Entwicklung (Capgemini, 2018).

4.1.3 Cloud-Computing als Lösungsansatz?

Cloud-Computing verspricht ebenfalls, neben der Reduktion der Kosten für Betrieb und Wartung, eine deutliche Reduktion der Komplexität einer IT-Landschaft und eine schnelle Realisierung neuer Applikationen. In Abschn. 2.3 war dieses Konzept schon skizziert worden. Im Kern bedeutet Cloud-Computing, dass Teile des eigenen IT-Systems an spezialisierte Anbieter in „kleinen Paketen" ausgelagert werden – es ist damit eine spezielle (granulare) Form des schon lange bekannten und gerne praktizierten IT-Outsourcing. Ebenso wie die bimodale IT setzt auch das Cloud-Computing auf Komplexitätsreduktion durch die Separierung von Teilen des IT-Systems, aber eben in einer anderen Form. Der Anspruch einer schnellen Verfügbarkeit von IT-Lösungen wird durch die Bereitstellung standardisierter Lösungen und damit ganz anders als im Konzept der bimodalen IT gelöst.

Beim Cloud-Computing stellt ein Dienstleister IT-Leistungen für eine Vielzahl von Unternehmen bereit und profitiert so von Skaleneffekten. Die Verbindung zwischen den eigenen IT-Systemen und den IT-Systemen der Anbieter wird über Schnittstellen hergestellt, wie man es auch innerhalb einer Organisation kennt. Möglich geworden ist diese spezielle Form des Outsourcings durch die vereinfachten Möglichkeiten der Koppelung der Rechner unterschiedlicher Unternehmen über das Internet (die „Cloud"). Technisch basiert Cloud-Computing auf dem Prinzip der Virtualisierung und Verteilung IT-basierter Serviceleistungen. Es lässt sich als ein Modell beschreiben, das einen komfortablen, bedarfsabhängigen und netzbasierten Zugriff auf eine gemeinsam benutzte Menge konfigurierbarer Rechenressourcen ermöglicht, die schnell und mit geringem Verwaltungsaufwand bereitgestellt und wieder freigegeben werden können.

Cloud-Computing findet sich heute in drei Ausprägungen:

- Software as a Service,
- Platform as a Service,
- Infrastructure as a Service.

1. Software as a Service (SaaS) umfasst das Angebot von Anwendungssoftware über das Internet. Anwendungsnahe Services werden vom Cloud-Anbieter bereitgestellt, der auch für Wartung und Betrieb der Software verantwortlich ist. Die Software wird nicht auf dem Endgerät des Nutzers installiert, sondern auf den Servern des Anbieters. Der Nutzer erhält lediglich, entsprechend seiner Nachfrage, einen Online-Zugriff, der in der Darstellung auf seinem Gerät resultiert. Das Management sowie die stetige Verbesserung der jeweiligen Applikationen sind der Anbieterseite überlassen. Moderne E-Commerce-Systeme (z. B. Webshops mit Zahlungsabwicklung) werden immer häufiger bei unternehmensexternen SaaS-Anbietern über einen gewissen Zeitraum angemietet, statt unternehmensintern eine Webseite inklusive Webshop aufzubauen. Im Gegensatz zu Software, die in Form von Lizenzgebühren gekauft und meist lokal im Unternehmen installiert wird (On-Premise Software), wird bei SaaS üblicherweise keine Lizenzgebühr veranschlagt. SaaS-Leistungen werden in der Regel gemietet und zeitbasiert bezahlt.

2. Platform as a Service (PaaS) ist eine Weiterentwicklung des SaaS-Konzepts. Diese Variante umfasst zusätzlich eine Entwicklungs- und Ausführungs-Umgebung für Software über das Internet. In PaaS-Umgebungen ist es möglich, existierende Lösungen mit eigener Anwendungssoftware zu ergänzen oder völlig neue zu entwickeln. Plattformen wie die Google App Engine oder Windows Azure ermöglichen hierbei, ortsunabhängig und rasch Entwicklungsumgebungen aufzusetzen, inklusive einer Auswahl an Betriebssystemen, Programmiersprachen, technischen Frameworks und Datenbanken.

3. Infrastructure as a Service (IaaS) bedeutet die Virtualisierung physischer Hardware. Bedarfsabhängig können einem Unternehmen Rechenleistung und Speicherplatz für verschiedene Anwendungsfälle bereitgestellt werden. Im Gegensatz zur klassischen IT-Infrastruktur kann das Angebot flexibel an die aktuelle Nachfrage angepasst werden. So können der Zugriff und das Abrufen von Medieninhalten einer Mediathek zum Beispiel „elastisch" angeboten werden. Der Anwender bezahlt jeweils nur die tatsächlich genutzte Rechenkapazität. Auch nutzen F&E-Einheiten eines Unternehmens häufig die enorme Rechenleistung eines IaaS-Anbieters, um beispielsweise komplexe Algorithmen und Simulationen in kürzerer Zeit durchführen zu können.

4.1.3.1 Nutzung von Cloud-Lösungen durch Unternehmen

IaaS-Lösungen machen Unternehmen bei kritischen Ressourcen wie etwa Speicherplatz flexibler und können dadurch Kosten einsparen. PaaS-Lösungen können den Software-Entwicklungsprozess effizienter machen. Von unmittelbarer Bedeutung für die digitale Transformation sind aber SaaS-Lösungen.

SaaS-Anbieter können kontinuierlich in die Weiterentwicklung ihrer Lösungen investieren. IT-Anwender können das nur selten. Unternehmen erhalten durch den Einsatz von SaaS-Lösungen daher Zugang zu den neuesten IT-Lösungen in gekapselter Form. Das bedeutet, dass die Lösungen definitionsgemäß beim Dienstleister laufen und nur über eine standardisierte Schnittstelle mit der eigenen IT-Landschaft verbunden werden müssen – wodurch nicht selten ein alter, komplexer Teil der eigenen IT-Landschaft ersetzt werden kann bzw. keine neue komplexe Teillandschaft aufgebaut werden muss. In Summe verliert die IT-Landschaft eines Unternehmens durch die Einführung von SaaS-Lösungen daher an Komplexität – deutlich mehr als bei klassischer Standardsoftware.

Darüber hinaus werden folgende Argumente für SaaS-Anwendungen ins Feld geführt:

- SaaS-Lösungen haben eine andere Kostenstruktur. Anstatt hoher Investitionskosten für Entwicklung bzw. Lizenzen sowie aufwendiger Server-Landschaften fallen nun periodisch konstante Kosten für Betrieb, Wartung und Support an. Zudem kann die Nachfrage (z. B. nach Arbeitsleistung) jeweils an den aktuellen Bedarf angepasst werden.
- In vielen Feldern existiert eine Vielzahl von Anbietern. So erhöht sich der Wettbewerbs- und Qualitätsdruck auf SaaS-Anbieter. Aus Anwendersicht kann so eine kontinuierliche Anpassung und Verbesserung der SaaS-Dienste erwartet werden. Ferner führt die schnelle und problemlose Implementierung von Erweiterungen und Updates auf SaaS-Anbieterseite zu weiteren Qualitätssprüngen des Angebots und der Möglichkeit, entsprechende IT-Lösungen anwenderfreundlich zu gestalten.
- Des Weiteren ermöglicht die Nutzung von SaaS-Lösungen eine standortunabhängige Nutzung von IT-Produkten. Unabhängig von der geografischen Lage können Mitarbeiter eines Unternehmens sowie deren Kunden auf die IT-Dienstleistungen zugreifen und entsprechend nutzen. Es ergibt sich daraus eine zunehmende Flexibilität sowohl für Unternehmen als auch für Mitarbeiter und Kunden. Die Verlagerung bestehender IT-Lösungen sowie deren Vernetzung in Cloud-Services lässt zudem neue

Zusatzdienstleistungen entstehen bzw. lässt Raum, diese in einer separaten Umgebung zu erproben, und unterstützt Unternehmen damit hinsichtlich ihrer Innovationsfähigkeit.

4.1.3.2 Nachteile und Risiken von Cloud-Lösungen

Die Einbindung von SaaS-Lösungen in die IT-Landschaft birgt neben den genannten Vorteilen jedoch auch einige Risiken. Tab. 4.2 gibt einen ersten Überblick.

Eine Auslagerung bestimmter Dienste und Daten an einen externen Anbieter impliziert eine gewisse **Abhängigkeitsbeziehung** zwischen Unternehmen und SaaS-Anbietern. Unternehmen geben einen Teil ihrer unternehmenskritischen Ressourcen und Kenntnisse preis und laufen gleichzeitig Gefahr, Kenntnisse über unternehmensspezifische Anpassungsmöglichkeiten ihrer Software zu verlieren.

Weiterhin besteht das **operative Risiko,** dass unternehmenskritische Prozesse beeinträchtigt werden, wenn vereinbarte Service-Levels wie Erreichbarkeit, Performance und Interoperabilität nicht erreicht werden. Lange Wartezeiten bzw. Verzögerungen beim Zugriff auf ein SaaS-basiertes Abrechnungssystem etwa würden den Rechnungsstellungsprozess eines Unternehmens unnötig aufhalten und dem Ziel einer möglichen Schonung interner Ressourcen kontraproduktiv entgegenstehen.

Finanzielle Risiken können durch versteckte Kosten entstehen, etwa solche, die bei Vertragsabschluss noch nicht final abschätzbar waren und erst im Laufe des Betriebs auftreten. Versteckte Kosten können bei der Integration der SaaS-Lösung in die bestehende IT-Landschaft eines Unternehmens (z. B. Beauftragung spezialisierter System-Integratoren) auftreten aber auch wenn der SaaS-Anbieter über die Laufzeit hinweg die Subskriptionspreise

Tab. 4.2 Risiken von SaaS für Unternehmen in der digitalen Transformation. (Benlian & Hess, 2009)

Risiken	Kurze Charakterisierung
Strategische Risiken	Möglicher Verlust von unternehmenskritischen Ressourcen durch Auslagerung an SaaS-Anbieter
Finanzielle Risiken	Versteckte oder nachgelagerte Kosten durch Integrationsaufwand und zusätzliche Services
Operative Risiken	Risiko, dass vereinbarte Service-Levels nicht erreicht werden
Sicherheitsrisiken	Anvertrauen unternehmenskritischer Daten an Dritte
Soziale Risiken	Auslagerung von Anwendungen kann zu Widerständen innerhalb der Belegschaft führen

erhöht oder für Services (wie z. B. den mobilen Zugriff auf Daten) zusätzliche Kosten berechnet.

Des Weiteren nimmt ein Unternehmen bei der Nutzung derartiger IT-Dienste ein gewisses **Sicherheitsrisiko** in Kauf. Bei einer Übertragung unternehmensinterner Daten und Analysen an einen externen Dienstleister muss das Unternehmen dem Anbieter großes Vertrauen entgegenbringen, dass die Daten bei diesem sicher verarbeitet, gespeichert und geschützt werden. Dies gilt insbesondere für unternehmenskritische Daten.

Trotz der aufgeführten Risiken überwiegen aus Sicht vieler Unternehmen die Vorteile von Cloud-Services, gerade auch im Kontext der digitalen Transformation. Nicht selten wird die schrittweise Nutzung von Cloud-Diensten daher als Unterstützungs-Projekt der digitalen Transformation eingeführt (auch wenn damit häufig noch weitere Ziele wie etwa die erwähnte Reduktion der IT-Kosten erreicht werden sollen). So geben 66 % aller Unternehmen an, dass Cloud-Computing einen wichtigen Schritt zur schnellen Einführung neuer Applikationen im Kontext der digitalen Transformation darstellt (bitkom, 2018). Daneben werden häufig Kostenvorteile beim Betrieb und der Wartung der Systeme gesehen. Es ist daher zu erwarten, dass Cloud-Lösungen schrittweise zu einem wichtigen Bestandteil der IT-Landschaft vieler Unternehmen werden. Einzig bei sehr spezifischen Anwendungen, die nicht von Markt bezogen werden können bzw. nicht nach außen gegeben werden sollen, bieten sich Cloud-Lösungen nicht an.

4.1.3.3 Nutzung des Cloud-Computing für Applikationen beim Privatkunden

Das Problem der Einbindung neuer Applikationen, wie sie im Kontext der digitalen Transformation entstehen, stellt sich primär in der IT-Landschaft des Anbieters – aber nicht nur. Nicht selten müssen neue Applikationen auch auf den Computern von Privatkunden installiert werden, seien diese nun stationär oder mobil. Auch hierfür bietet sich das Cloud-Computing an, speziell in der Ausprägung von Software as a Service. Die Speicherung der Daten und die Durchführung der Rechenoperationen findet ausschließlich beim Anbieter bzw. dessen Dienstleister statt. Realisiert haben dies z. B. die Internet-Dienste, die den Austausch von Bildern unterstützen.

Für Endanwender liegen die Vorteile einer Cloud-Lösung vor allem darin, dass sie keine eigenen Hardware-Ressourcen für die Speicherung von Daten und Ausführung von Anwendungssoftware mehr benötigen. Die kontinuierliche Aufrüstung von Speichermedien sowie die Erneuerung von Rechenleistung verlieren an Bedeutung, denn beides leisten die Anbieter von Cloud-Services. Des Weiteren reicht häufig eine rudimentäre Software in Form eines Webbrowsers oder einfachen Clients, um sowohl stationär als auch auf mobilen Endgeräten auf einen Cloud-Service zugreifen zu können. Die zentrale Speicherung und Verarbeitung vereinfacht dabei wiederum das Austauschen und gemeinsame Bearbeiten z. B. von Bildern, Musik oder Videos mit Freunden oder Familienmitgliedern.

Mögliche Risiken bei der Umsetzung von Cloud-Computing für Endanwender betreffen – ähnlich wie bei den Unternehmensanwendern – vor allem die Bereiche Sicherheit und Datenschutz. Die Speicherung und Verarbeitung vieler Kundendaten an einem zentralen Ort kann für mögliche Hacker ein interessantes Ziel darstellen. Daher investieren Cloud-Anbieter enorme finanzielle und technische Ressourcen, um ihre Services zu warten und abzusichern.

4.2 Transformationsfördernde Organisationsformen schaffen: Do's und Dont's für etablierte Unternehmen

Im Kontext des digitalen Wandels mangelt es nicht an Beispielen für die Verdrängung etablierter Unternehmen, so z. B. der Niedergang von Brockhaus durch das neue Angebot von Wikipedia. Aktuell sind es z. B. die Banken, die zwar digitale Visionen und Roadmaps verfolgen, aber nicht ausreichend in der Lage zu sein scheinen, innovative Ideen, z. B. im Bereich der Zahlungssysteme, frühzeitig zu identifizieren und zu Produkten zu machen. Eine wesentliche Rolle spielen dabei die Organisationsstrukturen der etablierten Unternehmen. Diese sind häufig noch auf die effiziente Bereitstellung und die inkrementelle Weiterentwicklung ihrer bisherigen Produkte, nicht aber auf die stetige Entwicklung ganz neuer Produkte, die dafür erforderlichen Geschäftsmodelle sowie die zu ihrer Herstellung erforderlichen Prozesse ausgerichtet. Oft ist das Problem bereits erkannt worden. Eine Praxisstudie von KPMG aus dem Jahr 2016 zeigt z. B., dass ca. 40 % der befragten Unternehmen aus der Medienbranche den Aufbau von innovationsfördernden Strukturen als ein sehr wichtiges Aufgabenfeld der digitalen Transformation ansehen (KPMG, 2016). Gleichwohl fehlt häufig die Antwort auf das „Wie". Dabei soll der nachfolgende Abschnitt helfen. Aufgezeigt wird, welche Ansatzpunkte es gibt, um als etabliertes Unternehmen bei der Generierung von Innovationen erfolgreich zu sein.

Verwiesen sei an dieser Stelle auch noch auf die Abschn. 3.2 und 3.4. Dort werden produkt- bzw. prozessorientierte Formen der Organisation vorgestellt, wie sie die Schaffung digitaler Produkte bzw. digitaler Prozesse gelegentlich flankieren.

4.2.1 Das Dilemma des (Produkt-)Innovators

Etablierte Unternehmen sind in erster Linie bestrebt, ihre vorhandenen Produkte inkrementell zu verbessern, um so ihre Marge zu steigern. Diese evolutionären Verbesserungen adressieren die Bedürfnisse der vorhandenen Kunden und verbessern so die Leistungsfähigkeit des Produktes. Sind die Kundenanforderungen weitgehend konstant, dann ist dies ein sinnvolles Vorgehen. Anders sieht es aus, wenn neue Technologien dem Kunden ganz neue, interessante Optionen bieten, diese aber – gemessen an den etablierten Anforderungen – erst einmal scheinbar ohne Relevanz sind. Unternehmen nehmen die auf diesen neuen Technologien basierenden Produkte nicht wahr, adressieren sie doch – scheinbar – ein anderes Segment. Ist ein Kunde aber von dem neuen Produkt sehr überzeugt, dann ändern sich seine Präferenzen. Nach einer gewissen Zeit präferiert er das neue Produkt, die Nachfrage nach dem alten Produkt geht zurück.

Produktinnovationen, die diesen Wandel der Bedürfnisse bei Kunden auslösen, werden – wie in Abschn. 2.2 bereits kurz erwähnt – als disruptiv bezeichnet. Clayton Christensen hat diesen Begriff geprägt (Christensen, 1997). Er hebt stark auf die Veränderungen bei den Kundenbedürfnissen ab – und grenzt eine disruptive Innovation damit wesentlich von einer deutlich verbesserten Befriedigung weitgehend stabiler Kundenbedürfnisse ab. Ferner arbeitet er das Dilemma des Anbieters heraus, welcher versucht, den Gewinn aus bestehenden Produkten und Diensten weiter zu steigern, während ihm auf der anderen Seite aber auch bewusst ist, dass die Bedürfnisse des Kunden sich ändern (könnten!). Ein bekanntes Beispiel ist die Markteinführung der Smartphones vor einigen Jahren. So lässt sich – wie in Abschn. 2.2 bereits erwähnt – das erste iPhone von Apple als disruptive Innovation einordnen – mit ihm konnte man eher schlechter als besser telefonieren als mit dem davor marktüblichen Handy, allerdings konnte man es als portablen Computer nutzen.

Ein weiteres reales Beispiel mag das Phänomen verdeutlichen und zugleich zur Management-Perspektive überleiten. Im September 2010 musste die US-Videoverleihkette Blockbuster etwa 6500 Läden schließen und Insolvenz anmelden. Dem damaligen CEO, John Antioco, war ebenfalls in 2010 das

Online-Streaming-Portal Netflix für US$ 50 Mio. angeboten worden. Doch dieser schlug das Angebot aus. Heute hat Netflix weltweit über 100 Mio. Streaming-Kunden, ist mehrere Milliarden wert und gilt als Marktführer. Wie konnte es dazu kommen? Anfangs war der Service von Netflix für Kunden von Blockbuster noch nicht interessant genug, um Blockbuster Konkurrenz machen zu können. Netflix begann 1997 mit einem DVD-Versandservice. Der Gründer, Reed Hastings, setzte zunächst auf den DVD-Verleih per Post. Doch anders als Blockbuster reagierte Netflix frühzeitig auf Prognosen und erkannte, dass internetbasiertes Video-Streaming das Verleihen von DVDs irgendwann überholen würde. Die Reaktion von Kunden und Medien fiel zunächst nicht sehr positiv aus. Seit 2013 hat sich Netflix wieder erholt und verzeichnet seitdem eine steile Wachstumskurve. Video-Streaming wurde immer beliebter, und der DVD-Verleih per Post wurde immer weniger genutzt. Netflix hat erfolgreich ein „Innovator's Dilemma" abwenden können, indem das Unternehmen schnell genug die Möglichkeiten des Digitalgeschäftes erkannt und in neue Technologien investiert hat (Christensen et al., 2015).

Netflix hat die Herausforderung gemeistert. Für viele andere Unternehmen gilt dies nicht, sie haben sich auf ihre etablierten Produkte konzentriert und sind damit letztendlich vom Markt verschwunden. Diese Unternehmen waren zuvor erfolgreich gewesen, hatten eine hohe Finanzkraft und breites Wissen, auch über neue Technologien. Warum also haben sie nicht in disruptive Produkte investiert? Christensen (1997) nennt drei Gründe, die dazu beitragen, dass Unternehmen keine größeren Investitionen in disruptive Produkte tätigen:

- Disruptive Produkte sind zunächst einfacher, billiger und haben oft niedrigere Margen.
- Disruptive Produkte sprechen zu Beginn eher unbedeutende Marktsegmente an.
- Disruptive Produkte haben zunächst meist noch keinen Nutzen für die profitable Stammkundschaft.

Obwohl es für etablierte Unternehmen nicht einfach ist, disruptive Herausforderungen zu meistern, sind Unternehmen den neuen Technologien auch nicht hilflos ausgeliefert. Als erstes stellt sich dabei die Herausforderung, disruptive Innovationen überhaupt als solche zu erkennen.

Einer der bekanntesten Ansätze zum frühzeitigen Erkennen disruptiver Innovationen basiert auf einem Kriterienkatalog, welcher zwischen der Sicht des etablierten Unternehmens und des neuen Wettbewerbers unterscheidet. Bei dieser Methode werden Innovationen mit Hilfe von Interviews auf ihre disruptiven Merkmale hin untersucht. Kaltenecker et al. (2013) haben diesen Ansatz z. B. genutzt, um die disruptiven Merkmale einer cloud-basierten CRM-Lösung von Salesforce anhand der etablierten Lösung von SAP zu überprüfen. Tab. 4.3 zeigt das Ergebnis der Analyse aus Sicht von SAP, dem „Incumbent".

Der in Tab. 4.3 dargestellte Kriterienkatalog ist in drei Zeiträume unterteilt, um zu analysieren, ob die Innovation die einzelnen Phasen der Diffusion erreichen kann. Schafft es eine Innovation durch alle drei Phasen bis ans Ende, ist eine Disruption als sehr wahrscheinlich anzunehmen. In der ersten Phase wird z. B. eine Innovation durch ein neues Unternehmen auf den Markt gebracht. Dies wird als „Foothold Market Entry Phase" bezeichnet, weil die Innovation in dieser Zeitspanne nur von einer kleinen, neuen Kundengruppe nachgefragt wird. Die zweite Phase wird als „Main Market Entry Phase" bezeichnet. Hier wird analysiert, ob die Innovation auch den Großteil der Kunden des etablierten Marktes ansprechen kann und dort Erfolg haben wird. Die dritte Phase namens „Failure of Incumbent" untersucht, wie sich das

Tab. 4.3 Bewertung einer potenziell disruptiven Innovation aus Sicht eines etablierten Unternehmens. (Kaltenecker et al., 2013)

Phase	Kriterium	Ja	Nein	Unbekannt
„Foothold Market Entry"	Es gibt übersättigte Kunden	x		
	Die Hauptkunden lehnen das neue Produkt ab	x		
	Der Markt für Produkte, die auf der potenziellen disruptiven Innovation basieren, scheint klein und irrelevant		x	
Score:		2	1	0
„Main Market Entry"	Etablierte Leistungsmerkmale verschieben sich	x		
	Kunden sind nicht bereit, für Verbesserungen der etablierten Leistungsmerkmale zu bezahlen			x
	Wechselkosten sind gering		x	
Score:		1	1	1
„Failure of Incumbent"	Die neuen Produkte werden von dem etablierten Unternehmen nicht angeboten		x	
	Etablierte Unternehmen fliehen in Premiumsegmente		x	
	Die potenzielle disruptive Innovation wird nicht in einer getrennten Organisationseinheit verwirklicht		x	
Score:		0	3	0
Gesamtbewertung:		3	5	1

etablierte Unternehmen verhält. Alle Merkmale des Kriterienkatalogs sind positiv formuliert, sodass sie, wenn sie als erfüllt angesehen werden können, auf das disruptive Potenzial einer Innovation und damit die Gefahr einer Disruption hinweisen. Im vorliegenden Fall deutete sich zum Zeitpunkt der Untersuchung bereits an, dass das neue, cloud-basierte Produkt zwar disruptives Potenzial hat, das etablierte Unternehmen mit dieser Gefahr aber wohl richtig umgeht. Dies hat sich im Nachgang auch bestätigt.

4.2.2 Einrichtung einer Digitalisierungseinheit

Klassische Unternehmensstrukturen sind nicht unbedingt innovationsfördernd, da oftmals fest verankerte Rollen und Verantwortlichkeiten bestehen und häufig nicht über Abteilungs-, geschweige denn die Unternehmensgrenzen hinweg gedacht wird. Des Weiteren erschweren komplexe und langwierige Prozesse, sowie eine schwerfällige Unternehmenskultur die Exploration neuer Wege. Innovative Mitarbeiter mit Digitalexpertise lassen sich so nur schwer gewinnen und halten, häufig haben diese das Gefühl, dass Ideen im Keim erstickt werden. Die Kernorganisation grundlegend zu verändern erfordert viel Zeit, wenn es überhaupt gelingt. Die Separierung innovativer Aktivitäten ist daher ein interessanter Ansatz, der die Entwicklung und Implementierung digitaler Innovationen unterstützen kann (Ebers, 2016). Dahinter steht der Gedanke, dass neue Ideen nicht so schnell abgelehnt werden, wenn durch die Unabhängigkeit der Organisationseinheiten weniger interner Wettbewerb zum Bestandsgeschäft besteht.

Die Separation von Innovationsaktivitäten in teilweise autonome Einheiten kann auch als Antwort auf das oben beschriebene Innovations-Dilemma gesehen werden. In etablierten Unternehmen werden disruptive Innovationen oftmals nicht beachtet, da diese keinen schnellen Gewinn bringen und zu Beginn oft unprofitabel sind. Somit werden in diesen Unternehmen meistens evolutionäre Innovationen vorangetrieben. Diese Unternehmen sollten unabhängige Organisationseinheiten etablieren, die für explorative Aufgaben zuständig sind, das heißt, für die Entwicklung und Umsetzung von Innovationen. Die Fähigkeit, sich verändernden Umweltbedingungen flexibel und schnell anpassen zu können, gilt bei autonomen Einheiten als besonders ausgeprägt. Unabhängige Organisationseinheiten sollen eine schnellere Erkennung von potenziellen disruptiven Innovationen ermöglichen, da diese Einheiten mit anderen Zielen arbeiten können als das Bestandsgeschäft; sie müssen nicht schnelle und bereits zu Beginn gewinnbringende Projekte den disruptiven Innovationen vorziehen. Auch kann dieses Konzept Konflikte in Bezug auf Ressourcenallokationen verhindern. Das erleichtert es den Mitarbeitern, eigenständig Initiative zu ergreifen, ungewohnte Pfade zu gehen, Entdeckungsprozesse anzustoßen und innovatives Wissen einzusetzen

Digitalisierungseinheiten (auch als Digital Innovation Units bezeichnet) können als eine Form dieser (teil-)autonomen Organisationseinheiten betrachtet werden, in denen digitale Innovationsaktivitäten separiert werden. in Mit diesen Einheiten lassen sich unterschiedliche Zielsetzungen verfolgen, die jeweils unterschiedliche Gestaltungsformen erfordern (Fuchs et al., 2019; Barthel et al., 2020).

4.2.2.1 Zielsetzungen und Typen von Digitalisierungseinheiten

Hauptzielsetzung von Digitalisierungseinheiten ist grundsätzlich die Entwicklung digitaler Innovationen. Sekundäre Ziele wie das Vorantreiben eines Kulturwandels oder der Aufbau digitaler Expertise können jedoch zusätzlich verfolgt werden. Die Innovationsaktivitäten können dabei eher einen internen Fokus auf Geschäftsprozesse oder einen externen Fokus auf Produkte, Dienste und Geschäftsmodelle haben. Beim externen Fokus lässt sich noch unterscheiden, ob eher bestehende Geschäftsfelder weiterentwickelt, oder gänzlich neue Felder erschlossen werden sollen. Die Zielsetzung einer Digitalisierungseinheit wird auch dadurch definiert, welche Schritte sie im Innovationsprozess übernehmen soll. Geht es lediglich um die Generierung und Auswahl von Ideen? Soll die Einheit die Innovationen selbst entwickeln und implementieren? Übernimmt die Einheit auch die Vermarktung der Innovationen? Mit diesen zentralen Parametern lässt sich die Zielsetzung einer Digitalisierungseinheit festlegen.

Grob lassen sich drei Typen von Digitalisierungseinheiten unterscheiden, mit denen unterschiedliche Zielsetzungen verfolgt werden können (Barthel et al., 2020).

Typ 1, der „**interne Ermöglicher**" (internal Facilitator), beschäftigt sich hauptsächlich mit Innovationen, die die interne Organisation betreffen, wie z. B. Geschäftsprozessinnovationen. Er hat also einen sehr starken Fokus auf dem, was bereits da ist und sucht nach Möglichkeiten, die bestehende Organisation zu transformieren. Gelegentlich kann auch eine Produkt- oder Serviceinnovation angestrebt werden, die aber nur als sekundäres Ergebnis gesehen wird. Hauptaufgabe dieser Einheiten ist es, Projektideen zu sammeln oder selbst zu generieren, Prozessinnovationen zu entwickeln und diese dann an die Fachabteilungen zurückgeben, die für die Umsetzung der Innovationen verantwortlich sind. Ein Beispiel für Typ 1 wäre die Digitalisierungseinheit einer größeren Bank, die unter anderem neue Konzepte für die internen Geschäftsprozesse im Personalwesen entwickelt, testet und implementiert, um neue Wege der Talentgewinnung und Personalentwicklung zu explorieren.

Typ 2, der „**externe Erweiterer**" (external Enhancer), befasst sich mit der Entwicklung neuer digitaler Produkte, Dienste und Geschäftsmodelle und hat dementsprechend eine stärkere Marktorientierung. Einheiten dieses Typs konzentrieren sich auf Innovationen in bestehenden Geschäftsfeldern, d. h. sie wollen in der Regel bestehende Kundengruppen ansprechen. Wie beim Typ 1 transformieren diese Einheiten also die bestehende Organisation, zielen dabei jedoch primär auf die Produkte und nicht auf die internen Prozesse. Die Aufgaben dieser Einheiten umfassen die Generierung und Auswahl von Innovationsideen und die Entwicklung von Prototypen. Die Vermarktung der Innovationen erfolgt dann üblicherweise wieder in der Kernorganisation. So entwickelt etwa die Typ-2-Digitalisierungseinheit eines Werkzeughändlers und -herstellers personalisierte digitale Dienste für seine B2B-Kunden, damit diese frühzeitig den Beschaffungsbedarf erkennen und so ihre Werkzeugbestell- und Lagerprozesse optimieren können.

Typ 3, der „**externe Schöpfer**" (external Creator), entwickelt ebenso wie Einheiten des Typs 2 neue Produkte, Dienstleistungen und Geschäftsmodelle. Im Unterschied zu Typ 2 konzentrieren sich diese Einheiten jedoch auf Innovationen in neuen Geschäftsfeldern, wollen also neue Kundengruppen ansprechen und damit gänzlich neue Geschäftsmöglichkeiten schaffen. Diese Einheiten decken häufig den gesamten Innovationsprozess ab, d. h. sie beginnen mit der Ideenfindung und -auswahl und vermarkten die entwickelten Lösungen dann auch selbst. Hier sei als Beispiel die Digitalisierungseinheit eines Chemiekonzerns genannt, die mit einer App Nutzer mit lokalen Kfz-Werkstätten zur Vermittlung von Reparaturleistungen zusammenbringt. Das dazugehörige Geschäftsmodell ist unabhängig vom Kerngeschäft des Unternehmens, fügt sich aber in das übergreifende Ökosystem ein (der Chemiekonzern stellt auch Autolacke her).

Tab. 4.4 zeigt den Vergleich der drei Typen im Überblick.

Welcher der drei Typen gewählt wird, hat enormen Einfluss auf die konkrete Ausgestaltung einer Digitalisierungseinheit, die wir uns im nächsten Abschnitt ansehen werden. Einheiten des Typs 1 werden üblicherweise möglichst nah an der Kernorganisation geführt, da ihr Innovationsfokus ja auch auf der Transformation der Kernorganisation liegt. Einheiten des Typs 3 werden in der Regel große Freiheiten eingeräumt, damit sie gänzlich ungestört vom Kerngeschäft neue Wege explorieren können. Bei Einheiten des Typs 2 wird entsprechend ein Mittelweg eingeschlagen.

Tab. 4.4 Die drei Grundtypen von Digitalisierungseinheiten. (Barthel et al., 2020)

Typ	Ausrichtung	Abdeckung des Innovationsprozesses
Typ 1, der „interne Ermöglicher"	Intern, bestehende Organisation	• Generierung und Auswahl von Ideen • Innovationsentwicklung
Typ 2, der „externe Erweiterer"	Extern, bestehende Geschäftsfelder	• Generierung und Auswahl von Ideen • Entwicklung von Innovationen • Teilweise Implementierung und Vermarktung von Innovationen
Typ 3, der „externe Schöpfer"	Extern, neue Geschäftsfelder	• Generierung und Auswahl von Ideen • Entwicklung und Implementierung von Innovationen • Teilweise Vermarktung von Innovationen

An dieser Stelle sei noch ein warnender Hinweis ausgesprochen. In verschiedenen Studien sehen wir, dass viele Digitalisierungseinheiten gegründet wurden, „weil man das anscheinend so macht, wenn man digitalisieren will". Unternehmen beobachten also etwa bei Mitbewerbern, dass entsprechende Einheiten gegründet werden und sehen sich dann unter Druck gesetzt, nachzuziehen. Über die konkrete Zielsetzung der neugegründeten Einheiten haben sich diese Unternehmen dann jedoch meist wenig Gedanken gemacht. Davon ist stark abzuraten. Einheiten, die ohne klare Zielsetzung gegründet werden, sind häufig zum (teuren) Scheitern verurteilt. Im schlechtesten Fall sinkt dann auch noch die Akzeptanz für Digitalisierungsthemen im gesamten Unternehmen und man erreicht das Gegenteil von dem, was man angestrebt hat. Bevor ein Unternehmen eine Digitalisierungseinheit gründet, sollte es deshalb möglichst klare Ziele definieren (die sich im Zeitverlauf dann durchaus ändern dürfen) und entsprechend über die passende Ausgestaltung der Einheit entscheiden.

4.2.2.2 Ausgestaltung von Digitalisierungseinheiten

Wie bereits erwähnt, muss die Ausgestaltung einer Digitalisierungseinheit zu ihrer Zielsetzung passen. Grundsätzlich haben verschiedene Parameter Einfluss darauf, wie eng oder wie locker eine Digitalisierungseinheit an die bestehende Kernorganisation gekoppelt ist.

Die Auswahl der Mitarbeiter (**Staffing**) für die Digitalisierungseinheit kann entweder aus der bestehenden Kernorganisation erfolgen oder es werden neue Mitarbeiter von außerhalb des Unternehmens rekrutiert. Auch bei den Projekten selbst ist nochmal zu entscheiden, inwieweit Mitarbeiter der Kernorganisation, Mitarbeiter der Digitalisierungseinheit oder auch externe Partner beteiligt werden. Allgemein ist davon auszugehen, dass die Einbindung von bestehenden Mitarbeitern eher zu einer engeren Kopplung und die Rekrutierung von außen eher zu einer lockereren Kopplung führt.

Die nächste zentrale Frage stellt sich bezüglich des **Budgets**. Wer stellt der Digitalisierungseinheit in welcher Höhe finanzielle Ressourcen zur Verfügung? Wird das Budget zentral bereitgestellt oder erfolgt eine dezentrale Finanzierung von mehreren Abteilungen? Gibt es eine interne Leistungsverrechnung und/oder erzielt die Einheit eigene Umsätze? Denn wie so oft gilt auch hier: „Wer zahlt, bestimmt die Musik". Es ist offensichtlich, dass einer Digitalisierungseinheit, die sich finanziell selbst trägt, in der Regel langfristig mehr Freiheiten eingeräumt werden als einer Einheit, die als reiner Kostenfaktor wahrgenommen wird.

Nicht zu unterschätzen ist auch die Frage nach dem **Standort**. Gerade während des ersten Aufkommens von Digitalisierungseinheiten entstand der Eindruck, es wäre vorteilhaft, möglichst weit weg von der Kernorganisation zu sitzen, am besten an Orten mit einer starken Start-up-Szene wie Berlin. Mittlerweile scheinen viele Einheiten allerdings eher dazu überzugehen, sich in der Nähe der Zentrale anzusiedeln, allerdings in eigenen Räumlichkeiten.

Darüber hinaus sind zahlreiche weitere Entscheidungen bezüglich den gewährten **Freiheitsgraden und der Einbettung** der Einheiten zu treffen. Ist die Digitalisierungseinheit rechtlich eigenständig, wird sie als Stabsstelle geführt oder ist sie in die Linienorganisation eingebettet? Kann die Digitalisierungseinheit autonom entscheiden, welche Projekte sie priorisiert? Wie häufig wird an die Kernorganisation berichtet und an wen? Haben Manager der Kernorganisation direkten Zugriff auf Mitarbeiter der Digitalisierungseinheit?

Hier gilt es behutsam abzuwägen. Ist eine Einheit zu eng an die Kernorganisation gebunden, nimmt ihr das die Freiheit zur Innovation, die Grundidee der Separierung von Innovationsaktivitäten wird so letztendlich ad absurdum geführt. Statt eine Digitalisierungseinheit zu gründen, könnte man die Innovationsaktivitäten dann auch gleich vollständig integriert lassen. Wenn eine Einheit zu locker gekoppelt ist, kann die Kernorganisation die Einheit nicht mehr kontrollieren und nicht mehr sicherstellen, dass die entwickelten Lösungen für die Kernorganisation auch Wert schaffen, etwa indem das bestehende Produktportfolio sinnvoll komplementiert wird oder attraktive, zukunftsträchtige neue Geschäftsfelder entstehen. Auch das Ziel, die Kernorganisation selbst durch den Austausch mit der Digitalisierungseinheit langfristig innovativer zu machen, kann dann kaum erreicht werden. In diesem Fall wäre eine komplette Ausgründung vermutlich die konsequentere

Variante. Es lassen sich also keine grundsätzlichen Aussagen treffen, dass eine Seite (eng oder lockere Kopplung) immer besser ist als die andere. Die oben genannten Typen geben jedoch Anhaltspunkte dafür, bei welcher Zielrichtung welche Seite stärker betont werden sollte.

> **Ausgestaltung der zentralen Digitalisierungseinheit bei einem Chemieunternehmen**
>
> Die Digitalisierungseinheit eines großen deutschen Chemieunternehmens befasst sich mit einer Vielzahl von extern ausgerichteten Innovationsaktivitäten, darunter Anreicherung bestehender Geschäftsfelder um digitale Produkte und Dienstleistungen, jedoch auch die Entwicklung und Implementierung digitaler Produkte und Geschäftsmodelle für gänzlich neue Märkte (Fuchs et al., 2019). Dementsprechend kann die Digitalisierungseinheit als eine Kombination von Typ 2 und Typ 3 betrachtet werden. Die Gründung der Einheit erfolgte als Teil der von der Geschäftsführung beschlossenen Digitalisierungsstrategie. Geleitet wird die Digitalisierungseinheit vom CDO der Kernorganisation, was ihre strategische Bedeutung betont. Die Einheit ist rechtlich eigenständig und wird als Gesellschaft mit beschränkter Haftung geführt. Ihr Budget erhält sie zwar aus zentralen Mitteln, sie hat jedoch auch eine eigene Gewinnverantwortung und kann die von ihnen erwirtschafteten Einnahmen in eigene Projekte reinvestieren. Dementsprechend entscheidet die Einheit auch selbst über ihr Projektportfolio. Der Standort der Einheit befindet sich in der Nähe der Unternehmenszentrale, jedoch in eigenen Räumlichkeiten. Die Ausgestaltung der Einheit spiegelt insgesamt sehr gut ihre Ziele wieder, sowohl die bestehenden Geschäftsfelder digital anzureichern, jedoch auch selbstständig neue Geschäftsfelder zu entwickeln.

4.2.2.3 Add-on: Ambidextrie als abstrakte Fähigkeit eines Unternehmens

Ambidextrie („Beidhändigkeit") beschreibt in abstrakter Form die Fähigkeit von Unternehmen, parallel zum etablierten Geschäft (Exploitation) auch neue Geschäftsfelder zu erschließen (Exploration). Im Kontext der digitalen Transformation kann diese Fähigkeit bedeuten, dass Unternehmen erfolgreich innovative digitale Geschäftsmodelle entwickeln, während sie gleichzeitig ihr bestehendes (nicht digitales) Geschäft erfolgreich weiterbetreiben. Die einschlägige Forschung hat aufgezeigt, dass es unterschiedliche Formen der Ambidextrie gibt (Holotiuk & Beimborn, 2019; O'Reilly & Tushman, 2011). Wenn ein Unternehmen seine exploitativen Bestands- und explorativen Neugeschäfte in getrennten Organisationseinheiten betreibt, nennt sich diese Form der Beidhändigkeit **strukturelle Ambidextrie**. Das Unternehmen gliedert innovative Geschäfte in autonome Einheiten aus. Dieser Ansatz findet sich beispielsweise in der zuvor beschriebenen Schaffung (teil-)autonomer

Digitalisierungseinheiten wieder. Daneben gibt es den Ansatz der **kontextuellen Ambidextrie**. Hier wird den Mitarbeitern individuell die Möglichkeit gegeben, einen Teil ihrer Arbeitszeit frei zwischen Exploration und Exploitation aufzuteilen. Explorative und exploitative Aktivitäten finden in denselben Geschäftseinheiten statt, es gibt keine strukturelle Trennung. Hier liegt die Verantwortung für Innovationen in der Verantwortung des Bestandsgeschäfts. Als Sonderform davon kann die **temporale Ambidextrie** gesehen werden, in der Mitarbeiter für einen begrenzten Zeitraum in Vollzeit in explorativen Einheiten mitarbeiten dürfen, um dann wieder zum etablierten Kerngeschäft zurückzukehren. Zuletzt sei noch die **sequenziellen Ambidextrie** angesprochen. Hier wird davon ausgegangen, dass das gesamte Unternehmen abwechselnd Zyklen der Exploration und der Exploitation durchläuft. Diese Form der Ambidextrie hat eine sehr langfristige Perspektive, da sie jedes Mal das „Umschalten" und die Umstrukturierung der gesamten Organisation erfordert. Daher ist fraglich, ob dieser Ansatz für den dynamischen Kontext der digitalen Transformation passend ist.

4.2.3 Zusammenarbeit mit Start-ups als Innovationschance in der digitalen Transformation

Die digitale Transformation erfordert Agilität, technische Innovation und einen neuen Umgang mit Risiken. Vielen etablierten Unternehmen fehlen jedoch interne Kompetenzen und Strukturen, um diesen Anforderungen standzuhalten und ihr Geschäftsmodell entsprechend anzupassen. Eine mögliche Lösung für dieses Innovations-Dilemma (vgl. Abschn. 4.2.1) und damit eine potenzielle Alternative zum Aufbau einer eigenen Digitalisierungseinheit (vgl. Abschn. 4.2.2), zumindest für größere Unternehmen, ist die Zusammenarbeit mit Start-ups. Dadurch haben etablierte Unternehmen schnelleren Zugriff auf digitale Innovationen und profitieren von der Kreativität und Agilität der jungen Unternehmen. Außerdem kann durch diesen gemeinschaftlichen Ansatz eine spätere Gefährdung des eigenen Geschäftsmodells gemindert werden, da jedes Start-up auch potenziell zum Konkurrenten werden kann. Aus Sicht des Start-ups kann die Zusammenarbeit mit einem großen, etablierten Unternehmen den Zugang zu komplementären und ansonsten nicht verfügbaren Ressourcen wie insbesondere Kunden, Image oder Technologie ermöglichen. Angesichts dieser augenscheinlichen Win-Win-Situation ist es nicht verwunderlich, dass ca. 70 % aller Start-ups in der Europäischen Union mit einem etablierten Unternehmen zusammenarbeiten (Schleef et al., 2020).

Eine solche Zusammenarbeit bringt eine Vielzahl von Chancen und Herausforderungen mit sich, die sich durch die Asymmetrie zwischen den Beteiligten ergeben. In diesem Abschnitt werden daher nach einer kurzen Charakterisierung von Start-ups die verschiedenen Möglichkeiten der Zusammenarbeit diskutiert, z. B. das Corporate Venturing. Nach einer Gegenüberstellung der Vor- und Nachteile wird abschließend ein Entscheidungsmodell vorgestellt, das Unternehmen bei entsprechenden Überlegungen unterstützen kann.

4.2.3.1 Charakterisierung von Start-ups

Um eine mögliche Start-up-Kollaboration evaluieren zu können, sollten Unternehmen zunächst die grundlegenden Charakteristika von Start-Ups kennen. Diese sind definiert als „junge gewerbliche Unternehmen, die vor höchstens fünf Jahren gegründet wurden, deren Gründerinnen und Gründer im Vollerwerb tätig sind, die ein Gründungsteam oder Beschäftigte haben und innovationsorientiert oder wachstumsorientiert sind, also Forschung und Entwicklung durchführen, um eine technologische Innovation zur Marktreife zu bringen, oder mindestens eine […] Marktneuheit anbieten" (Metzger, 2020). Die Zahl dieser jungen Unternehmen in Deutschland hat sich in den letzten Jahren stabilisiert. Nach den Anstiegen in den Jahren 2017 und 2018 verharrt die Zahl der Start-ups in 2019 bei 70.000 (Metzger, 2020). Zu den erfolgreichsten Start-ups der letzten Jahre im deutschsprachigen Raum zählen (Stand 2021) u. a. N26 (Direktbank App), Horizn Studios (Gepäckstücke mit technischen Features), Holidu (Suchmaschine für Ferienhäuser) und Celonis (Process Mining Software).

Die Evolution eines Start-ups lässt sich in verschiedene Phasen unterteilen, die oft nicht klar voneinander zu trennen und unterschiedlich lang sind. Zudem durchläuft nicht jedes Start-up zwangsläufig jede Phase. Idealtypisch lassen sich die Phasen Idee, Gründung, Wachstum und Reife unterscheiden. In der **Ideenphase** wird der sogenannte „Market-Fit" des Start-ups entwickelt. Im Fokus steht das zu lösende Problem und die Umsetzbarkeit der Idee, welche dann in ein tragfähiges Geschäftsmodell übertragen wird. Abhängig von der Gründungsidee entsteht hier oftmals bereits der erste Prototyp oder ein Minimum Viable Product (MVP). Auch können unter Umständen bereits Umsätze durch erste Kunden erzielt werden. Die **Gründung** markiert einen wichtigen Meilenstein in der Evolution eines Start-ups, denn hier erfolgt u. a. die Wahl der Rechtsform und die Eintragung in das Handelsregister. In diesen frühen Phasen sammeln erfolgreiche (Tech-)Start-ups teilweise bereits

Fördergelder von Business Angels oder anderen Frühphasen-Investoren von bis zu 0,5 Mio. Euro ein. In der **Wachstumsphase** wird das Start-up dann weiter ausgebaut und das Produkt oder die Dienstleistung am Markt etabliert. Gerade erfolgsversprechende Tech-Start-ups mit hoch skalierbaren Geschäftsmodellen (ermöglichen schnelle und kostengünstige Expansion) können hier auf Investments von Venture Capital Unternehmen in Höhe von mehreren Millionen Euro hoffen. Zunehmend wird das Wachstum dann weiter forciert, Investitionen getätigt und weitere Expertise eingeholt, um Marktanteile zu gewinnen. In der **Reifephase** hat sich das Geschäftsmodell schließlich etabliert und das Unternehmen wird für eine nachhaltige Zukunft vorbereitet, ggf. wird das Portfolio erweitert.

Der Erfolg eines Start-ups ist zu Beginn maßgeblich von der **Gründerpersönlichkeit** abhängig. Erfolgreiche Gründer zeichnen sich oftmals durch besondere Fähigkeiten und Charakterzüge aus, wie z. B. Innovationsgeist und Risikoaffinität. Darüber hinaus gibt es verschiedene Messgrößen zur Erfolgsbewertung eines Start-ups. Ein erster wichtiger Meilenstein stellt die Gründung der Firma nach der Ideen- und Planungsphase dar, sowie die Verweildauer am Markt. Zu den „harten" Kennzahlen, die u. a. für eine Investitionsbeteiligung relevant sind, gehören Wachstumskennzahlen wie z. B. Umsätze und Anzahl der Kunden oder Mitarbeiter. Die Profitabilität wird erst später relevant. Im Falle von B2B Software Start-ups geht man bspw. davon aus, dass das Erreichen der ersten zehn zahlenden Kunden einen substanziellen Meilenstein für das Einwerben von Investorengeldern markiert und ab hier eine deutlich höhere Unternehmensbewertung möglich ist. Viele Start-ups versuchen daher, zunächst mit wenig Seed-Kapital oder reinen Eigenmitteln der Gründer (sog. Bootstrapping) ein erstes MVP zu entwickeln und Kunden zu gewinnen, bevor institutionelle Investoren involviert werden.

Etablierte Unternehmen haben verschiedene Möglichkeiten, mit Start-ups zusammenzuarbeiten. Neben Unternehmens-Hackathons (siehe auch Abschn. 5.2.3), in denen Start-ups eventbasiert in einer vorgegebenen Zeit Innovationsherausforderungen bearbeiten müssen, sind Accelerator- und Inkubator-Programme, sowie Corporate Venturing mögliche Formen der Zusammenarbeit, die im weiteren Verlauf näher beleuchtet werden sollen. Abb. 4.2 gibt zunächst einen groben Überblick.

4.2.3.2 Accelerator- und Inkubator-Programme

In den letzten Jahren haben sich Accelerator- und Inkubator-Programme als beliebte Praktiken zur Effizienzsteigerung, zum Technologiezugang und zur

4 Voraussetzungen für die digitale Transformation schaffen

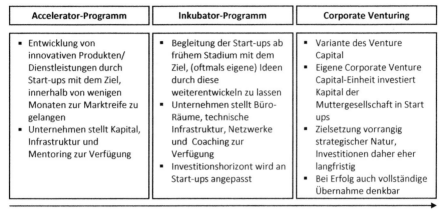

Abb. 4.2 Mögliche Formen der Zusammenarbeit von Unternehmen und Start-ups

Förderung innovativer Arbeitsweisen in Unternehmen etabliert. Da die Begriffe in der Praxis oftmals fälschlicherweise synonym verwendet werden, sollen die Programme im Folgenden dargestellt und abgegrenzt werden.

Bei den sogenannten **Accelerator-Programmen** handelt es sich um Programme mit einer Dauer von oftmals drei bis vier Monaten, in denen Unternehmen Start-ups Kapital in bis zu fünfstelliger Höhe, sowie Infrastruktur und Mentoring zur Verfügung stellen. In möglichst kurzer Zeit sollen die Start-ups Produkte entwickeln, die am Ende des Programms Investoren vorgestellt werden können. Als Gegenleistung für die Unterstützung erhalten die Unternehmen eine Beteiligung an dem Start-up. Um an solchen Programmen teilnehmen zu können, müssen sich Gründerteams bei den Unternehmen bewerben und ihre Idee präsentieren.

Daneben haben Unternehmen die Möglichkeit, sogenannte **Inkubator-Programme** zu etablieren. Als Inkubatoren werden Einrichtungen bezeichnet, die Start-ups auf dem Weg zur Unternehmensgründung begleiten und sie während des gesamten Lebenszyklus unterstützen. Im Unterschied zu den Accelerator-Programmen befindet sich hierbei die Geschäftsidee des Start-ups noch in einem Anfangsstadium und wird im Programmverlauf ausgereift. Oftmals bringt auch das etablierte Unternehmen eigene Ideen mit ein, die dann in einer sicheren Umgebung durch Start-ups weiterentwickelt werden. In diesen „Start-up-Brutkästen" bieten Unternehmen den Start-ups Mietflächen als Büro-Räume, überlassen technische Infrastruktur, helfen bei der Bildung von Netzwerken und coachen bei der Unternehmensgründung. Auch eine Finanzierung der Start-ups ist möglich, teilweise im Tausch gegen

Unternehmensanteile. Insgesamt ist die Zusammenarbeit zwischen Unternehmen und Start-ups bei Inkubatoren-Programmen intensiver, als bei Accelerator-Programmen.

Beispiele für diese Programme sind u. a. der Technologie-Inkubator hub:raum der Deutschen Telekom, in dem Frühphasen Start-ups aus dem Technologiebereich gefördert werden; oder das Accelerator-Programm von ProSiebenSat.1, im Rahmen dessen TV und Digital-Media Budgets in aussichtsreiche, massenmarktreife Produktideen investiert werden (Stand 2021). Unternehmen haben in diesem Kontext aber auch die Möglichkeit, sich Netzwerken anzuschließen, z. B. dem Start-up-Bootcamp mit 140 Partnern, u. a. Intel, Vodafone und Allianz.

Zu den Erfolgsfaktoren solcher Programme zählen u. a.

- Branchenfokussierung
- Starkes Netzwerk zu Investoren, Kunden, Lieferanten, Mentoren und Partnern
- Gründungserfahrenes Management-Team
- Ausreichende Kapital-Ausstattung
- Passender Standort (z. B. in der Nähe von Hochschulen und Forschungseinrichtungen)
- Top-Level Commitment
- Internes Marketing zur Schaffung von Akzeptanz innerhalb des etablierten Unternehmens

Bei der Entscheidung über die Einrichtung eines solchen Programmes sollten Unternehmen jedoch die Tatsache berücksichtigen, dass diese unter Gründern nicht unumstritten sind. Gründe hierfür sind u. a. nicht erfüllte Betreuungs-Versprechen oder andererseits eine zu große Einflussnahme. Auch müssen Unternehmen damit rechnen, dass sich Start-ups mit wirklich innovativen Geschäftsideen direkt an Wagniskapitalgeber wenden. Um dieses „Mis-Match" zu vermeiden, sollten Unternehmen darauf achten, dass diese Programme nicht nur entlang der eigenen Bedürfnisse gestaltet werden und auch eine gewisse Risikoaffinität erfordern.

4.2.3.3 Corporate Venturing

Beim **Corporate Venturing** handelt es sich um „einen Versuch von Großunternehmen, die für innovative Aktivitäten bedeutsamen Eigenschaften von kleinen und jungen Unternehmen zu replizieren und mit den eigenen Stärken wie Marktmacht und finanziellen Ressourcen zu kombinieren" (Gruber & Henkel, 2005, S. 139). Ein bekanntes Beispiel ist der Sprachassistent Siri von Apple, den nicht der Technologie-Riese selbst, sondern ein Start-up namens Siri Inc. entwickelt hat, von dem Apple alle Rechte an dem Produkt gekauft hat. Für die Realisierung solcher Investments haben etablierte Unternehmen die Möglichkeit, eine eigene Corporate Venture Capital-Einheit (**CVC-Einheit**) zu gründen (Klamar & Prawetz, 2018). Diese CVC-Einheiten werden häufig als eigenständige Einheiten in den Unternehmen implementiert, exklusiv mit Kapital versehen und verfügen über die notwendige Flexibilität und Schnelligkeit, um am Venture Capital Markt zu bestehen. Diese Beteiligungsarme operieren ähnlich wie klassische Venture Capital Firmen (z. B. Project A Ventures, Unternehmertum, Global Founders Capital; Stand 2021), investieren jedoch nicht das Geld verschiedener Investoren, sondern nur das der Muttergesellschaft. Gemessen an der Zahl der angemeldeten Patente sind diese CVC-Einheiten bis zu vier Mal erfolgreicher, als die „konkurrierenden" internen Forschungs-und Entwicklungsabteilungen etablierter Unternehmen (Klamar & Prawetz, 2018). Darüber hinaus zählt natürlich auch der Beitrag des Start-ups zur Unternehmenswertsteigerung. Bei erfolgreichen Investments ist auch eine vollständige Übernahme bzw. Fusion möglich. Neben der Spielart, sich an existierenden Ventures zu beteiligen, wird Corporate Venturing auch oft als „inside-out"-Variante verstanden, wobei Unternehmen selbst Start-ups gründen (mit bis zu 100 % Eigenkapital in eigener Hand), welche dann zum Beispiel später veräußert werden.

In Abgrenzung zu diesem **externen Corporate Venturing** können Venture-Aktivitäten auch im eigenen Unternehmen umgesetzt werden. Das **interne Corporate Venturing** stellt auf die Entwicklung neuer Produkte/Geschäftsmodell innerhalb der Unternehmensgrenzen ab. Das Wagniskapital wird damit nur den Mitarbeitern des jeweiligen Unternehmens zur Verfügung gestellt mit dem Ziel, die Innovationskraft und Motivation der eigenen Belegschaft zu erhöhen und die Gründung neuer Geschäftsfelder zu beschleunigen. Da dieser Ansatz zwar oftmals für eine kurzfristige Belebung der Innovationsaktivitäten sorgt, jedoch aufgrund der Konzernstrukturen langfristig nicht mit der externen Variante Schritt halten kann, soll er hier nicht weiter betrachtet werden.

Seit der Eröffnung des ersten Corporate Venture Fund in den 1960ern waren vor allem Unternehmen in den Bereichen Technologie, Pharma und Telekommunikation in diesem Markt aktiv. Im Zeitalter der digitalen Transformation sind aber auch Unternehmen aus anderen Branchen gut beraten, die Vorteile von Corporate Venturing für sich zumindest zu evaluieren. Etablierte Unternehmen erhalten so Innovationskraft, Technologie-Kompetenz und Agilität, das Start-up finanzielle Leistungsfähigkeit sowie Marktzugang. Diesen Chancen stehen Herausforderungen gegenüber, die sich aus der Symbiose zweier unterschiedlicher Marktteilnehmer ergeben und die im Weiteren näher beleuchtet werden.

4.2.3.4 Zusammenarbeit mit einem Start-up – ja oder nein?

Der Erfolg einer Corporate Venture-Kollaboration entsteht durch die Kombination der Vorteile des etablierten Unternehmens und des Start-ups (Schleef et al., 2020). Die Unternehmen können finanzielle Ressourcen bereitstellen und verfügen über effiziente Produktionskapazitäten, sowie allgemeines Know-how, Glaubwürdigkeit und Marktzugang. Demgegenüber bringen Start-ups Agilität, Innovationsfähigkeit und Expertise in Bezug auf neue digitale Technologien mit (Rothaermel, 2001). Die Chancen und Herausforderungen für das etablierte Unternehmen im Rahmen einer solchen Zusammenarbeit werden in Tab. 4.5 dargestellt.

Wirft man einen Blick auf erfolgreiche CVC-Einheiten, so zeigen diese folgende Praktiken (Basu et al., 2016):

- Die Minimierung der Vertrags-Komplexität und der Schutz der Interessen der Gründer erhöht die Reputation der CVC-Einheit als attraktiver und integrer Partner, was zu einer höheren Anzahl an Investmentmöglichkeiten führt und somit zu einer höheren Sucheffizienz

Tab. 4.5 Chancen und Herausforderungen von Corporate Venturing für Unternehmen

Chancen	Herausforderungen
• „Window on Technology" (Zugang zu Start-ups und der Szene allgemein) • Generierung von Wissen über neue Märkte und Geschäftsfelder und hierdurch resultierende Wachstumsmöglichkeiten • Einsparung eigener F&E-Kosten • Schnellere Reaktion auf neue Entwicklungen • Marketingeffekt/Reputation • Chance auf Kulturveränderung durch Kontakt mit Start-up Kultur • Zugang zu neuen Kundengruppen bzw. zu Kenntnis über eigene Endkunden (bspw. Flaschenpost-Akquisition durch Dr. Oetker)	• Identifikation des passenden Start-ups • Komplexe Akquisitionsprozesse (können im Zweifel so lange dauern wie der Aufbau eines eigenen Start-ups) • Integration des Start-ups (unterschiedliche Kulturen und Arbeitsweisen) • Halten der Gründer/Start-up Mitarbeiter innerhalb der etablierten Konzernkultur • Hohe Aufgelder/Multiples für Eigenkapitalbeteiligungen

4 Voraussetzungen für die digitale Transformation schaffen

- Eine Investition in frühen Phasen ermöglicht die Realisierung von Wettbewerbsvorteilen, da der Zugriff auf zukunftsträchtige Technologien schon vor der Konkurrenz erfolgt
- Die Ausarbeitung eines Kollaborations-Plans bereits vor der Transaktion mit dem Start-up schafft ein gegenseitiges Pflichtbewusstsein und treibt die Integration voran
- Durch die Vermeidung von Konkurrenzkämpfen mit vorhandenen Abteilungen werden Widerstände gegen die CVC-Einheit und gegen die Start-ups verringert

Angesichts der genannten Vor- und Nachteile sowie Erfolgsfaktoren stellt sich die Frage, ob und wann ein etabliertes Unternehmen ein Venture mit einem Start-up eingehen sollte. Während diese Frage natürlich vom Einzelfall abhängt, kann die Beantwortung der in Abb. 4.3 gestellten Fragen Unternehmen bei der Entscheidung helfen.

In **explorativen Projekten** suchen etablierte Unternehmen typischerweise nach Digital-Know-how und Kreativität, was junge Unternehmen zumeist eher mitbringen. Auch sind hierbei oft Businesskompetenz und absolute Kundenorientierung gefragt. Bei zielgerichteten Vorhaben bedarf es einer sorgfältigen Abwägung, welche anderen Kompetenzen und Partner benötigt werden. Sofern noch kein finaler Business Case existiert und sich das Projekt in der **konzeptionellen Phase** befindet, können junge Unternehmen in dieser Phase durch innovative Problemlösungsfähigkeiten ebenfalls von Nutzen sein. Bei Projekten, die größere **Implementierungskapazitäten** erfordern

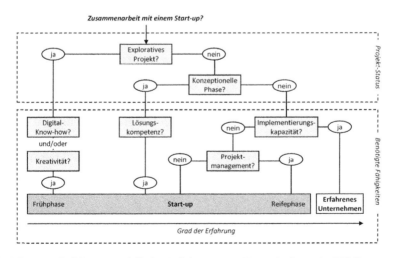

Abb. 4.3 Entscheidungsmodell. (In Anlehnung an Hogenhuis et al., 2016)

(z. B. für Systemintegration, aber auch für Produktion und Lieferung), passen Start-ups möglicherweise weniger in das Profil und die Kooperation mit anderen etablierten Unternehmen könnte vorteilhafter sein. Sofern das Unternehmen beabsichtigt, die **Projektmanagement-Verantwortung** auszulagern, sind Start-ups in späteren Phasen (sog. Scale-ups) erfahrener und damit besser geeignet, als Frühphasen Start-ups.

Es wird deutlich, dass die Zusammenarbeit mit Start-ups am besten zu Beginn des Innovationsprozesses initiiert werden sollte. Sobald das digitale Transformationsprojekt die konzeptionelle Phase verlassen hat, können Start-ups ihre Stärken nicht mehr gleichsam gewinnbringend ausspielen. Unternehmen müssen also sorgfältig prüfen, ob und wann sie eine Zusammenarbeit mit einem Start-up eingehen sollten. Diese Überlegungen sollte den Projektstatus berücksichtigen und die Fähigkeiten, die erforderlich sind, um das Projekt voranzubringen. Neben der im Rahmen der Digitalisierung augenscheinlichen Kernfrage nach der Digitalkompetenz sind insbesondere die Aspekte Lösungs- und Projektmanagementkompetenz nicht zu vernachlässigen. Nicht zu unterschätzen ist darüber hinaus auch die Grundhaltung des Managements des Unternehmens gegenüber Start-ups sowie dessen Risikoneigung. Investitionsentscheidungen sind oft schnell und unter unvollständigen Informationen zu treffen, wodurch es vielmehr darauf ankommt, das Start-up gut zu managen, als eine wasserdichte Entscheidung auf Basis festgelegter Kriterien zu treffen. Um das Potenzial einer solchen Zusammenarbeit im Vorfeld „anzutesten", besteht auch die Möglichkeit, mit dem Start-up eine Liefer-Partnerschaft einzugehen. Dieses Partnering kann attraktiver sein, als ein Direktinvestment, da Umsatz entsteht. Im Falle eines positiven Ausgangs kann sich das Unternehmen ggf. später am Start-up beteiligen.

Abschließend ist festzuhalten, dass die Zusammenarbeit mit einem Start-up zur Stärkung der Digitalkompetenz ein Umdenken in etablierten Unternehmen erfordert. Derartige Vorhaben scheitern häufig an einer ungenügenden Konzeptionierung und an einem unklaren Auftrag vom Management. Die CVC-Einheit sollte sachgerecht im Unternehmen integriert werden und es sollte sichergestellt sein, dass sich vorhandene Mitarbeiter von deren Tätigkeit nicht bedroht fühlen und eine entsprechend offene Haltung haben. Ein hinreichend starker strategischer Fit zwischen Unternehmen und Start-up ist darüber hinaus zentral, damit die Zusammenarbeit mit Start-ups wirklich eine Innovationschance in der digitalen Transformation bietet.

4.3 Unternehmenskultur digital transformieren: Ein dickes Brett

Unternehmenskultur spiegelt die „Persönlichkeit" eines Unternehmens wider, sozusagen die DNA des Unternehmens, die dieses einzigartig macht und dadurch einen Wettbewerbsvorteil darstellt. Insbesondere in umfassenden Transformationsprozessen offenbart sich jedoch die Zweischneidigkeit dieses Wettbewerbsvorteils: Unternehmenskultur fungiert im besten Fall unbemerkt als Katalysator, also als Schmiermittel, welches es dem Unternehmen erlaubt, die Transformation voranzutreiben und zu unterstützen. Häufiger macht sich Unternehmenskultur jedoch als „Sand im Getriebe" bemerkbar – ein starres Gebilde, welches Transformationsprozesse behindert und viel zu oft bereits im Keim erstickt.

Doch was ist Unternehmenskultur überhaupt? Welche Rolle spielt diese in der digitalen Transformation? Welche Unternehmenskultur ist adäquat, um digitale Transformation zu meistern, und mit welchen Ansätzen und welcher Vorgehensweise lässt sich Kultur im Transformationsprozess gezielt verändern? Diese und weitere sich ergebende Fragestellungen werden im nachfolgenden Abschnitt beantwortet.

4.3.1 Was ist überhaupt Unternehmenskultur?

Das Drei-Ebenen-Modell nach Edgar H. Schein (2010) liefert ein einfaches und anschauliches Modell, um Kultur greifbar zu machen (siehe Abb. 4.4). Das Modell wird grafisch oft als Eisberg dargestellt, um die Unterscheidung in sichtbare und unsichtbare Kulturelemente zu verdeutlichen.

An der Spitze des Eisberges stehen die sogenannten **Artefakte** – sichtbare Elemente, die einen ersten Rückschluss auf die darunterliegende Kultur erlauben. Solche Artefakte sind vielfältig und reichen von formalen Kulturmanifesten wie der kommunizierten Unternehmensphilosophie, Jahresberichten oder Produkten eines Unternehmens über das „Look & Feel" der Büros, den Dresscode, die Ansprache von Kollegen bis hin zu organisationalen Symbolen oder unternehmensinternen Mythen und Legenden. Hier offenbart sich eines der Probleme eines artefaktzentrierten Kulturverständnisses: Artefakte sind zwar leicht greifbar, weil sie sichtbar sind; für ihre korrekte Interpretation ist jedoch ein Verständnis der darunterliegenden Annahmen nötig. So ist die Moral aus unternehmensinternen Mythen zwar für die Mitglieder des Unternehmens offensichtlich, Außenstehende werden sich ohne Kenntnis des Kontexts und des Werteverständnisses jedoch mit der

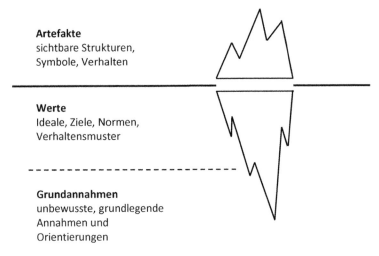

Abb. 4.4 Kulturmodell nach Schein (2010)

Interpretation schwerer tun und eventuell sogar zu ganz anderen Schlussfolgerungen kommen.

Unter der Wasseroberfläche liegt die zweite Kulturebene eines Unternehmens (und allgemein jeder Organisation), die zwar nicht mehr direkt sichtbar ist, sich aber noch erahnen lässt. Diese Ebene besteht aus **kollektiven Werten** (Normen und Philosophien), welche von den Organisationsmitgliedern als ideal erachtet werden und so ihr Handeln beeinflussen. Dieses Verständnis offenbart eine weitere Eigenschaft von Kultur: Kultur ist stets ein von mehreren Individuen geteiltes, gemeinsames Verständnis dessen, was als wichtig und erstrebenswert erachtet wird. Dabei muss dieses Verständnis nicht zwingend vom ganzen Unternehmen geteilt werden. Innerhalb einer Organisation können durchaus unterschiedliche, teils konträre Wertvorstellungen einzelner Subkulturen existieren. Üblicherweise überschneiden sich diese jedoch zumindest in den Grundannahmen, der dritten Kulturebene.

Grundannahmen sind tief verwurzelte Annahmen, die mit der Zeit selbstverständlich wurden und nicht mehr hinterfragt werden. Diese impliziten, unterbewussten Annahmen über Werte und ideales Vorgehen lassen sich, ähnlich wie der Großteil eines Eisberges, kaum erahnen. Sie beeinflussen jedoch entscheidend das Handeln von Organisationsmitgliedern, deren Wahrnehmung und Denken, und bilden eben jenen Kontext, vor dem Artefakte interpretiert werden müssen. Historisch bedingt erwachsen Grundannahmen aus Werten, die sich über die Zeit hinweg bewährt haben und zunehmend selbstverständlicher wurden.

Dies spiegelt einen bedeutenden Punkt wider: Kultur ist kein statisches Gebilde, sondern ein wachsendes, sich entwickelndes System. In den Anfangsstadien einer Organisation ist deren Kultur stark von den Gründern geprägt. Die Persönlichkeiten, Wertvorstellungen, Ideale und Visionen der Gründer prägen die Zusammenarbeit und Kultur in der gerade entstandenen Organisation. Neuzugänge finden in der Organisation ein zunehmend gefestigtes Regelwerk an akzeptiertem und erwartetem Verhalten vor, welchem sie sich anpassen. Mit der Zeit spielen zunehmend Erfahrungen und Lerneffekte eine prägende Rolle. Daher wird Kultur auch oft als ein von einer Gruppe erwartetes Verhaltensmuster definiert, welches sich aus Handlungsstrategien zusammensetzt, die sich in der Vergangenheit als erfolgreiche Problembewältigungsmuster erwiesen haben. Diese erlernten Verhaltensmuster setzen nun die Erwartungen für zukünftiges Verhalten und fungieren somit als Regelwerk in Bezug auf das, was als korrekte Verhaltens- und Herangehensweise an Probleme angesehen wird.

Die Legitimation über vergangenen Erfolg erklärt im Ansatz, warum es so schwer ist, Kultur zu verändern. Aussagen wie „das haben wir doch immer schon so gemacht" sind dabei nur die Ausprägung eines viel tiefer liegenden Problems: der Internalisierung des Verhaltens. Während erfolgreiche Handlungsstrategien anfangs nur als Orientierung für zukünftiges Verhalten dienten, verfestigen sie sich bei anhaltendem Erfolg zu „normalem" und als selbstverständlich angesehenem Verhalten – entwickeln sich also zunehmend zu erwartetem, als ideal angesehenem Verhalten, welches sich als Wertvorstellung einer Gruppe manifestiert. Da es sich um implizite Kulturelemente handelt, sind sich Organisationsmitglieder ihrer durch geteilte Werte bestimmten Erwartungshaltungen nicht zwingend bewusst, weshalb deren Einfluss auf das Verhalten wesentlich schwieriger zu greifen und zu verändern ist als nur das Gewohnheitsmuster eines „das haben wir doch schon immer so gemacht". Zusammenfassend lässt sich also festhalten, dass die Kultur einer Organisation von deren Gründern oder weiteren Führungsvorbildern geprägt wird und sich aus internalisierten Verhaltensmustern der Organisationsmitglieder zusammensetzt.

Wie stark Unternehmenskultur das Handeln ihrer Mitglieder beeinflusst bzw. wie einheitlich Wertvorstellungen innerhalb einer Organisation vertreten werden, hängt damit zum einen von der Stärke und Klarheit der von den Führungspersonen vorgelebten Werte und Visionen ab. Zum anderen hat die Stärke von Kultur eine zeitliche Dimension: Ihr Einfluss ist umso stärker, je stabiler eine Gruppe in sich ist, je länger sie bereits existiert und je enger die Gruppenmitglieder zusammenarbeiten, also gemeinsame Erfahrungen austauschen. Dabei muss Kultur keineswegs über die ganze Organisation hinweg einheitlich sein. Wie oben bereits erwähnt, können innerhalb einer Organisation Subkulturen mit divergierenden Wertvorstellungen existieren, die sich z. B. aufgrund unterschiedlicher Aufgabenanforderungen oder Professionshintergründe entwickelt haben. So ist durchaus zu erwarten, dass die Subkultur in einer Controlling-Abteilung wesentlich mehr Fokus auf eine richtlinien-orientierte und minutiös dokumentierte Arbeitsweise legt als die Subkultur in der Grafikabteilung desselben Unternehmens, welche voraussichtlich Kreativität und Abweichung von der Norm unterstützt. Beiden Subkulturen können aber gemeinsame Werte und Grundannahmen zugrunde liegen, die in der gesamten Organisation geteilt werden – sozusagen die Schnittmenge aus Subkulturen, welche den Kern der Unternehmenskultur, die DNA des Unternehmens ausmacht.

4.3.2 Adäquate Kultur für die digitale Transformation

Unternehmenskultur spielt bei der digitalen Transformation von Unternehmen eine entscheidende Schlüsselrolle, beeinflusst Kultur maßgeblich den Erfolg von Digitalisierungsmaßnahmen und damit letztendlich den Transformationserfolg hin zu einem digitalen Unternehmen. Laut einer Umfrage von Capgemini (Schaefer et al., 2017) gaben 2017 über die Hälfte der befragten Unternehmen Kultur als größtes Hindernis für eine erfolgreiche digitale Transformation an. So ist es nicht weiter verwunderlich, dass sowohl in diversen Praxisstudien und in der Presse wie auch innerhalb der Unternehmen selbst der Ruf nach einem nötigen Kulturwandel laut wird. Und dies völlig zu Recht: Umfassende Transformationsmaßnahmen, wie sie im Zuge der digitalen Transformation von Unternehmen nötig sind, sind ohne eine unterstützende Unternehmenskultur als Basis zum Scheitern verurteilt. Um das Potenzial neuer Technologien voll ausschöpfen zu können, reicht es eben nicht aus, diese im Unternehmen über neue Produkte, Prozesse und Geschäftsmodelle zu implementieren – auch die besten Technologien funktionieren nur dann richtig, wenn die Mitarbeiter wissen, wie man damit umgeht, wofür sie dienen und wie sich die daraus ergebenden Möglichkeiten auch wahrnehmen lassen. So ist die Einführung eines neuen Kommunikationssystems zur Förderung bereichsübergreifender Kooperation in einer Siloarbeit unterstützenden Kultur ohne entsprechende begleitende Veränderungsmaßnahmen hinausgeworfenes Geld. Innovationswettbewerbe werden ungenützt bleiben, solange die jeweilige Unternehmenskultur die Innovation nicht als erstrebenswertes Ideal bewirbt.

4.3.2.1 Resiliente Organisationen als kulturelles Vorbild

Im Zusammenhang mit dem Ruf nach einem Kulturwandel wird oft das Idealbild einer Digitalkultur heraufbeschworen, meist aber, ohne diese genauer zu definieren. Wie sieht also diese Digitalkultur aus, die eine adäquate Unternehmenskultur für die erfolgreiche digitale Transformation von Unternehmen darstellt? Um diese Frage zu beantworten, sind zuerst die kurz- sowie langfristigen Aufgaben und Herausforderungen zu betrachten, die mit Unterstützung einer geeigneten Unternehmenskultur in der digitalen Transformation zu bewältigen sind.

Auf einer **ersten Ebene** soll die Digitalkultur die Transformation von einem analogen hin zu einem digitalen Unternehmen unterstützen, welches die Potenziale digitaler Technologien in seinen Produkten und Prozessen und für seine Geschäftsmodelle voll ausschöpft. Auf einer **zweiten Ebene** stellen digitale Technologien Unternehmen vor weitaus umfassendere Herausforderungen. Durch das immer schnellere Aufkommen neuer digitaler Technologien befinden sich Unternehmen in einem zunehmend unsicherer werdenden Geschäftsumfeld. Die Existenz von Unternehmen, deren Wertschöpfung leicht digitalisiert werden kann, ist bedroht. Durch neue Geschäftsmodelle, die auf digitalen Technologien basieren und sich schnell skalieren lassen, fallen Markteintrittsbarrieren weg. Eindringlinge können ganze Industrien disruptieren, und etablierte Unternehmen sehen sich zunehmend einer von neuen Technologien getriebenen Veränderung der Kundenbedürfnisse gegenübergestellt. Um in diesem unsicheren, sich ständig verändernden Umfeld weiterhin erfolgreich agieren zu können, müssen sich Unternehmen an dieses anpassen, flexibel agieren und zukünftige digital getriebene Innovationen vorhersehen. Eine stark hierarchisch geprägte, auf Prozesse fokussierte Unternehmenskultur wäre hier fatal. Die für dieses Umfeld adäquate Digitalkultur ähnelt dem Konzept einer resilienten Organisation.

Der Begriff **Resilienz** (Lengnick-Hall et al., 2011) beschreibt in erster Linie die Fähigkeit, auf jedem relevanten Level grundlegende Veränderungen zu antizipieren, entsprechend darauf zu reagieren und sich, wenn nötig, wieder davon zu erholen. Vergleicht man in der Vergangenheit erfolgreich resilient agierende Unternehmen, fällt auf, dass diese Gemeinsamkeiten teilen: ein unternehmensweites Bestreben nach verbesserter Resilienz, aktives und situationsorientiertes Monitoring von Chancen und Risiken für das Unternehmen – und vor allem eine Kultur, die Anpassungsfähigkeit, Agilität und Innovation fördert.

Dies sind nach ersten Ergebnissen auch die Eckpfeiler einer für die digitale Transformation adäquaten Digitalkultur. Eine Unternehmenskultur, welche Unternehmen in ihrer digitalen Transformation unterstützt und langfristig Resilienz fördert, fußt auf markt- und mitarbeiterorientierten Werten, die in Kombination die Agilität des Unternehmens fördern. Diese hier identifizierte Digitalkultur und ihre Werte werden im Folgenden detailliert beschrieben (Duerr et al., 2018; Hartl & Hess, 2017). In Abb. 4.5 findet sich ein Überblick.

4.3.2.2 Marktorientierung als Wert im Kontext der digitalen Transformation

Wie einleitend beschrieben, sehen sich Unternehmen im Laufe der digitalen Transformation zunächst mit der Entwicklung neuer, auf digitalen Technologien aufbauenden Produkten, Prozessen und Geschäftsmodellen konfrontiert. Sie müssen darauf reagieren, um im digitalen Zeitalter weiterhin relevant zu bleiben. Grundpfeiler hierfür ist eine **marktorientierte Ausrichtung** des Unternehmens, auch der Kultur, welche digitale Innovationen ermöglicht. Innovation dient ebenso als Gegen- und Schutzmaßnahme, um in einem zunehmend unsicheren Umfeld Marktentwicklungen und Disruptionen zu antizipieren, schnellstmöglich darauf zu reagieren und sie im Idealfall für sich zu nutzen.

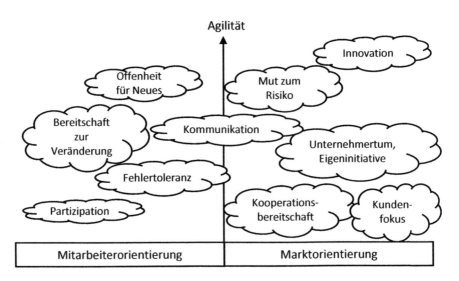

Abb. 4.5 Zentrale Werte einer Digitalkultur. (Hartl & Hess, 2017)

Zentraler und elementar wichtiger Wert für eine marktorientierte und innovative Unternehmenskultur ist ein starker **Kundenfokus.** Gemeint ist damit eine kundenzentrierte Grundhaltung des Unternehmens, also die Ausrichtung sämtlicher Prozesse und Produkte an den Bedürfnissen des Kunden und das Bestreben, diese bestmöglich zu bedienen. Dieser Wert wird oft auch unabhängig von der digitalen Transformation als ideal angepriesen, er gewinnt aber vor dem Hintergrund sich im Zuge der fortschreitenden Digitalisierung rasant verändernden Kundenwünsche bzw. Erwartungen und Anforderungen an Produkte und Services an enormer Bedeutung. Ein Verständnis für die sich durch digitale Technologien verändernden Kundenbedürfnisse ist elementar, um diese bedienen und entsprechende Marktentwicklungen aufgreifen zu können.

Um das Potenzial neuer Technologien nutzen zu können, müssen nicht nur die sich daraus ergebenden Marktentwicklungen erkannt, sondern diese anschließend auch in Innovationen umgesetzt werden. Eine **innovationsfördernde Kultur** sollte daher in erster Linie die Entstehung und Weiterentwicklung von Ideen fördern. Werte, welche die Entwicklung neuer Ideen fördern, sind **Unternehmertum** und **Eigeninitiative.** Gemeint ist hier das Mindset von Mitarbeitern, eigenständig Ideen zu entwickeln und diese zu verfolgen. Eine Unternehmenskultur, welche ihren Mitarbeitern kontinuierliche Verbesserung und Weiterentwicklung als Mantra mitgibt, fordert von diesen implizit eine kontinuierliche Ideenentwicklung ein. Grundlage hierfür ist ein Empowerment der Mitarbeiter: Wird Mitarbeitern Raum und Unterstützung für eigenständiges Ausprobieren und die Weiterentwicklung von Ideen zu ausgereifteren Konzepten gegeben, reifen diese schnell zu testfähigen Prototypen heran – welche getestet und entweder verworfen werden können oder sich zu echten Innovationen entwickeln und letztendlich die digitale Transformation des Unternehmens vorantreiben.

Die Weiterentwicklung sowie frühes Testen und Ausprobieren von Ideen sind natürlich meist mit Unsicherheit verbunden. **Mut zum Risiko** ist daher ein zentraler und nicht zu unterschätzender Wert innovativer Unternehmenskulturen. Gemeint ist damit die Bereitschaft, Risiken einzugehen und nicht vor Entscheidungen unter Unsicherheit zurückzuschrecken. Im Zuge der digitalen Transformation sind neue und unbekannte Ansätze nötig, deren Erfolg vorab häufig nicht prognostizierbar ist. Der Mut, diese trotzdem zu explorieren und auch radikal Neues auszuprobieren und anzunehmen, muss innerhalb einer Unternehmenskultur klar gefördert werden, damit Mitarbeiter „guten Gewissens" solche Risiken eingehen können. Dafür ist ein Klima der Toleranz und der gegenseitigen Wertschätzung nötig, in dem Mitarbeiter es wagen können, auch unkonventionelle Ideen vorzuschlagen. In einer digitalen Unternehmenskultur wird die Entwicklung neuer, unkonventioneller Ideen nicht nur toleriert, sondern aktiv unterstützt und gefördert. Im Folgenden wird daher der zweite Grundpfeiler digitaler Kulturen betrachtet: mitarbeiterorientierte Werte.

4.3.2.3 Mitarbeiterorientierung als Wert im Kontext der digitalen Transformation

In einer Unternehmenskultur, welche Fehler bestraft und Schuldige an den Pranger stellt, wird sich kaum ein Mitarbeiter finden, der seine sichere Komfortzone verlässt, um digitale, risikobehaftete Initiativen voranzutreiben. Stichworte wie Fehlerkultur, Trial&Error, „Try often – fail fast" spiegeln daher eine wichtige Facette einer Digitalkultur wider. Gemeint sind damit Werte der **Fehlertoleranz** – und anders, als der Name vermuten lässt, handelt es sich dabei nicht lediglich um das Tolerieren von Fehlern, sondern sogar um deren ganz bewusste Förderung. Das Tolerieren von Fehlern schafft auf der einen Seite ein Umfeld, welches Mitarbeitern die Angst nimmt, radikale und auch ungewöhnliche Ideen zu verfolgen, riskante Entscheidungen zu treffen und damit die Innovativität des Unternehmens zu fördern. Auf der anderen Seite kann sich auch das aktive Fördern von Scheitern positiv auf die Organisation auswirken und die digitale Erfahrungskurve ankurbeln. Werden Mitarbeiter ermutigt, auch radikale Ideen auszuprobieren, ist das Scheitern einiger Projekte eigentlich vorprogrammiert. Das Bewusstsein innerhalb der Organisation, dass dies nicht nur in Ordnung, sondern ein schnelles Scheitern sogar erwünscht ist, da dadurch hilfreiche Einsichten generiert werden können, schafft ein fruchtbares Umfeld für weitreichende Innovationen.

Ein weiterer Wert, den Unternehmen ihren Mitarbeitern dringend mit auf den Weg geben sollten, ist die **Offenheit gegenüber Neuem.** Digitale Technologien stellen für Unternehmen nicht nur Gefahren dar, sondern halten auch neue Potenziale und Chancen bereit. Um diese ergreifen zu können, müssen Unternehmen und deren Mitarbeiter jedoch bereit sein, ihre Komfortzone zu verlassen und sich an neue Gegebenheiten anzupassen, um so entstehende Chancen für sich nutzen zu können. Es braucht eine im Unternehmen gelebte Offenheit gegenüber Neuem, eine Art Grundneugier, um Unbekanntes zu entdecken und auszuprobieren. Eng damit verknüpft ist die **Bereitschaft zu Veränderung.** Nicht nur ein neues, sich durch neue Technologien stetig veränderndes Umfeld fordert von Unternehmen Anpassungsfähigkeit ein, auch die digitale Transformation des Unternehmens an sich – bzw. deren Maßnahmen – erfordern Veränderungsbereitschaft. Für eine erfolgreiche

Unternehmenstransformation ist es eben entscheidend, dass die Mitarbeiter offen sind gegenüber neuen Technologien, Arbeitsweisen und generellen Veränderungen und den Willen zeigen, Neues anzunehmen. Das entsprechende Gegenteil wäre eine auf Stabilität orientierte Unternehmenskultur, welche ihren Mitarbeitern Sicherheit in bekannten Prozessen gibt und so zu einer gewissen Resistenz gegenüber Veränderung und allem Neuen führt. Dies wäre fatal für den Erfolg jeder Maßnahme, welche Digitalisierung vorantreiben soll, und damit tödlich für eine erfolgreiche digitale Transformation des Unternehmens. Ein organisatorischer Wert, der die Bereitschaft fördert, Veränderungen anzunehmen, und auf den Erfolg von Change-Maßnahmen einzahlt, ist gelebte **Partizipation** innerhalb des Unternehmens. Werden Mitarbeiter aller Levels von Anfang an gleichberechtigt in Veränderungsprozesse mit einbezogen, werden ihre Meinung und ihr Feedback eingeholt und entsprechend darauf reagiert, erzielen Change-Maßnahmen nachweislich größere Erfolge, da Wandel besser angenommen wird.

4.3.2.4 Agilität als Wert im Kontext der digitalen Transformation

Die beiden Grundpfeiler der oben genannten markt- und mitarbeiterorientierten Werte zielen auf eine resilientere Organisation ab, die imstande ist, agil zu agieren und zu reagieren. Agilität, also – in diesem Kontext – die Fähigkeit, schnell und flexibel agieren zu können sowie Entscheidungen zu treffen, ist entscheidend für den Erfolg von Transformationsmaßnahmen und für das Bestehen digital transformierter Unternehmen und damit ein übergeordneter Wert einer digitalen Unternehmenskultur. Um in einem zunehmend unsichereren Umfeld kundenzentriert arbeiten zu können, müssen Produktentwicklungszyklen verkürzt werden. Hierarchische, streng vordefinierte Wasserfallmodelle haben ausgedient. An ihre Stelle treten agilere Herangehensweisen, in denen Entwicklungsteams eng verzahnt mit der Kundenseite zusammenarbeiten, um Kundenbedürfnisse bestmöglich in die Produktentwicklung mit einzubeziehen. Hier müssen nun also Abteilungen eng zusammenarbeiten, die zuvor weitgehend unabhängig voneinander agiert haben.

Dafür muss jedoch zunächst der kulturelle Nährboden bereitet werden. Die Werte **Kommunikation** und **Kooperationsbereitschaft** sind daher wichtige Grundvoraussetzungen für eine digitale Unternehmenskultur, die Agilität erst ermöglichen. Eine eigenbrötlerische Kultur à la „wir gegen die" könnte dagegen sämtliche Kooperation zunichtemachen. In einer digitalen Kultur wird Silodenken aufgebrochen, und Werte wie Teamarbeit und offene

Kommunikation statt Wissenshortung unterstützen sowohl die interne Kollaboration als auch die externe Zusammenarbeit mit Partnern. Eine offene, kollaborations- und kommunikationsorientierte Kultur kann die neu entstehenden Anforderungen an Zusammenarbeit unterstützen und so zu schnelleren Produktionszyklen, Entscheidungsfindungen und letztendlich zu einem agileren Unternehmen beitragen.

Die bisher genannten Werte stehen dabei nicht alleine, sondern bedingen sich gegenseitig und ermöglichen erst weitere Werte. So ermöglichen viele der genannten mitarbeiterorientierten Werte erst ein Umfeld, in welchem neue Ideen generiert und zu Innovationen weiterentwickelt werden können. Andersherum wären Mitarbeiter eines kundenzentrierten Unternehmens von sich aus bemüht, den sich verändernden Kundenanforderungen gerecht zu werden, und daher eher bereit, die dafür notwendigen Veränderungen anzunehmen und umzusetzen. Eine kundenzentrierte Unternehmenskultur kann so die Veränderungsbereitschaft und Anpassungsfähigkeit eines Unternehmens fördern, da sie in der Lage ist, Mitarbeitern die Begründung und den Sinn hinter diesen Maßnahmen zu liefern und diese so in der Transformation des Unternehmens mitzunehmen.

4.3.2.5 Fazit

Fasst man all diese Werte und Facetten der Digitalkultur zusammen, lässt sich diese vereinfacht als **sowohl familiäre als auch unternehmerische Kultur** beschreiben – eine Unternehmenskultur, wie sie auch in digitalen Start-ups häufig zu finden ist. Diese werden von etablierten Unternehmen daher gerne als Vor- und Zielbilder für ihre digitale Transformation und Digitalkultur verwendet. Nun ist ein 20-Personen-Start-up häufig allein schon wegen der geringen Größe partizipatorischer aufgestellt, und die Mitarbeiter bringen per se mehr Eigeninitiative und eine auf die kurze Historie zurückzuführende Offenheit gegenüber Neuem mit, als es in einem seit Jahrzehnten etablierten Mittelständler oder Konzern üblich ist. Eine Start-up Kultur, wie sie in Start-ups zu finden ist, wird daher nur schwer auf etablierte Unternehmen zu übertragen sein – und die Frage, ob dies überhaupt wünschenswert ist, bleibt offen. Die generelle Marschrichtung ist jedoch durchaus richtig.

Die Schlussfolgerung, dass diese proklamierte ideale Digitalkultur Unternehmen dabei unterstützt, den Anforderungen der digitalen Transformation gerecht zu werden, scheint sich in der Praxis zu bestätigen. Eine in Kooperation mit Deloitte am MIT durchgeführte Praxisstudie belegt, dass digital fortgeschrittene Unternehmen eine agilere, risikofreudigere, kollaborative

Kultur mit dezentralen Machtstrukturen aufweisen als Unternehmen, die noch am Anfang ihrer digitalen Transformation stehen (Kane et al., 2015). Dabei gaben 80 % der digital fortgeschrittenen Unternehmen an, aktiv Maßnahmen zur Unterstützung und Entwicklung einer Digitalkultur einzusetzen. In deutschen Unternehmen wird Kultur oft noch als größtes Hindernis für den Erfolg von Transformationsmaßnahmen gesehen und ein Kulturwandel als dringend notwendig erachtet. Durch die Akquisition digitaler Start-ups oder durch das Recruiting von „Digital Natives" erhofft man sich, deren Kultur adaptieren und einen Wandel „bottom-up" vorantreiben zu können. Kulturmanagement ist und bleibt jedoch Aufgabe von Führungskräften, die den Kulturwandel aktiv vorantreiben und vorleben müssen.

Doch wie dabei vorgehen und wo anfangen? Das wird im folgenden Absatz erläutert.

4.3.3 Ausgewählte Instrumente für das Management des kulturellen Wandels

Es gibt eine große Menge an Hilfsmitteln, wie die Kultur eines Unternehmens analysiert und verändert werden kann. Nachfolgend sind drei wichtige Ansätze beschrieben.

4.3.3.1 Kulturanalyse

Das von Cameron und Quinn entwickelte **„Organizational Culture Assessment Instrument"** (Cameron & Quinn, 2011), kurz OCAI, ist ein sehr simples und einfach zu verwendendes Tool, um den Status quo einer Unternehmenskultur zu erfassen und deren Veränderung zu tracken. Basis für das OCAI ist das durch Studien mehrfach validierte „Competing Values Framework". Dieses Framework unterscheidet zwischen zwei grundlegenden Wertedimensionen: Flexibilität versus Stabilität und interner versus externer Fokus. Kreuzt man beide Achsen miteinander (siehe Abb. 4.6), dann ergibt sich eine Typologie von vier idealtypischen Unternehmenskulturen: Clan-, Adhocracy-, Hierarchy- und Market-Kulturen. Die oben beschriebene, für die digitale Transformation erstrebenswerte Digitalkultur würde in diesem Feld einer Mischung aus Clan- und Adhocracy-Kultur entsprechen – also der oben beschriebenen Kombination aus kollaborativer und unternehmerischer Kultur.

Das OCAI erfasst die vorherrschende Kultur eines Unternehmens anhand von sechs Dimensionen:

Abb. 4.6 Anwendung des „Competing Values Framework." (Cameron & Quinn, 2011)

- dominierende Charakteristiken,
- Führungsstil,
- Umgang mit Mitarbeitern,
- organisationaler Zusammenhalt,
- strategische Ausrichtung,
- Erfolgskriterien.

Zu jeder der Kulturdimensionen werden jeweils vier Antwortmöglichkeiten vorgegeben, die einen der Kulturtypen repräsentieren. Über jede der vier Antwortmöglichkeiten muss der Befragte zunächst 100 Punkte aufteilen, um die aktuelle Ausprägung der Unternehmenskultur zu erfassen. Wenn gewünscht, können anschließend erneut 100 Punkte aufgeteilt werden – diesmal, um die gewünschte Idealkultur des Befragten zu erfassen. Aufbauend auf den Ergebnissen der Status-quo-Analyse lassen sich Richtung und notwendige Maßnahmen für einen Wandel hin zu einer digitalen Unternehmenskultur ableiten. Auch während des Change-Prozesses lässt sich das OCAI einsetzen, um Veränderungen in der Wahrnehmung der Mitarbeiter aufzuzeigen und eine Kulturveränderung messbar zu machen. So könnte ein Unternehmen zum Beispiel eine unternehmensweite Mitarbeiterbefragung mit dem Fragenkatalog des OCAI durchführen. Mögliche Auswertungsschwerpunkte:

- Wie weit liegt die momentane Unternehmenskultur von der oben beschriebenen Digitalkultur entfernt? Dies könnte Aufschluss über den Umfang des nötigen Kulturwandels geben.
- Gibt es in der Kulturwahrnehmung Unterschiede zwischen Mitarbeitern und Führungskräften? Wenn ja, wäre es im ersten Schritt notwendig, ein gemeinsames, realistisches Bild der vorherrschenden Unternehmenskultur zu schaffen. Liegt bei den Führungskräften ein falsches Bild der Kultur vor, kann dies im schlimmsten Fall deren Unterstützung von Change-Maßnahmen verhindern – im Sinne von: „Warum sollte mein Team an dem Workshop teilnehmen? Wir arbeiten doch schon längst offen und partizipatorisch zusammen …".
- Gibt es kulturelle Unterschiede zwischen den Fachbereichen? Eine bereichsweise Auswertung könnte Aufschluss darüber geben, wie viel Unterstützung die jeweiligen Bereiche in ihrem kulturellen Wandel benötigen.
- Wie erfolgreich waren die bisherigen Change-Maßnahmen? Eine erneute Befragung drei, sechs, oder zwölf Monate später könnte im Abgleich mit den Ergebnissen aus der ersten Befragung aufzeigen, ob und in welchen Bereichen sich die Unternehmenskultur verändert hat.

4.3.3.2 IT-Systeme als Hilfsmittel zur Kulturveränderung

Die Frage, ob die Digitalisierung des Unternehmens, also die Implementierung bestimmter IT-Systeme, auch selbst ein Tool zur Veränderung von Kultur sein kann, ist noch nicht endgültig geklärt. Klar ist, dass die Einführung von IT-Systemen und deren Benutzung durch Mitarbeiter eine Organisation stark beeinflusst und durchaus zur Änderung von Gewohnheiten und Verhaltensweisen beitragen kann (Volkoff et al., 2007). Es wäre auch naiv, zu glauben, dass IT-Systeme wertneutral seien und ihre Einführung keinen Einfluss auf die Kultur eines Unternehmens habe. In der Literatur zeigten mehrere Studien in der Tat eine Veränderung der Unternehmenskultur nach der Einführung von ERP-, Datenbank- oder Projektmanagementsystemen. Insbesondere letzteren wird, zusammen mit Kommunikations- oder sogenannten Enterprise-Social-Network-Systemen, ein großes Veränderungspotenzial der Unternehmenskultur in Bezug auf digitale Transformation zugesprochen.

Als Beispiel sei die Einführung eines klassischen Chat-Tools betrachtet. Vor der Einführung des Tools hatten Mitarbeiter des Unternehmens lediglich die Möglichkeit, über klassische Kanäle wie E-Mail und Telefon zu kommunizieren und das Feedback ihrer Kollegen zu dringenden Fragen einzuholen. Jedoch sind die Kollegen vielleicht häufig in Meetings, daher telefonisch nicht erreichbar, und in der Flut von E-Mails gehen kurze Anfragen schnell unter, sodass sich die Antwort verzögert. Aus rein funktionaler Sicht befähigt das neue Tool nun die Mitarbeiter, ihre Kollegen kurz anzuchatten – damit eröffnen sich aber ganz neue Handlungsmöglichkeiten: schnellere, informelle Kommunikation, die es möglich macht, rasches Feedback auf kurze Fragen zu erhalten, und die so eine effizientere, flexiblere und informellere Arbeitsweise ermöglicht – alles Werte, die über die Einführung des Chat-Tools in das Unternehmen getragen werden und bestehende Arbeitsweisen und -prozesse verändern können. Essenziell für einen solchen IT-induzierten organisationalen Wandel ist und bleibt jedoch, dass die zur Veränderung eingeführten Systeme von den Organisationsmitgliedern auch angenommen und verwendet werden – denn ohne den Kontakt zum User wird das Veränderungspotenzial von IT ungenutzt bleiben.

> **Kulturwandel durch IT-Systeme bei Klöckner & Co**
>
> Ein Beispiel, wie die Einführung von IT-Tools digitalen Kulturwandel erfolgreich unterstützen konnte, liefert Klöckner & Co. Das Unternehmen setzte gezielt Yammer ein, ein unternehmensinternes Social Network, um die weitgreifende Transformationsstrategie mit einem tiefgreifenden Kulturwandel zu unterstützen.
>
> Klöckner & Co ist einer der größten internationalen Metallhändler und digitaler Vorreiter in der Stahlindustrie. Die Liefer- und Leistungskette in der Stahlindustrie war bis dato hochgradig ineffizient organisiert: Viele Transaktionen wurden noch per Telefon, Fax oder E-Mail abgewickelt, ein durchgängig digitales Order- und Produktionsmanagement war nicht vorhanden. Im Zuge der Unternehmensstrategie „Klöckner & Co 2020" visierte Klöckner daher die vollständige Digitalisierung der Liefer- und Leistungskette an, mit dem Ziel, eine internetbasierte Industrieplattform für die Stahl- und Metallbranche aufzubauen, welche die vorherrschenden Informationsasymmetrien durch die digitale Vernetzung aller Marktteilnehmer beseitigen und damit die Effizienz für alle Beteiligten deutlich erhöhen wird. Um diese Vision umzusetzen, musste das Geschäftsmodell von Klöckner & Co vollständig modernisiert und digitalisiert – kurz: das Unternehmen digital transformiert werden. Einer der wichtigsten Treiber für den damit verbundenen Kulturwandel war die Einführung und Nutzung eines unternehmensweiten sozialen Netzwerks. Ein soziales Netzwerk unterstützt Mitarbeiter bei der Entwicklung und Umsetzung neuer Ideen und fördert hierarchiefreie Kommunikation mit Kollegen auch über Bereichsgrenzen hinweg. Damit gelang es Klöckner & Co, Kommunikationssilos aufzubrechen und schnelle, hierarchiefreie Kommunikationskanäle und damit beste Voraussetzungen für innovatives Arbeiten zu schaffen (Klöckner & Co, 2018).

4.3.3.3 Die Rolle der Führungskräfte

Die Rolle von Führungskräften in Change-Prozessen, insbesondere beim Kulturwandel, sollte auf keinen Fall unterschätzt werden. Ihr Beitrag zum Erfolg von Veränderung kann gar nicht oft genug betont werden. Kultur ist zwar etwas im Unternehmen Geteiltes, doch letztendlich liegt es in der Hand von Führungskräften, welche Werte gelebt werden oder gelebt werden können – indem sie entsprechendes Verhalten entweder fördern oder untersagen. Damit sind es die Führungskräfte, die die Kultur eines Unternehmens maßgeblich prägen und die einen kulturellen Wandel zwingend mittragen müssen (Alvesson & Sveningsson, 2015).

Im ersten Schritt bedeutet dies vor allem, Führungskräfte in den Wandel miteinzubeziehen. Ein vielversprechender Schritt wäre zum Beispiel, die gesamte Führungsriege in einem digitalen Bootcamp auf den Wandel einzustimmen, um so bei den Anwesenden Commitment und vor allem Begeisterung zu wecken, die diese dann im nächsten Schritt an ihre Mitarbeiter weitergeben können. Dass Führungskräfte die neuen Werte nicht nur an ihre Mitarbeiter kommunizieren, sondern sie zum einen selbst vorleben und zum anderen aktiv einfordern, ist essenziell, um überhaupt einen Kulturwandel auszulösen. Ob Führungskräfte die neuen Werte selbst leben oder nicht, macht den Unterschied und entscheidet darüber, ob die Werte nur als hübsche Buchstaben an der Bürowand oder als neue Handlungsmaxime wahrgenommen werden und dementsprechend das Verhalten und die Arbeit von Mitarbeitern bestimmen. So simpel das Instrument „Vorleben durch Führungskräfte" auch klingen mag, ist es doch ein ganz entscheidender Faktor für den Erfolg des digitalen Kulturwandels.

4.3.4 Spezifische Vorgehensweise in einem Kulturwandel-Projekt

Zu der Frage, wie Kulturwandel konkret angegangen werden sollte, gehen die Meinungen nicht allzu weit auseinander. Alvesson und Sveningsson (2015) bringen in ihrem Ansatz im Wesentlichen zwei unterschiedliche Ansätze des Kulturwandels zusammen: das „Reframing of Everyday Life" und das „Grand Technocratic Project". Während sich ersteres auf eher lokale, begrenzte Initiativen einzelner Manager bezieht, stellt das „Grand Technocratic Project" einen Ansatz dar, um Kultur umfassend und unternehmensweit zu verändern.

Da ein unternehmensweiter Kulturwandel im Zuge der digitalen Transformation das Ziel darstellt, wird der Fokus nachfolgend auf das **„Grand**

Technocratic Project" gelegt. Hierbei wird ein umfassender Change-Prozess vollzogen, der typischerweise „top-down"-getrieben abläuft und sich als Ansatz für ein Unterstützungsprojekt zur digitalen Transformation anbietet. Typischerweise werden dabei zwei Phasen durchlaufen: Analysephase und Implementierungsphase.

Beide Phasen, deren wichtigste Schritte und exemplarische Tools werden nachfolgend detailliert beschrieben. In Tab. 4.6 findet sich ein erster Überblick.

4.3.4.1 Analysephase

Um eine Unternehmenskultur sinnvoll zu managen und für die digitale Transformation fit zu machen, muss zunächst der Status quo, also die jetzige Unternehmenskultur, erfasst werden. Dabei ist es essenziell, sich als Führungskraft nicht auf sein Bauchgefühl und die eigene Wahrnehmung der Unternehmenskultur zu verlassen. Denn wie die Ergebnisse einer von Capgemini durchgeführten Umfrage zeigen, haben Führungskräfte und Mitarbeiter meist weit auseinanderklaffende Vorstellungen davon, wie digital die Kultur des Unternehmens bereits ist (Schaefer et al., 2017). Während 20 % der befragten Führungskräfte in deutschen Unternehmen angaben, dass deren Unternehmenskultur bereits digital sei, war kein einziger der jeweils befragten Mitarbeiter derselben Meinung.

Ein sehr simples und einfach zu verwendendes Tool, um einen ersten Eindruck von der vorherrschenden Unternehmenskultur zu gewinnen, ist das von Cameron und Quinn entwickelte „Organizational Culture Assessment Instrument", kurz OCAI, welches im Abschn. 4.3.3.1 vorgestellt wurde. Die Ergebnisse des OCAI vermitteln einen guten ersten Eindruck von der im Unternehmen vorherrschenden Kultur. Für einen detaillierteren Einblick ist jedoch eine tiefgreifende Erfassung nötig, zum Beispiel eine auf Tiefeninterviews basierende Analyse. Hier ist zu empfehlen, dass sowohl Interviews

Tab. 4.6 Vorgehen in einem Grand Technocratic Project. (Alvesson & Sveningsson, 2015)

Analyse	Schritt 1: Evaluierung der Unternehmenssituation und Bestimmung von Zielen und strategischer Richtung
	Schritt 2: Analyse der Status-quo-Kultur und Zielkultur
	Schritt 3: Aufzeigen von Lücken zwischen Status quo und Ziel
	Schritt 4: Entwicklung eines Change-Plans
Implementierung	Schritt 5: Implementierung des Plans: Unfreeze, Change, Refreeze
	Schritt 6: Evaluierung des Changes, Monitoring von Veränderungen und Adaption des Plans

als auch Analysen von externen Partnern vorgenommen werden, denn welche Führungskraft hört schon gerne, dass sie einen hierarchischen Führungsstil pflegt bzw. welcher Mitarbeiter würde in einer hierarchischen Kultur solch eine Aussage wagen? Nach der Bestimmung der vorherrschenden Kultur ist die angestrebte Zielkultur zu definieren, um aus der Lücke zwischen Status quo und Zielbild entsprechende Maßnahmen und Strategien ableiten zu können. An dieser Stelle ist es wichtig, zu erwähnen, dass die oben beschriebene Digitalkultur zwar als ideal für eine erfolgreiche digitale Transformation erachtet wird, die „perfekte Unternehmenskultur" jedoch nicht existiert. Welche Kultur ideal für ein Unternehmen ist, hängt ganz von dessen Produkten, Prozessen und natürlichem Umfeld ab. So muss jedes Unternehmen für sich selbst entscheiden, welche Facetten der Digitalkultur in welchem Ausmaß ideal wären und für das Unternehmen übernommen werden sollen.

4.3.4.2 Implementierungsphase

Die Implementierungsphase stellt den kritischeren Teil eines Kulturwandelprojektes dar, da sie definitiv über den Erfolg des Kulturwandels entscheidet. Im Wesentlichen entspricht die Implementierungsphase einem klassischen Change-Projekt. Das wohl bekannteste Change-Modell stammt von Lewin, und dessen drei Stufen entsprechen im Wesentlichen dem Aufbau aller weiteren prozessfokussierten Change-Management-Modelle (Lewin, 1951).

An dieser Stelle erscheint es sinnvoll, kurz in die Diskussion einzusteigen, ob ein knapp 70 Jahre altes Modell heute noch relevant ist. In der Tat wird organisationaler Wandel heute als offener, kontinuierlicher und unvorhersehbarer Prozess ohne eindeutigen Anfang oder Ende gesehen. Geplanter organisationaler Wandel steht einer eher chaotischen Realität gegenüber: Unvorhersehbare Konsequenzen des geplanten Change-Ansatzes, Widerstand, politische Prozesse und Missverständnisse sind Teil davon und bedeuten, dass Change Management sich nicht auf die Ausführung sequenzieller Schritte beschränken kann. Lewins Modell eines geplanten Prozesses sieht sich daher durchaus einiger Kritik ausgesetzt, doch basiert diese häufig auf einer Fehlinterpretation seines Werkes. Tatsächlich berücksichtigte Lewin diese Komplexität und proklamierte in seiner Forschung bereits, dass sowohl die Planung als auch die Kontrolle von Change einen iterativen Anteil beinhalten und über den Projektverlauf entsprechend angepasst werden sollten. Aus diesem Blickwinkel ist sein Modell daher immer noch relevant – wohlgemerkt unter der Prämisse, dass es sich nicht um eine 1:1-Anleitung mit streng sequenziellen Schritten handelt, sondern eher um eine grobe, übergeordnete Orientierung bezüglich der wichtigsten Phasen eines Change-Prozesses.

Der Knackpunkt für das Vorgehen liegt bei Schritt fünf (siehe Abb. 4.7). Dort soll, in den Schritten **„Unfreeze", „Change"** und **„Refreeze",** die Implementierung vorgenommen werden. Nachfolgend werden diese drei Teilschritte näher beschrieben.

Unfreeze
Oft scheitern Transformationsbemühungen schon in der Anfangsphase, da die nötigen Voraussetzungen nicht geschaffen wurden. Eine passende Unternehmenskultur gehört ohne Zweifel zu den wichtigsten Voraussetzungen für die digitale Transformation, und so stellt die Vorbereitung des nötigen Kulturwandels eine der wichtigsten Aufgaben des Transformationsmanagers dar. Im ersten Schritt des Kulturwandels, dem „Unfreeze", geht es genau darum: die Unternehmenskultur für den Wandel vorzubereiten, sie buchstäblich „aufzutauen".

Die größten Herausforderungen, denen sich Kulturmanager in dieser Phase stellen müssen, sind:

- mangelnde Einsicht in die Dringlichkeit des Wandels,
- Widerstand gegen einen Kulturwandel,
- fehlende Bereitschaft, diesen umzusetzen.

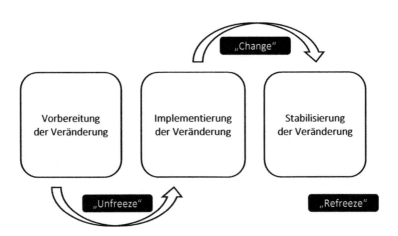

Abb. 4.7 Change-Modell nach Lewin (1951)

Eine digitale Unternehmenskultur, die Offenheit für Neues als Wert deklariert, unterstützt die Bereitschaft für Veränderung. Notwendig ist dabei vor allem ein „Organizational Commitment", also die Selbstverpflichtung der gesamten Organisation, die Veränderung anzunehmen.

> **Kulturwandel mittels „digitalen Leuchttürmen"**
>
> Das Bremer Logistik-Unternehmen Hansa Meyer Global (HMG) liefert ein Musterbeispiel im Bereich des Mittelstands, wie die digitale Entwicklung des Unternehmens mit geringen Ressourcen vorangetrieben und Mitarbeiter für die digitale Transformation fit gemacht werden können. Eine erfolgreiche Maßnahme sind die „digitalen Leuchttürme": Hier geht es vor allem darum, neue Technologien und digitale Arbeitsweisen im Unternehmen bekannt und sichtbar zu machen. Das Ziel digitaler Leuchttürme ist es, Interesse und Begeisterung für digitale Themen zu verbreiten und den Mitarbeitern vor allem zu signalisieren: Es passiert etwas, jetzt geht's los. Coaching-Programme bilden die Basis für einen nachhaltigen Aufbau von digitalen Kompetenzen, und IT-Foren bieten den Mitarbeitern die Möglichkeit, sich auszutauschen, Fragen und Anregungen einzubringen und sich aktiv an der Transformation zu beteiligen. Die gecoachten Mitarbeiter der HMG fungieren so als Multiplikatoren, die das über neue Technologien erworbene Wissen in der Organisation verbreiten und so eine digitale Affinität „bottom-up" entstehen lassen.

Die Erkenntnis, dass ein Kulturwandel nötig ist, kann die Bereitschaft für Veränderung fördern bzw. den Widerstand dagegen verringern. Mitarbeitern die dringende Notwendigkeit eines Kulturwandels näherzubringen kann sich jedoch als schwieriges Unterfangen herausstellen. Wie am Anfang des Kapitels beschrieben, entstehen die Kultur und deren Werte in der Regel durch den Erfolg bestimmter Verhaltensstrategien, welche nachfolgend als ideal angesehen und zur Norm werden. Gegen diese Legitimation der bestehenden Kultur vorzugehen, ist jedoch zwingend erforderlich. Sowohl das Formulieren einer klaren Vision für das Unternehmen und seiner Kultur als auch deren konstante und transparente Kommunikation – beides zentrale Elemente des Projektmarketings – sind wirkungsvolle Maßnahmen, um den Widerstand gegen Veränderung allmählich aufzulösen. Durch gezieltes Projektmarketing kann die formulierte Vision an Mitarbeiter vermittelt werden, um dort im ersten Schritt ein gemeinsames Verständnis des Unternehmensziels und der Dringlichkeit des Wandels zu generieren und im zweiten Schritt die nötige Unterstützung und Bereitschaft für anschließende Maßnahmen im Zuge dieser Vision zu schaffen. Ein Schönreden der Lage wäre hier fatal und völlig verfehlt – denn wenn Mitarbeiter die Dringlichkeit eines Wandels ihrer Arbeitsweise und -kultur erst erkennen, wenn ihr Arbeitsplatz in Gefahr gerät, ist es für einen erfolgreichen Wandel längst zu spät.

Change
Sobald die nötige Bereitschaft für eine Transformation vorhanden ist, kann die Veränderung an sich, der Change-Prozess, beginnen. Wie bereits mehrfach erwähnt, muss die digitale Transformation eines Unternehmens mit einem Kulturwandel hin zu einer digitalen Kultur einhergehen. Was zunächst nach einer unlösbaren Aufgabe klingt, kann jedoch bei genauerer Betrachtung in kleinere, machbare Aufgaben unterteilt werden. Es muss nicht zwingend die gesamte Unternehmenskultur im Veränderungsprozess umgekrempelt werden. Oft reicht es schon aus, die bestehenden Kernwerte des Unternehmens neu und digital zu interpretieren. So bleiben die Kernpersönlichkeit des Unternehmens und seine Kernwerte erhalten.

Für die Change-Phase muss jeder Transformationsmanager also zuallererst konzeptionelle Arbeit leisten: Welche Werte und Routinen verschaffen mir als Unternehmen auch weiterhin Vorteile? Welche müssen vielleicht neu interpretiert, ergänzt oder verändert werden, um meine Unternehmenskultur ins digitale Zeitalter mitzunehmen?

In Digitalisierungsprojekten arbeiten unterschiedlichste Abteilungen zusammen. Dabei treffen durch unterschiedliche Berufsbilder geprägte Subkulturen aufeinander, und Missverständnisse sind quasi vorprogrammiert. Aufgabe eines Transformationsmanagers ist es daher auch, die Kommunikation und die Zusammenarbeit zwischen den Subkulturen zu verbessern und deren Werte einander anzugleichen oder zumindest ein besseres Verständnis für die jeweils andere Kultur zu schaffen. Als bestes Mittel für diese Annäherung der Subkulturen hat sich in der Vergangenheit die Interaktion zwischen Schlüsselpersonen und -gruppen erwiesen. Mögliche Tools zur Förderung von Kollaboration sind z. B. Hackathons (siehe dazu auch Abschn. 5.2.3.2) oder interdisziplinäre Rotationssysteme in Aus- und Fortbildungen, um Mitarbeitern die Denk- und Arbeitsweise anderer Fachbereiche näherzubringen und so eine spätere erfolgreiche Zusammenarbeit zu fördern.

> **Kulturwandel bei Telstra**
> Ein Beispiel für einen erfolgreich bewältigten Kulturwandel und die Einführung von digitalen Werten ist Telstra, Australiens führender Telekommunikationsanbieter. Telstras Digitalstrategie zielte darauf ab, sämtliche kundenorientierte Prozesse, wie Rechnungsstellung, Zahlungsvorgänge und Kundenanfragen zu digitalisieren. Dass Telstra zwischen 2011 und 2016 die Prozentzahl an digitalen Kundentransaktionen

4 Voraussetzungen für die digitale Transformation schaffen

von unter 20 auf 56 % erhöhen konnte, führt Monty Hamilton, der verantwortliche „Director of Digital Operations", vor allem auf die enge Zusammenarbeit zwischen Produktteams und digitalen Einheiten zurück, sowie auf den übergeordneten Ansatz „Focus on culture first" sämtlicher Transformationsaktivitäten. Denn ohne eine Unternehmenskultur, welche organisationsweite Zusammenarbeit unterstützt, können Millionen in Technologie investiert werden, ohne dass sich etwas ändert. Um die Unternehmenskultur zu digitalisieren, führte Telstra daher eine Reihe von Initiativen durch, wie agile Entwicklungsmethoden und Umstellung auf Rapid Prototyping, um eine agilere und kollaborativere Kultur zu gestalten. Die weitreichendste Kulturveränderung erfolgte hinsichtlich der Einstellung zum Kunden: Mit dem Ziel, das Unternehmen kundenzentriert auszurichten und Kundenzufriedenheit als fundamentalen Wert zu verankern, erhielten Teams jeden Morgen den Net Promoter Score für den von ihnen verantworteten Kundenkanal, um sie zu motivieren, alle ihre Entscheidungen an den Bedürfnissen der Kunden zu orientieren.

Während sämtlicher Veränderungsmaßnahmen sollten die Mitarbeiter mitgenommen und so weit wie möglich mit einbezogen werden, um diese zum Erfolg zu führen. Eine Kultur der offenen Kommunikation und Transparenz ist hierfür essenziell. Existieren diese Werte im Unternehmen noch nicht, ist es für den Transformationsmanager nicht nur wichtig, diese durch transparente Kommunikation vorzuleben, sondern auch aktiv das Feedback der Mitarbeiter einzuholen.

Das Einbinden von Organisationsmitgliedern in den Veränderungsprozess von Anfang an hat sich als erfolgreiche Maßnahme bewährt. Auch das Einrichten von Ideenplattformen oder sogenannten Idea Jams, bei denen Mitarbeiter ihre Vorstellungen und ihr Feedback zu Veränderungsmaßnahmen einbringen können, ist von großer Bedeutung und gibt allen Organisationsmitgliedern das Gefühl, nicht nur Empfänger, sondern auch Teil der Veränderung zu sein. Außerdem stellt dies erste Schritte dar, den Wert Partizipation innerhalb des Unternehmens zu verankern.

Refreeze
In der letzten Phase nach Lewins Modell sollen die erarbeiteten Veränderungen im Unternehmen und in dessen Kultur nun verankert werden. Um durch einzelne Initiativen, Pilotprojekte und Maßnahmen verändertes Verhalten fest in einer digitalen Kultur zu verankern, sind frühe Erfolge wichtig. Kultur und deren Werte werden über den Erfolg vergangener Handlungsstrategien legitimiert. Zeigt das durch Veränderungsmaßnahmen geförderte neue Verhalten Erfolg, legitimiert dies dessen Beibehalten, sodass es zunehmend zur Selbstverständlichkeit wird und sich so als im Unternehmen erwartetes und als ideal angesehenes Verhalten manifestiert – also als neuer Wert der Unternehmenskultur. Transformationsmanager können diese kulturelle Verankerung durch die Kommunikation von Erfolgen und durch das Bewerben des veränderten Verhaltens unterstützen.

Entscheidend für den langfristigen Erfolg von Kulturveränderung ist aber vor allem die Glaubwürdigkeit des Kulturwandels. Die neue Digitalkultur muss aktiv von den Führungskräften vorgelebt werden, sonst verlieren sämtliche Kulturinitiativen an Glaubwürdigkeit und werden schnell als Eintagsfliegen einer politischen Agenda abgestempelt, nicht jedoch als neues Leitbild des Unternehmens, welches als Handlungsmaxime angenommen wird.

4.4 Kompetenzen für die digitale Transformation aufbauen

Die Handlungsfähigkeit einer Organisation wird grundlegend durch ihre Kompetenzen festgelegt. Herausragende Kompetenzen in bestimmten Bereichen ermöglichen es Unternehmen, sich dauerhaft eine Vormachtstellung in ihren Märkten zu sichern, insbesondere wenn diese schwer imitierbar sind – das hat der ressourcenbasierte Ansatz der Unternehmenstheorie schon lange herausgearbeitet (Barney, 1991). Apples Technologie- und Innovationskompetenz erlaubte über Jahre hinweg eine Beherrschung des Marktes für mobile Endgeräte, Amazons Technologie- und Logistikkompetenz ermöglichte eine marktdominierende Rolle als Online-Versandhändler in vielen Ländern. Google (Alphabet) konnte seine Technologiekompetenz nutzen, um sich als Inbegriff einer Internet-Suchmaschine zu etablieren und ist heute eines der weltweit bestimmenden Internet-Unternehmen. Fehlende Kompetenzen hingegen hindern oftmals den unternehmerischen Fortschritt. Vor allem in Zeiten turbulenter Märkte und sich ständig verändernder Anforderungen können sie zu massiven Problemen führen und sogar den Fortbestand eines Unternehmens gefährden. So fehlte Nokia die Innovationskompetenz zur Erschließung des aufkommenden Marktes für Smartphones, was sie nicht nur ihre Position als weltgrößter Mobiltelefonhersteller kostete, sondern zum (zeitweiligen) Komplettausstieg führte. AOL, einer der Vorreiter im Bereich der Online-Zugangsdienste, gelang es nicht, seine Kompetenzen in einem rapide voranschreitenden Markt weiterzuentwickeln, was schlussendlich zu einem massiven Bedeutungsverlust führte. Dem deutschen Versandhaus Quelle fehlten die nötigen Kompetenzen, um sein Geschäftsmodell an die neuen Spielregeln des Online-Versandhandels anzupassen, weshalb das Unternehmen in Folge dieser Entwicklung letztendlich Insolvenz anmelden musste.

Digitale Innovationen, wie sie im Zentrum dieses Buchs stehen, verlangen spezifische Kompetenzen. Aber welche Kompetenzen sind maßgeblich für den Erfolg und Misserfolg im Umgang mit digitalen Technologien? Welche Unternehmensbereiche sollten welche Kompetenzen aufbauen? Und wie lässt sich der Aufbau solcher Kompetenzen konkret angehen? Auf diese und angrenzende Fragen wird in den nachfolgenden Abschnitten eingegangen.

4.4.1 Der Bedarf an Digitalisierungs- und Transformationskompetenzen

In der Vergangenheit kamen viele Unternehmen mit einem relativ geringen Grad an IT-Kompetenz aus. Im Wesentlichen war es ausreichend, wenn die IT-Abteilung sich mit der Realisierung von IT-Systemen und dem Betrieb der IT-Infrastruktur auskannte, ggf. noch ergänzt um Fähigkeiten in der Reorganisation von Prozessen. Die sogenannten Fachabteilungen, die Anwender der IT-Systeme, waren nur in den frühen Phasen der Entwicklung technischer Lösungen involviert, teilweise auch bei der Priorisierung von IT-Budgets oder der Formulierung einer IT-Strategie.

Aufgrund der steigenden Bedeutung IT-basierter Lösungen in allen Unternehmensbereichen reicht diese „minimalistische" Sicht auf die Technologiekompetenz jedoch oft nicht mehr aus. Vielmehr stellt der Aufbau von IT-Kompetenz im Zuge der digitalen Transformation einen entscheidenden Erfolgsfaktor dar. Viele Unternehmen und Branchen liegen allerdings noch deutlich hinter den (eigenen) Erwartungen zurück – es besteht ein konkreter Aufholbedarf. Des Weiteren ist der Aufbau von IT-Kompetenz – der in der Regel vor allem in den IT-Abteilungen der Unternehmen stattfindet – ein erster wichtiger Schritt, um digitale Innovationen hervorzubringen, allerdings verlangen diese oft weit mehr als den bloßen Aufbau von Technologiekompetenz im engeren Sinne. Insbesondere benötigt ein Unternehmen die Kompetenz, innovative digitale Technologien und darauf möglicherweise aufbauende digitale Lösungen (z. B. Social-Media-Marketing) frühzeitig zu erkennen und die Fähigkeit, digitale Produkte oder Dienstleistungen durch die Mobilisierung seiner digitalen Ressourcen auch tatsächlich zu entwickeln (Wiesböck et al., 2020). Dies kann eine IT-Abteilung häufig nur sehr bedingt leisten, da deren Distanz zu Produkten und Geschäftsmodellen meist schlichtweg zu groß ist. Darüber hinaus müssen neue digitale Lösungen systematisch in eine Organisation implementiert werden – ebenso wie technische Lösungen in eine Systemlandschaft integriert werden müssen.

Folglich sind im Kontext digitaler Transformation Kompetenzen erforderlich, die über den reinen Umgang mit IT hinausgehen. In Anlehnung an unsere Definition am Anfang von Kap. 2 seien diese als **Digitalisierungskompetenzen** bezeichnet. Zusätzlich müssen Kompetenzen für die Konzeption, Realisierung und organisatorische Einführung neuer fachlicher Konzepte aufgebaut werden – über das gegebenenfalls vorhandene Wissen zur Geschäftsprozessoptimierung hinaus. Diese seien als **Transformationskompetenz** bezeichnet.

Nachfolgend werden diese beiden im Zuge digitaler Innovationen erforderlichen Kompetenzen – Digitalisierungskompetenz und digitale Transformationskompetenz – näher beschrieben (Wiesböck & Hess, 2018). Vereinfachend und idealtypisch wird dabei zwischen IT-Einheiten, Fachabteilungen (wie Marketing, Controlling oder Entwicklung) und auf die digitale Transformation spezialisierten, unterstützenden Einheiten (Digitalisierungseinheiten, siehe Abschn. 4.2.2) unterschieden.

4.4.1.1 Bedarf an Digitalisierungskompetenz

Die Digitalisierungskompetenz einer Organisation beschreibt deren Fähigkeit, neue Lösungen auf Basis digitaler Technologien zu entwickeln und zu betreiben. Zunächst ist für Unternehmen die Identifikation und Auswahl der relevanten digitalen Technologien entscheidend. Dies kann gerade digital unerfahrene Unternehmen vor eine große Herausforderung stellen. Nicht jede Technologie, die gerade in den Medien oder von Unternehmensberatern angepriesen wird, ist für jedes Unternehmen auch relevant. Der Nutzen und Mehrwert jeder Technologie muss sorgfältig evaluiert und mit der strategischen Ausrichtung der Innovationsziele abgestimmt werden. Sind die richtigen Technologien erst einmal ausgewählt, müssen sie in der Regel an die spezifische Situation angepasst werden. Eine Verwendung „out-of-the-box" ist in den meisten Fällen nicht möglich. Die so angepasste Technologie muss dann in ein neues oder auch bestehendes System eingebettet werden, um konkret nutzbar zu werden. Ab diesem Punkt müssen Betrieb und Wartung der so entstehenden digitalen Lösung effizient sichergestellt und ein Prozess zur Weiterentwicklung gestartet werden.

Darüber hinaus müssen Unternehmen nicht nur in der Lage sein, neue digitale Lösungen zu entwickeln, sondern auch digitale Tools zu nutzen, digitale und physische Ressourcen zu kombinieren und die generellen IT-Funktionen (z. B. IT-Planung, IT-Design, IT-Budgetierung, IT-Projektmanagement etc.) zu managen. Außerdem ist es erforderlich, die bestehende IT-Infrastruktur weiterzuentwickeln und anzupassen, da ansonsten die Integration neuer digitaler Lösungen begrenzt wird. Nicht zuletzt erfordert auch die IT-Nutzung eine Strategie. Diese umfasst typischerweise ein Zielbild für die zukünftige IT-Landschaft, Festlegungen zum IT-Management und Aussagen zum finanziellen Rahmen der IT.

Die Fachabteilungen, die die Systeme nutzen, sollten bei der Identifikation und Auswahl wichtiger Technologien mitwirken sowie ansatzweise auch in die Realisierung der Systeme und deren Weiterentwicklung eingebunden werden. Unterstützend sollten die Digitalisierungseinheiten wirken, die vor allem in Hinblick auf die Abstimmung mit den Transformationsbemühungen einen wichtigen Beitrag leisten können. Tab. 4.7 zeigt diese Aufteilung in einer Übersicht. Je mehr Punkte aufgelistet sind, umso bedeutender ist die jeweilige Organisationseinheit für das Thema.

4.4.1.2 Bedarf an Transformationskompetenz

Die **digitale Transformationskompetenz** einer Organisation beschreibt deren Fähigkeit, digitale Geschäftskonzepte zu entwickeln, zu integrieren und zu betreiben. Solche digitalen Geschäftskonzepte (z. B. in Form neuer Produkte) ergänzen die auf Basis digitaler Technologien entwickelten digitalen Lösungen. Diese Aufgaben sollten gleichermaßen von der Fachabteilung und der Digitalisierungseinheit übernommen werden, wobei die Digitalisierungseinheit die methodische Unterstützung bereitstellt, den Prozess der Strategieentwicklung unterstützt und das Schaffen der Voraussetzungen jenseits der Flexibilisierung der IT-Landschaft organisiert. Die Rolle der IT-Einheit ist im Rahmen der digitalen Transformation dagegen eher klein; sie sollte die Identifikation neuer Geschäftsansätze, die eben schon erwähnte Flexibilisierung der IT-Landschaft sowie die Abstimmung der IT-Strategie mit der Transformationsstrategie unterstützen. Tab. 4.8 zeigt die vorgeschlagenen Rollen im Überblick. Es gilt die gleiche Notation wie in Tab. 4.7.

Tab. 4.7 Bedarf an Digitalisierungskompetenz

Themenbereiche	Fachabteilung	Digitalisierungseinheit	IT-Einheit
Identifikation und Auswahl relevanter digitaler Technologien	•	••	••
Realisierung digitaler Lösungen	•	•	•••
Einbetten digitaler Lösungen in die bestehende Systemlandschaft			•••
Nutzung digitaler Lösungen	•••		
Pflege und Weiterentwicklung digitaler Lösungen	•		•••
Bereitstellen der IT-Infrastruktur			•••
Entwickeln der IT-Strategie	•	•	•••

4.4.1.3 Ausdifferenzierung in der Praxis

Die Tab. 4.7 und 4.8 sind, genauer betrachtet, noch sehr abstrakt. In der betrieblichen Realität ist eine weitere Ausdifferenzierung erforderlich, gerade wenn es um die Bestimmung des konkreten Kompetenzbedarfs geht.

Für die Digitalisierungskompetenzen bietet sich eine weitere Differenzierung nach Technologieklassen an. Beispielsweise müssen Unternehmen, die auf Social-Media-Kanäle angewiesen sind, in der Lage sein, Social-Media-Technologien zu realisieren, die entstandenen Lösungen einzubetten etc. Unternehmen müssen daher ihren Bedarf an Kompetenzen genau beschreiben, auch weil viele Mitarbeiter im Technologiebereich stark an einer Technologie „hängen".

Analog gilt dies auch für die Kompetenzen im Bereich der digitalen Transformation. Hier bietet sich eine Unterscheidung nach Produkten, Schnittstellen, Prozessen und Geschäftsmodellen an. Während beispielsweise die Kompetenzen eines Unternehmens im Produktdesign und Produkt-Testing eine entscheidende Rolle für digitale Produktinnovationen spielen, erfordern digitale Prozessinnovationen typischerweise Know-how in Bezug auf Prozess-Modellierung und Process-Mining. Geschäftsmodellinnovationen (wie das Erschließen einer neuen Erlösquelle) verlangen ebenfalls spezifisches Know-how, häufig auch eine andere Perspektive. Analog zum Aufbau der Digitalisierungskompetenz muss ein Unternehmen daher auch bei den Transformationskompetenzen Schwerpunkte setzen. In Medienunternehmen wird der Fokus beispielsweise auf den produkt- und geschäftsmodellbezogenen Kompetenzen liegen, während Versicherer den Fokus aktuell mehr auf Kompetenzen bezüglich der Geschäftsprozesse und ggf. der Produkte legen.

Tab. 4.8 Bedarf an digitaler Transformationskompetenz

	Fachabteilung	Digitalisierungseinheit	IT-Einheit
Entdecken digitaler Geschäftsmöglichkeiten	•••	••	•
Realisieren digitaler Geschäftskonzepte	••	••	
Einbettung digitaler Geschäftskonzepte in bestehende Strukturen	••	••	
Nutzung, Pflege und Weiterentwicklung digitaler Geschäftskonzepte	••	•	
Schaffen der Voraussetzungen für die digitale Transformation	•	•••	•
Entwickeln der DT-Strategie	••	•••	•

4.4.2 Zwei Möglichkeiten der Bedarfsdeckung

Nach den vorangegangenen Überlegungen zur Art der erforderlichen Kompetenzen stellt sich nun die Frage, in welchem Umfang ein konkretes Unternehmen diese Kompetenzen selber aufbauen oder aber von außen einkaufen sollte.

Die Frage nach den Kompetenzen eines Unternehmens in Bereich der Digitalisierung, d. h. zur Realisierung und Wartung von Anwendungssystemen sowie zum Betrieb der erforderlichen Hardware- und Netzinfrastruktur, wird seit Jahren in der Forschung unter dem Schlagwort des „IT-Outsourcing" intensiv beschrieben und untersucht (Haas, 2018; Rickmann, 2013). In den frühen Jahren der Anwendung digitaler Technologien in Unternehmen erstellten die Unternehmen die verwendete Software selbst, und die Hardware wurde eingekauft. Relativ schnell entwickelte sich ein großes Angebot an Standardsoftware, sowohl für kleinere Anwendungsgebiete wie etwa die Textverarbeitung als auch für komplexe betriebswirtschaftliche Anwendungsbereiche. Schrittweise wurden so vorhandene Eigenentwicklungen ersetzt. Die Eigenentwicklung von Software wurde typischerweise nur noch auf wenige Applikationen beschränkt und nicht selten mit Hilfe von Entwicklungspartnern im nahen oder ferneren Ausland realisiert. Für die mittlerweile notwendig gewordene Vernetzung von Rechnern wurden ebenfalls Lösungen von außen bezogen; häufig ist im Unternehmen nur noch der Betrieb von Netzen innerhalb eines Gebäudes übrig geblieben. Im Zuge des auf der Infrastruktur des Internets aufbauenden Cloud-Computing (siehe Abschn. 4.1) werden nun auch Betrieb und Wartung der eingesetzten Standardsoftware schrittweise auf Dienstleister übertragen. Damit sollen die IT-Kosten reduziert, der Zugang zu neuesten Technologien erleichtert und letztendlich das schwierige Problem der Gewinnung von IT-Spezialisten umgangen werden. Der operative Schwerpunkt der IT-Abteilungen der Unternehmen liegt nun verstärkt auf der Konfiguration von extern bezogenen und gegebenenfalls auch extern betriebenen Softwarelösungen, punktuell ergänzt durch die Entwicklung weniger ausgewählter Applikationen.

Es stellt sich nun die Frage, ob sich diese Entwicklung hin zu einer geringeren Fertigungstiefe in der IT im Zuge der zunehmenden Digitalisierung aufrechterhalten lässt. Im Kern ist dies zu bestätigen – geringes Differenzierungspotenzial, hohe Kosten, der schnelle technologische Wandel und häufig auch Probleme bei der Beschaffung passender Mitarbeiter sprechen gegen eine hohe Fertigungstiefe in der IT. Auch im Zuge einer zunehmenden Digitalisierung sollten Unternehmen im Regelfall die Hardware von außen beziehen, die Netze an Spezialisten geben und sich bei den Anwendungssystemen auf die Zusammenführung und Konfiguration vorhandener Software-Lösungen beschränken, ggf. ergänzt um punktuelle Erweiterungen. Allerdings sollte die Fähigkeit der Beobachtung und Erprobung neuer Technologien in einem frühen Stadium dabei erhalten bleiben. Ausnahme ist, wenn ein Unternehmen alleinstehende digitale Angebote in sein Zentrum stellt, so wie das z. B. die Betreiber von Informationsdiensten (wie etwa Suchdiensten) und Marktplätzen (wie etwa Auktionsplattformen) tun. In diesen Fällen, gegebenenfalls auch bei einem Teil der hybriden Online-Offline-Produkte, sollte die Kompetenz zum Erstellen dieser Systeme im Haus aufgebaut werden.

Ein deutlich anderes Bild ergibt sich bezüglich der Transformationskompetenzen. Es gibt dazu zwar noch keine breit angelegten Studien, es lässt sich aber bereits eine gewisse Tendenz erkennen. Schon die Historie ist hier eine ganz andere als auf technologischer Ebene. In vielen Unternehmen haben Kompetenzen für die Entwicklung digitaler Angebote und die Etablierung digitaler Geschäftsmodelle bisher weitgehend gefehlt. Diese müssen aktuell aufgebaut werden, und zwar sowohl in den Linienabteilungen als auch in unterstützenden Digitalisierungseinheiten. Natürlich können Berater genutzt werden, um den Einstieg in die digitale Transformation zu schaffen, die passenden Strukturen aufzubauen und erste konkrete Projekte zu begleiten. Letztendlich ist die digitale Transformation aber eine dauerhafte Aufgabe, die nur intern wirklich gelöst werden kann. Dazu kommt, dass in der Regel viele gute Initiativen für neue Produkte und Prozesse aus dem Unternehmen selbst kommen. Auch dies spricht dafür, auf die Weiterentwicklung der eigenen Mannschaft bzw. den Aufbau neuer Abteilungen zu setzen.

4.4.3 Ansatzpunkte für den Aufbau von Transformationskompetenz

Vielen Unternehmen fehlen die unverzichtbaren und – wie oben beschrieben – nicht nachhaltig von außen beziehbaren Kompetenzen für das Management der digitalen Transformation. Typischerweise müssen Unternehmen durch interne oder externe Maßnahmen ihre Transformationskompetenzen gezielt erweitern. Tab. 4.9 gibt einen Überblick über mögliche Maßnahmen.

Mit internen Maßnahmen zielen Unternehmen darauf ab, Strukturen und Prozesse zu schaffen, die das vorhandene Personal entsprechend weiterqualifizieren sollen. Ein etablierter Weg zum Aufbau von Technologie- oder digitaler Innovationskompetenz ist das gezielte Training einzelner Mitarbeiter, Manager oder ganzer Projektteams. Trainings können entweder durch interne Kompetenzträger, wie dem CDO, oder durch externe Spezialisten durchgeführt werden. Letzteres bietet den Vorteil, dass auf diese Weise neues Wis-

Tab. 4.9 Ansatzpunkte zum Aufbau von Transformationskompetenzen

Interne Maßnahmen	Innovation & Creativity Labs
	Gezielte Trainings
	Funktionsübergreifende Teams
	Hackathons
	Unternehmensweite Schulungen
	Exkursionen
	Job-Rotation
Externe Maßnahmen	Einstellung qualifizierter Mitarbeiter
	Abwerben von Kompetenzteams
	Akquise von Start-ups/Unternehmen
	Auslagerung an Dienstleister
Hybride Maßnahmen	Strategische Hochschulkooperationen
	Kooperation mit Start-ups
	Trainee-Programme
	Duale Studiengänge

sen von außen in die Organisation gelangen kann. Viele Unternehmen setzen im Zuge der digitalen Transformation auch auf regelmäßige Trainingseinheiten oder auf fest im Unternehmen etablierte Trainingsstätten wie beispielsweise sogenannte IT-Dojos, die Mitarbeiter jederzeit besuchen können, um sich über neue technologische Trends zu informieren oder konkret schulen zu lassen.

Eine andere Möglichkeit, wie Innovation und Kreativität innerhalb der Organisation vorangetrieben werden können, ist das Schaffen sogenannter Innovation Labs oder Creativity Labs. Dies sind physische oder virtuelle Arbeitsräume und Umgebungen, die speziell für die Kollaboration eingerichtet werden und in denen Mitarbeiter und Teams an ihren kreativen Denkprozessen und innovativen Ideen arbeiten können. Neben dem Aufbau von Kompetenz sollen Innovation und Creativity Labs die Kreativität der Mitarbeiter steigern und Neuentwicklungen fördern, indem den Mitarbeitern ein übergreifender Austausch von Informationen, Wissen und Ideen ermöglicht wird. Die Räume sind daher so gestaltet, dass sie ein kreatives Zusammenarbeiten bestmöglich unterstützen. Zum Beispiel könnten den Mitarbeitern Labs mit Werkstattcharakter zur Verfügung gestellt werden, in denen sie die Möglichkeit haben, ihre Ideen mit geringem Aufwand auszuprobieren und erste, einfache Prototypen zu erstellen und zu testen.

Eine weitere gängige Möglichkeit zum internen Kompetenzaufbau sind funktionsübergreifende (cross-functional) Teams. Durch das Zusammenbringen von Personal aus verschiedenen Unternehmensbereichen, insbesondere durch die Verbindung von technologischem Know-how und betriebswirtschaftlichem Wissen, können innovative Lösungen und Produkte entstehen. Darüber hinaus tragen diese Teams auch zum Abbau der digitalen Kluft innerhalb des Unternehmens bei.

Hackathons sind ein Instrument, dass zur Generierung von Ideen eingesetzt werden kann (siehe dazu auch Abschn. 5.2.3.2). Eine Reihe von Unternehmen setzt Hackathons mittlerweile allerdings auch ein, um sich als potenzieller Arbeitgeber zu positionieren und neue Mitarbeiter zu finden und zu gewinnen.

Neben gezieltem Training können Unternehmen auch mit breit angelegten, unternehmensweiten Schulungsmaßnahmen (Vorträge, Seminare, Online-Kurse) zum Kompetenzaufbau beitragen. Diese sind in der Regel kostengünstiger als Einzeltrainings und helfen beim Aufbau von Grundkompetenzen (beispielsweise zur Nutzung digitaler Technologien) in der Belegschaft. Auch Maßnahmen wie Job-Rotation können zu einer breiteren Kompetenzbasis im Unternehmen beitragen. Wenn Mitarbeiter nicht nur ihre eigenen, eng abgesteckten Arbeitsabläufe kennen, sondern auch die Aufgaben ihrer Kollegen, und dabei im besten Fall regelmäßig mit neuen digitalen Tools in Berührung kommen, kann dies eine ganzheitlichere und innovativere Denkweise der Mitarbeiter fördern. Für einzelne Mitarbeiter mit entsprechenden Aufgabenbereichen kann auch ein Aufenthalt in „digitalen Epizentren", wie zum Beispiel im Silicon Valley, förderlich sein.

Alternativ zum internen Kompetenzaufbau haben Unternehmen auch die Möglichkeit, die erforderlichen Kompetenzen extern zu akquirieren, etwa durch die Anwerbung neuer Mitarbeiter, die Übernahme von Start-ups oder auch entsprechender Unternehmensbereiche von Wettbewerbern. Im Extremfall ist auch eine Auslagerung an einen externen Dienstleister denkbar.

Durch die externe Akquise von Mitarbeitern, Teams oder auch ganzen Unternehmen kann sich ein Unternehmen schnell und effektiv hoch qualifizierte Talente mit den notwendigen Kompetenzen und Know-how beschaffen, ohne für den internen Aufbau der Kompetenz „teures Lehrgeld" zu bezahlen. Für das Unternehmen eröffnen sich durch das fachliche und technologische Wissen, das die neuen Mitarbeiter mitbringen, neue Entwicklungs- und Geschäftsmöglichkeiten. Allerdings stehen Unternehmen vor allem bei der Besetzung der digitalen Transformationseinheit in einem starken Wettbewerb um kompetente Talente, da nur bedingt qualifiziertes Personal auf dem Markt verfügbar ist. Außerdem sollte sich das Unternehmen der Herausforderungen bewusst sein, die durch das Aufeinandertreffen verschiedener Arbeitsweisen und Kulturen entstehen können. Um Synergieeffekte realisieren zu können, die durch die Verknüpfung bereits vorhandener interner Kompetenzen mit komplementären neuen Kompetenzen entstehen, sollten das Onboarding und die Integration der neuen Mitarbeiter bereits im Vorfeld gut geplant werden. Kulturelle Aspekte können sonst oft zu einer essenziellen Hürde werden. Das gilt insbesondere für die Integration von akquirierten Teams oder gar Unternehmensteilen. Auch hier können unterschiedliche Arbeitsweisen, Unternehmenskulturen und Zielvorstellungen zu Konflikten führen. Lässt ein Unternehmen den neu hinzugewonnenen Einheiten viele Freiheiten und lässt sie weitgehend unabhängig laufen, stellt sich die Frage, wie die neu erworbenen Kompetenzen und das Know-how in das bestehende Unternehmen transferiert werden können. Ist die Bindung zu eng und wird zu viel Anpassungsdruck auf die neuen Einheiten ausgeübt, besteht die Gefahr, dass die kompetenztragenden Mitarbeiter kündigen und dem Unternehmen nur noch eine relativ wertlose Hülle bleibt. Eine angemessene Balance zwischen Integration und Freiheit ist deshalb vor allem in den frühen Phasen nach der Akquisition entscheidend. Ähnlich verhält es sich bei der Übernahme von ganzen Start-ups.

Das vollständige Auslagern an externe Dienstleister ist ebenfalls mit den üblichen Risiken des Outsourcings verbunden. Unternehmen machen sich dadurch unter Umständen abhängig von einzelnen Anbietern und verlieren die Hoheit über ihr Know-how. Gerade in Zeiten, in denen sich durch die digitale Transformation Wertschöpfungsstrukturen in Unternehmen und Märkten verschieben, besteht so die Gefahr, dass Unternehmen weniger über ihre neu entwickelten Kerngeschäftsprozesse wissen als die externen Dienstleister. Des Weiteren sind die Kosten von Digitalisierungs- und digitalen Transformationsvorhaben im Vorhinein oft schwer abschätzbar, da nur wenige Vergleichsprojekte existieren, die als Benchmark dienen könnten. Um diese Herausforderungen zu bewältigen, sollten Unternehmen ein strategisches Provider-Management installieren, einen systematischen und stetigen Wissenstransfer zwischen externen Dienstleistern und internen Mitarbeitern etablieren und außerdem bei der Vertragsgestaltung Mechanismen zur Risikoteilung in Betracht ziehen.

Hybride Maßnahmen, bei denen sowohl externe Kompetenzen genutzt als auch interne Kompetenzen aufgebaut werden, können eine sinnvolle Alternative darstellen, zum Beispiel in Form langfristiger strategischer Hochschulkooperationen. Durch strategische Kooperationen zwischen öffentlichen und privaten Organisationen sowie durch die Beteiligung an speziell auf die digitale Wirtschaft ausgerichteten Studiengängen können neue Kompetenzen aufgebaut werden.

Beispiel für eine erfolgreiche Kooperation zwischen Unternehmen und Hochschulen

Ein Beispiel für die enge und langfristig angelegte Kooperation zwischen Wissenschaft und Praxis ist der Internet Business Cluster (IBC) im Raum München. Der IBC ist eine Non-Profit Organisation, in der sich Universitäten und Unternehmen aus sich stark digitalisierenden Branchen der Region München zusammengeschlossen haben, um gemeinsam die Herausforderungen der digitalen Transformation anzugehen. Die Mitglieder des Vereins erhalten nicht nur wissenschaftliche Erkenntnisse zum Thema Digitalisierung, sondern profitieren auch von Vernetzungsmöglichkeiten und dem Zugang zu jungen Talenten aus den Universitäten.

Kooperationen mit Start-ups stellen ebenfalls eine beliebte Maßnahme dar, externe Kompetenzen mit internem Kompetenzaufbau zu verbinden. Im Gegensatz zur kompletten Übernahme ist eine Integration in das Unternehmen hier nicht notwendig, und der Grad des Austauschs beziehungsweise der Zusammenarbeit kann im Vorhinein klar vereinbart werden. Das Unternehmen profitiert so von den Innovationskompetenzen des Partners, während das Start-up beispielsweise die positive Signalwirkung (an Investoren, potenzielle Mitarbeiter, Partner) einer Kooperation mit einem größeren Unternehmen nutzen kann. Dies zeigt sich beispielsweise deutlich in der Finanzbranche, wo die zunehmende Verbreitung technologiegetriebener Unternehmen traditionelle Banken verstärkt unter Druck gesetzt hat, ihre Kerngeschäftsaktivitäten und -dienstleistungen zu modernisieren. Viele Banken stellen sich dieser Herausforderung, indem sie Partnerschaften mit Fintech Start-ups eingehen, die technologiegestützte Finanzdienstleistungen anbieten (Hornuf et al., 2020).

Auch unternehmensweite Trainee-Programme können ein geeigneter Weg zum Aufbau der benötigten Kompetenzen sein. Im Idealfall gewinnen Unternehmen so junge Absolventen, die bereits während des Studiums wertvolle Kompetenzen erworben haben und ein „digitales Mindset" mitbringen. Während der Laufzeit des Trainee-Programms (typischerweise ein bis zwei Jahre), werden diese Mitarbeiter dann gezielt für den jeweiligen Anwendungskontext des Unternehmens weitergebildet und können nach Abschluss des Programms externes und internes Wissen effektiv anwenden. Einen ähnlichen Ansatz stellen duale Studiengänge dar, die allerdings etwas früher ansetzen. Hier begleiten Unternehmen junge Talente während des parallel laufenden Studiums und übernehmen als Praxispartner die praktische Ausbildung der Studierenden.

Andere innovative Instrumente für die Personalbeschaffung sind gezielte Recruiting-Events, Workshops, die Zusammenarbeit mit spezialisierten Personalberatungen oder auch die Nutzung von Recruiting-Apps. Auch neue Anreizsysteme, die nicht nur auf monetäre Anreizsetzung bauen, sondern beispielsweise speziell auf die digitale Welt ausgerichtete Weiterbildungen und Reisen umfassen, können in Betracht gezogen werden. Hier ist außerdem zu beachten, dass die Arbeitsplatzgestaltung potenziellen digital affinen Mitarbeitern entgegenkommen sollte, etwa durch flexible Gestaltung der Arbeitszeiten, Möglichkeiten für Home-Office bzw. Remote-Working sowie frei nutzbare Arbeitszeit für Fort- und Weiterbildungen.

> **Beispiel für den erfolgreichen Aufbau von Digitalkompetenz**
>
> Der beispielhafte Fall eines Unternehmens aus der metallverarbeitenden Industrie zeigt, wie der Aufbau digitaler Kompetenzen gelingen kann. Zu Beginn des digitalen Transformationsprozesses waren die benötigten Kompetenzen im Unternehmen kaum oder gar nicht vorhanden. Trainings zum Aufbau dieser

> Kompetenzen waren ebenfalls nicht realisierbar, da es keine Personen im Unternehmen gab, um diese zu konzipieren und durchzuführen. Aus diesem Grund wurde eine Digitalisierungseinheit aufgebaut, eine größere Anzahl externer Spezialisten für die Bereiche digitale Produktentwicklung und Personalentwicklung angeworben sowie Experten für Prozesse und Projekte an Bord geholt. Für den zielgerichteten Aufbau von Kompetenzen setzt das Unternehmen nun auf Workshops und Trainings zu verschiedenen Themen. Einen weiteren wichtigen Baustein bilden außerdem cross-funktionale Projekte, bei denen zwischen den beteiligten Mitarbeitern aus unterschiedlichen Unternehmensbereichen und Funktionen ein kontinuierlicher Wissenstransfer stattfindet. Darüber hinaus betreibt das Unternehmen langfristige Hochschulkooperationen, um zum einen Wissen aus der Forschung für sich zu nutzen und zum anderen Kontakte zu „Digital Talents" zu erlangen. Zu diesem Zweck lässt es außerdem kleinere Projekte von Studentengruppen vorbereiten und umsetzen.

Die schon erwähnte Praxisstudie von etventure (2018) zeigt, dass Unternehmen bisher vor allem auf Weiterbildungsprogramme für Mitarbeiter zur Vermittlung von digitalem Basiswissen und speziellen agilen Methoden (79 %), interne Ideen-Wettbewerbe (46 %) sowie die gezielte Förderung des unternehmerischen Engagements der Mitarbeiter (44 %) setzen. Außerdem wird Mitarbeitern ermöglicht, in anderen Unternehmensbereichen mitzuarbeiten, die für den digitalen Wandel zuständig sind (26 %), oder sogar an Digitalisierungsprojekten außerhalb des Unternehmens mitzuwirken (22 %). Darüber hinaus gab über ein Drittel der Unternehmen an, Kooperationen mit Start-ups zu nutzen. Um für potenzielle neue Mitarbeiter, die benötigte digitale Kompetenzen mitbringen, attraktiv zu wirken, ist auch strategisches Employer Branding ein entscheidendes Instrument. Die Positionierung des Unternehmens als fortschrittlicher Digitalisierer ist einer der entscheidenden Faktoren, um rare und entsprechend begehrte digitale Spezialisten auf dem Arbeitsmarkt zu gewinnen (etventure, 2018).

4.4.4 Add-on: Dynamische Fähigkeiten für die digitale Transformation

Im Kontext der digitalen Transformation ist es von enormer Bedeutung, dass Unternehmen Fähigkeiten aufbauen, um Trends in einem sich schnell verändernden Umfeld frühzeitig zu erkennen und auszunutzen. Dies ist insbesondere wichtig, da die digitale Transformation in jeder Organisation unterschiedlich verläuft und daher einen gesonderten Ansatz erfordert. Zudem müssen Unternehmen, die einen bestimmten Weg bei der digitalen Transformation eingeschlagen haben, die benötigten Kompetenzen aufgrund des dynamischen Charakters des digitalen Wandels kontinuierlich anpassen.

Aufgrund dieser Eigenschaften der digitalen Transformation bietet es sich an, den Kompetenzaufbau auf Basis von dynamischen Fähigkeiten („dynamic capabilities") zu untersuchen, da diese erklären, wie Unternehmen auf den raschen Wandel von Technologien und Markt reagieren können (Teece, 2007). Dynamische Fähigkeiten beschreiben die Fähigkeit eines Unternehmens, (a) Chancen und Bedrohungen zu erkennen und zu gestalten („sensing"), (b) Chancen zu ergreifen („seizing") und (c) die Wettbewerbsfähigkeit zu erhalten, indem das Geschäftsmodell und die breitere Ressourcenbasis des Unternehmens angepasst werden („transforming").

Warner und Wäger (2019) haben die digitale Transformation als einen Prozess des Aufbaus dynamischer Fähigkeiten für laufende strategische Erneuerung konzeptualisiert (siehe Abb. 4.8). Den Ausgangspunkt des Modells bilden externe Impulse, darunter digitale Wettbewerber, verändertes Konsumentenverhalten und disruptive digitale Technologien, die den Aufbau dynamischer Fähigkeiten für die digitale Transformation auslösen. Zudem spezifiziert das Modell drei interne Enabler (funktionsübergreifende Teams, schnelle Entscheidungsfindung und Unterstützung durch die Geschäftsführung) sowie drei interne Barrieren (starre strategische Planung, Widerstände gegen Veränderungen und ein hohes Level an Hierarchie), die das Bilden dynamischer Fähigkeiten beeinflussen.

Zuerst müssen Unternehmen **digital sensing** Fähigkeiten entwickeln. Dies beinhaltet den Aufbau von Kompetenzen in digitaler Szenarioplanung

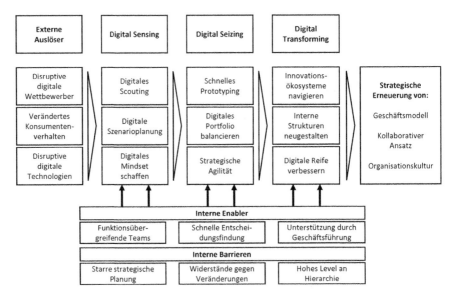

Abb. 4.8 Prozessmodell für den Aufbau dynamischer Fähigkeiten für die digitale Transformation. (Warner & Wäger, 2019)

und digitalem Scouting, um neue technologische, kunden- und wettbewerbsbezogene Trends zu erkennen. Konkret bedeutet dies, informelle und formelle Netzwerke sowie Big-Data-Analysen und künstliche Intelligenz einzusetzen, um aufkommende kundenorientierte Trends zu identifizieren, die ansonsten schwer vorherzusehen sind. Diese Fähigkeiten basieren auf der Entwicklung eines digitalen Mindsets, d. h. der Schaffung einer digital orientierten Kultur und langfristigen digitalen Vision. Bei den **„digital seizing"** Fähigkeiten müssen Unternehmen strategische Agilität in ihr Geschäftsmodell einbauen, um technologische Möglichkeiten und Marktchancen rasch zu nutzen, die neuesten Trends aufzugreifen und potenzielle existenzielle Bedrohungen zu vermeiden. Für eine Steigerung der strategischen Agilität ist schnelles Prototyping essenziell, da dieses ermöglicht, Kundenfeedback fast in Echtzeit zu sammeln und zu nutzen, um auf Trends zu reagieren. Außerdem sollten Geschäftsmodellinnovationen mit bestehenden produktbasierten Geschäftsmodellen in Einklang gebracht werden, um ein ausgewogenes digitales Portfolio zu schaffen. Zuletzt müssen Unternehmen **„digital transforming"** Fähigkeiten entwickeln. Dazu gehört, dass traditionelle Unternehmen ein digitales Innovationsökosystem aufbauen oder sich einem solchen anschließen, um mit neuen Partnern zusammenzuarbeiten. Unternehmen sollten zudem auf eine Neugestaltung der internen Strukturen hinarbeiten, was zum Beispiel durch die Dezentralisierung von Geschäftseinheiten und die Gründung unabhängiger Tochtergesellschaften erreicht werden kann. Schließlich ist die Verbesserung der digitalen Reife der Arbeitskräfte eine wesentliche Fähigkeit für die digitale Transformation von Unternehmen.

Das Aufbauen der dynamischen Fähigkeiten kann schlussendlich zu einer strategischen Erneuerung von dem Geschäftsmodell, dem kollaborativen Ansatz (die Art und Weise, wie Menschen abteilungs- und bereichsübergreifend zusammenarbeiten) und der Organisationskultur führen. Zu beachten ist, dass der Aufbau dynamischer Fähigkeiten für jede digitale Transformation spezifisch ist, was eine laufende Überarbeitung und Erneuerung von Geschäftsmodellen, kollaborativen Ansätzen und Organisationskulturen erfordert. Zudem können jederzeit neue externe Impulse entstehen, die die Notwendigkeit, sich bietende Chancen zu erkennen und zu ergreifen, neu gewichten.

Literatur

Alvesson, M., & Sveningsson, S. (2015). *Changing organizational culture*. Routledge.
Barney, J. (1991). Firm resources and sustained competitive advantage. *Journal of Management, 17*(1), 99–120.

Barthel, P., Fuchs, C., Birner, B., & Hess, T. (2020). Embedding digital innovations in organizations: A typology for digital innovation units. In *Proceedings of the 15th Internationale Tagung Wirtschaftsinformatik*.

Basu, S., Phelps, C., & Kotha, S. (2016). Search and integration in external venturing: An inductive examination of corporate venture capital units. *Strategic Entrepreneurship Journal, 1002*(10), 129–152.

Benlian, A., & Hess, T. (2009). Welche Treiber lassen SaaS auch in Großunternehmen zum Erfolg werden? Eine empirische Analyse der SaaS-Adoption auf Basis der Transaktionskostentheorie. In *Proceedings of the 9th international conference Wirtschaftsinformatik* (Bd. 1, S. 567–576).

bitkom. (2018). *Zwei von drei Unternehmen nutzen Cloud Computing*. https://www.bitkom.org/Presse/Presseinformation/Zwei-von-drei-Unternehmen-nutzen-Cloud-Computing.html. Zugegriffen am 23.09.2018.

Cameron, K. S., & Quinn, R. S. (2011). *Diagnosing and changing organizational culture: Based on the competing values framework*. Jossey-Bass.

Capgemini. (2018). *Agilität überall: Das Ende der bimodalen IT*. https://www.capgemini.com/de-de/wp-content/uploads/sites/5/2018/07/Capgemini_WP1-bimodaleIT.pdf. Zugegriffen am 23.09.2018.

Christensen, C. M. (1997). *The innovator's dilemma: When new technologies cause great firms to fail*. Harvard Business School Press.

Christensen, C. M., Raynor, M., & McDonald, R. (2015). What is disruptive innovation? *Harvard Business Review, 93*(12), 44–53.

Duerr, S., Holotiuk, F., Wagner, H.-T., Beimborn, D., & Weitzel, T. (2018). What is digital organizational culture? Insights from exploratory case studies. In *Proceedings of the Hawaii international conference on system sciences 2018* (S. 5126–5135).

Ebers, M. (2016). Organisationsmodelle für Innovation. *Schmalenbachs Zeitschrift für betriebswirtschaftliche Forschung, 69*(1), 81–109.

etventure. (2018). *Studie Digitale Transformation 2018: Hemmnisse, Fortschritte und Alternativen*. https://service.etventure.de/digitale-transformation-2018. Zugegriffen am 23.09.2018.

Fuchs, C., Barthel, P., Herberg, I., Berger, M., & Hess, T. (2019). Characterizing approaches to digital transformation: Development of a taxonomy of digital units. In *Proceedings of the 14th Internationale Tagung Wirtschaftsinformatik* (S. 632–646).

Gruber, M., & Henkel, J. (2005). Corporate venturing. In S. Albers & O. Gassmann (Hrsg.), *Handbuch Technologie- und Innovationsmanagement*. Gabler.

Haas, L. (2018). *Align client and provider perspectives: Best practices in IT outsourcing*. Springer.

Haffke, I., Kalgovas, B., & Benlian, A. (2017). A bimodal IT function resolves the conflicting goals of stability and experimentation. *MIS Quarterly Executive, 16*(2), 101–120.

Hartl, E., & Hess, T. (2017). The role of cultural values for digital transformation: Insights from a Delphi study. In *Proceedings of the 23rd Americas Conference on Information Systems (AMCIS 2017)*.

Hogenhuis, B. N., van den Hende, E. A., & Hultink, E. J. (2016). When should large firms collaborate with young ventures? *Research-Technology Management, 59*(1), 39–47.

Holotiuk, F., & Beimborn, D. (2019). Temporal ambidexterity: How digital innovation labs connect exploration and exploitation for digital innovation. In *Proceedings of the 19th International Conference on Information Systems (ICIS)*.

Horlach, B., Schirmer, I., & Drews, P. (2016). *Bimodal IT: Business-IT alignment in the age of digital transformation.* Paper präsentiert auf Multikonferenz Wirtschaftsinformatik (MKWI), Ilmenau.

Hornuf, L., Klus, M., Lohwasser, T., & Schwienbacher, A. (2020). How do banks interact with fintech startups? *Small Business Economics*, 1–22.

Kaltenecker, N., Huesig, S., Hess, T., & Dowling, M. (2013). *The disruptive potential of software as a service: Validation and application of an ex-ante methodology.* Paper präsentiert auf thirty fourth international conference on information systems, Milan.

Kane, G. C., Palmer, D., Phillips, A. N., Kiron, D., & Buckley, N. (2015). Strategy, not technology, drives digital transformation. *MIT Sloan Management Review, 14*, 1–25.

Klamar, N., & Prawetz, B. (2018). *Corporate Venture Capital Markt in Deutschland.* FAS.

Klöckner & Co. (2018). „Klöckner & Co 2022" – Unsere Strategie. http://www.kloeckner.com/de/strategie.html. Zugegriffen am 27.08.2018.

KPMG. (2016). *Der Chief Digital Officer – Phantom oder Wegbereiter? Studie zur Steuerung der digitalen Transformation in der Medienbranche.* Managementstudie der KPMG AG.

Lengnick-Hall, C. A., Beck, T. E., & Lengnick-Hall, M. L. (2011). Developing a capacity for organizational resilience through strategic human resource management. *Human Resource Management Review, 21*(3), 243–255.

Lewin, K. (1951). *Field theory in social science: Selected theoretical papers.* Harper.

Metzger, G. (2020). *KfW-start-up-report 2020.* KfW Bankengruppe.

O'Reilly, C. A., & Tushman, M. L. (2011). Organizational ambidexterity in action: How managers explore and exploit. *California Management Review, 53*(4), 5–22.

Rickmann, H. (2013). *IT-Outsourcing: Neue Herausforderungen im Zeitalter von Cloud Computing.* Springer Gabler.

Rothaermel, F. T. (2001). Incumbent's advantage through exploiting complementary assets via interfirm cooperation. *Strategic Management Journal, 22*(6–7), 687–699.

Schaefer, D., Bohn, U., & Crummenerl, C. (2017). *Culture First!: Von den Vorreitern des digitalen Wandels lernen Change Management Studie 2017.* https://www.capgemini.com/consulting-de/wp-content/uploads/sites/32/2017/10/change-management-studie-2017-capgemini-consulting.pdf. Zugegriffen am 01.09.2018.

Schein, E. (2010). *Organizational culture and leadership.* Jossey-Bass.

Schleef, M., Bilstein, N., & Stummer, C. (2020). „Shh! … I got help to become smart": Should incumbent firms disclose their cooperation with a startup?. In

Proceedings of the 13th International Conference on Information Systems (ICIS 2020). A Virtual AIS Conference.

Teece, D. J. (2007). Explicating dynamic capabilities: The nature and microfoundations of (sustainable) enterprise performance. *Strategic Management Journal, 28*(13), 1319–1350.

Volkoff, O., Strong, D. M., & Elmes, M. B. (2007). Technological embeddedness and organizational change. *Organization Science, 18*(5), 832–848.

Warner, K., & Wäger, M. (2019). Building dynamic capabilities for digital transformation: An ongoing process of strategic renewal. *Long Range Planning, 52*(3), 326–349.

Wiesböck, F., & Hess, T. (2018). Understanding the capabilities for digital innovations from a digital technology perspective. In *Management Reports des Instituts für Wirtschaftsinformatik und Neue Medien der LMU München*, Nr. 1.

Wiesböck, F., Hess, T., & Spanjol, J. (2020). The dual role of IT capabilities in the development of digital products and services. *Information & Management, 57*(8), 1–17.

5
Transformations-Governance festlegen

In so gut wie jedem Unternehmen wurden mittlerweile Digitalisierungsinitiativen gestartet. Schnell stellt sich die Frage, ob diese strategisch in die richtige Richtung laufen, ob sie sich nicht überschneiden und ob diese nicht durch zentral entwickelte Ansätze ergänzt werden sollten. Soll die Initiative für eine Transformationsstrategie eher vom Top-Management kommen, oder soll dieses nur den Rahmen setzen? Auch muss die Frage beantwortet werden, wer eigentlich den digitalen Wandel eines Unternehmens steuert – ist das die Aufgabe des IT-Bereichs oder vielleicht die eines neu einzusetzenden Chief Digital Officers? Wann machen digitale Geschäftsbereiche Sinn? Auf diese Fragen will dieses Kapitel erste Antworten liefern. Adressiert werden insbesondere zwei Themenfelder der Transformations-Governance: die Konfiguration und Entstehung von Transformationsstrategien sowie die Management-Rollen im Rahmen der digitalen Transformation. Ergänzend werden Verfahren zur Bestimmung der digitalen Reife eines Unternehmens vorgestellt – sie dienen oft als Einstieg in den systematischen Umgang mit der digitalen Transformation, trotz manch methodischem Fragezeichen.

5.1 Elemente einer Transformationsstrategie

Aufgrund der weitreichenden Konsequenzen des digitalen Wandels erkennen immer mehr Unternehmen die Notwendigkeit, das Phänomen systematisch anzugehen und eine Transformationsstrategie zu entwickeln, welche den Rahmen für die digitale Transformation eines Unternehmens festlegt und eine Richtung vorgibt. Nachfolgend soll ein Ansatz dafür vorgestellt werden.

5.1.1 Funktion und Abgrenzung einer Transformationsstrategie

Eine Transformationsstrategie hat drei Funktionen:

- Sie beschreibt die erforderlichen Veränderungen in der Wertschöpfungs- und Managementstruktur,
- sie gibt den Umgang mit digitalen Technologien vor und
- sie berücksichtigt den finanziellen Handlungsspielraum und -druck.

Sie zielt somit darauf ab, die Stoßrichtung für alle laufenden digitalen Aktivitäten innerhalb eines Unternehmens bzw. eines Geschäftsfeldes zu definieren, und ist damit ein zentrales Hilfsmittel, um die digitalen Transformationsbemühungen an einem Zielbild auszurichten. Eine Transformationsstrategie ist daher ein ganzheitlicher Ansatz, mit dessen Hilfe die digitalen Transformationsbemühungen über alle Bereiche eines Unternehmens hinweg koordiniert und priorisiert werden können. Sie setzt damit die „Leitplanken" für die digitale Transformation eines Unternehmens.

Aufgrund des bereichsübergreifenden Charakters der Transformationsstrategie ergeben sich zahlreiche **Schnittstellen zu anderen Strategien** (siehe Abb. 5.1).

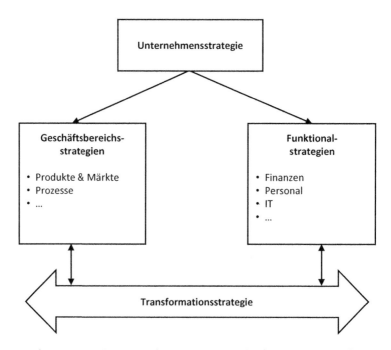

Abb. 5.1 Abgrenzung einer Transformationsstrategie. (Matt et al., 2015)

Auf den ersten Blick könnte man annehmen, dass eine Transformationsstrategie nichts anderes ist als eine IT-Strategie mit neuer Bezeichnung. Eine IT-Strategie definiert die zukünftige IT-Landschaft, d. h. die eingesetzten Applikationen und die dafür erforderliche technische Infrastruktur in Form von Hardware und Netzen. Ferner beschreibt sie den organisatorischen und finanziellen Rahmen für das IT-Management. Das Themenspektrum des IT-Managements reicht von Betrieb und Wartung einzelner Systeme bzw. von deren Zusammenwirken bis hin zur Auslagerung ganzer Bereiche an Dienstleister. Im Zuge der stetig steigenden Bedeutung der IT haben Sicherheitsthemen in den letzten Jahren deutlich an Relevanz gewonnen, werden teilweise auch von regulatorischer Seite aus eingefordert. Zudem hat sich der Kostendruck auf die IT erhöht. Selbstverständlich sind der Betrieb und die Weiterentwicklung der IT herausfordernde Managementthemen, aber sie sind klar vom Management des digitalen Wandels abzugrenzen.

Im Vergleich zu IT-Strategien konzentrieren sich Transformationsstrategien auf die technologieinduzierten Veränderungen im Zuge einer organisationsweiten digitalen Transformation. Digitale Transformation hat Implikationen für Produkte, Prozesse und Geschäftsmodelle und geht somit in der Regel über die oft noch in der IT-Abteilung verortete Prozessoptimierung hinaus. Ihr Umfang ist daher ganzheitlicher als der von IT- oder anderen Funktionalstrategien und umfasst explizit auch digitale Aktivitäten an der Schnittstelle zum Kunden. Damit kombiniert die Transformationsstrategie die Ideen einer IT-Strategie mit der einer Geschäfts- bzw. Unternehmensstrategie, indem darin beispielsweise beschrieben wird, welche Faktoren einen positiven Einfluss auf das Erlösmodell eines Unternehmens haben können.

5.1.2 Das Digital Transformation Strategy Framework

Das hier vorgestellte Konzept einer Transformationsstrategie ist als abstraktes Zielbild ausgestaltet, das den von einem Unternehmen gewählten Weg zur Bewältigung der digitalen Transformation umreißt. Dabei haben sich vier Dimensionen herauskristallisiert, die ein Unternehmen in seine Transformationsstrategie einbeziehen sollte (Matt et al., 2015):

- Nutzung von Technologien,
- strukturelle Veränderungen der Wertschöpfung,
- strukturelle Veränderungen in der Organisation sowie
- finanzielle Aspekte.

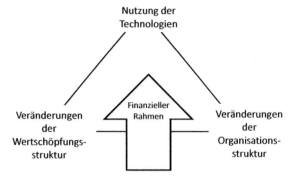

Abb. 5.2 Das Digital Transformation Strategy Framework. (Matt et al., 2015)

Diese vier Dimensionen sind im Digital Transformation Strategy Framework (DTS-Framework) zusammengeführt (Matt et al., 2015). Aus Abb. 5.2 wird auch ersichtlich, dass Veränderungen hinsichtlich Technologie, Wertschöpfung und Struktur wechselseitig voneinander abhängen und von finanziellen Aspekten angetrieben werden bzw. aus diesen resultieren.

Strategien sollen und können immer nur Eckpunkte vorgeben. Natürlich gilt dies auch für Transformationsstrategien. Nachfolgend werden die Eckpunkte der vier genannten Felder skizziert.

5.1.2.1 Nutzung von Technologien

Die digitale Transformation wird durch das Aufkommen digitaler Technologien angetrieben. Daher befasst sich die erste Dimension „Nutzung von Technologien" mit dem Einsatz von digitalen Technologien und der Offenheit des Unternehmens gegenüber neuen Technologien. Die Tatsache, dass sich neue Technologien heute immer schneller durchsetzen und disruptive Technologien ganze Branchen umkrempeln, zeigt, wie wichtig es ist, dass Unternehmen diese Dimension im Rahmen ihrer bereichsübergreifenden Transformationsstrategie berücksichtigen und Technologien bestmöglich einsetzen. Gleichzeitig müssen Unternehmen auch sicherstellen, dass sie neue Technologien in ihre IT-Landschaft auch einbinden können.

Zunächst einmal sollte ein Unternehmen festlegen, welche technologischen Entwicklungen es wirklich für zentral hält und daher im Auge behalten muss. Derartige Entwicklungen können sowohl auf der Ebene der Infrastruktur (z. B. der Verfügbarkeit von Netzen oder von Endgeräten), von Technologien im engeren Sinne (wie z. B. Datenbanksystemen) als auch von konkreten Anwendungen (wie etwa Customer-Relationship-Systemen oder Bezahlsystemen im Internet) liegen.

Unternehmen sollten sich über ihren Umgang mit digitalen Technologien klar werden. Daher hinterfragt die Dimension „Nutzung von Technologien" auch die Einstellung eines Unternehmens gegenüber neuen digitalen Technologien sowie die Fähigkeit, Technologien zum Vorteil des Unternehmens zu nutzen. Sie beschreibt die strategische Rolle der IT und die zukünftige technologische Ambition des Unternehmens.

Im Zuge der Ausarbeitung der Transformationsstrategie müssen sich Unternehmen zudem die Frage stellen, ob ihr Unternehmen Technologieführerschaft anstrebt oder es vorzieht, auf bereits etablierten Lösungen aufzubauen. Obwohl eine Technologieführerschaft oftmals mit der Möglichkeit einhergeht, Wettbewerbsvorteile zu erzielen, weil andere Unternehmen in eine Art Abhängigkeitssituation von den eigenen technologischen Standards geraten, ist eine Standardisierung auf der anderen Seite auch mit der Gefahr verbunden, dass sich der eigene technologische Standard am Markt nicht durchsetzt oder gar verdrängt wird. Viele Unternehmen jenseits der IT-Branche haben daher bisher keine Ambitionen auf eine Führerschaft bei grundlegenden Technologien und zögern auch bei einer Führerschaft bei Anwendungen. Sie konzentrieren sich vielmehr auf das Konfigurieren von Anwendungen, in wichtigen Fällen oft auch in enger Kooperation mit einem Technologieunternehmen.

5.1.2.2 Veränderung der Wertschöpfungsstruktur

Änderungen im Bereich der Wertschöpfung gehen typischerweise mit dem Einsatz neuer Technologien im Rahmen der digitalen Transformation einher. Damit haben Transformationsstrategien auch Auswirkungen auf die Wertschöpfungsketten der Unternehmen, denn normalerweise weichen die neuen digitalen Aktivitäten vom klassischen – oft noch analogen – Kerngeschäft ab. Technologieinduzierte Veränderungen bieten Chancen, das aktuelle Produkt- und Serviceportfolio zu erweitern, aber oftmals werden diese Veränderungen auch von gestiegenen Anforderungen an unterschiedliche technologische und produktbezogene Kompetenzen und von höheren Risiken aufgrund geringer Erfahrungen im neuen Bereich begleitet. Wenn andere Märkte oder neue Kundensegmente angesprochen werden, kann der digitale Wandel von Produkten oder Dienstleistungen zudem unterschiedliche Formen der Monetarisierung oder sogar die Erweiterung von Geschäftsbereichen ermöglichen oder erfordern.

5.1.2.3 Veränderung der Organisationsstruktur

Mit dem Einsatz neuer Technologien und Wertschöpfungsformen werden in Unternehmen auch strukturelle und gegebenenfalls sogar kulturelle Anpassungen erforderlich, um eine angemessene Grundlage für die neuen Geschäftsfelder zu schaffen. Strukturelle Veränderungen beziehen sich auf die Entscheidungen des Unternehmens in Bezug auf die Fragen, wer für die digitale Transformation verantwortlich ist, wo neue (digitale) Aktivitäten innerhalb der Unternehmensstrukturen angesiedelt werden, welche Strukturen von der Transformation betroffen sind und wie die notwendigen digitalen Kompetenzen gebündelt und erweitert werden können. Beispielsweise greifen Unternehmen für ihre digitalen Initiativen auf Organisationsformen wie Projekthäuser, auf die Akquisition von Start-ups oder auch auf Ausgründungen zurück, je nachdem, welche Veränderungen aus Sicht der Wertschöpfung erzielt werden sollen. Wenn das Ausmaß der Änderungen gering ist, kann es für die Unternehmen sinnvoller sein, die neuen Aktivitäten und Prozesse in bestehende Unternehmensstrukturen zu integrieren, während es für weitreichende Änderungen besser wäre, eine eigene, autonome Tochtergesellschaft bzw. eine vom Kerngeschäft abgekoppelte Digitaleinheit innerhalb des Unternehmens zu schaffen.

5.1.2.4 Finanzieller Rahmen

Allerdings können die genannten Veränderungen in der Unternehmensstruktur und Wertschöpfung sowie der Einsatz von Technologien nur unter Berücksichtigung des finanziellen Handlungsspielraums erfolgreich umgesetzt werden. Im Rahmen der digitalen Transformation können finanzielle Aspekte sowohl Treiber als auch Hemmschuh von Digitalisierungsbemühungen sein. Zum einen verspüren Unternehmen durch ein abnehmendes Kerngeschäft einen Leidensdruck hin zur digitalen Transformation, und zum anderen ermöglichen es ausreichende finanzielle Mittel, die digitale Transformation schnell und ganzheitlich in das Unternehmen zu tragen und damit handlungsfähig zu bleiben. Während ein niedrigerer finanzieller Druck auf das Kerngeschäft die wahrgenommene Dringlichkeit reduzieren kann, sind Unternehmen, die bereits unter finanziellem Druck stehen, bei der Finanzierung von Digitalisierungsprojekten eingeschränkt. Deshalb sollten sich die Unternehmen auch und gerade in Wachstumsphasen darauf einstellen, originäre Projekte zur digitalen Transformation und gegebenenfalls auch die erwähnten Unterstützungsprojekte durchzuführen und ihre Möglichkeiten möglichst unvoreingenommen zu erkunden und rechtzeitig zu diskutieren.

5.1.3 Leitfragen bei der Formulierung einer Transformationsstrategie

Aus diesen Überlegungen heraus ergeben sich vier Leitfragen für die Formulierung einer Transformationsstrategie.

1. **Nutzung von Technologien:** Welche Technologien sind von zentraler Bedeutung für das Unternehmen? Welche Ambition ist mit dem Einsatz von neuen digitalen Technologien verbunden? Welche Anpassungen sind an der eigenen IT-Landschaft erforderlich?
2. **Veränderungen der Wertschöpfungsstruktur:** Mit welchen digitalen Angeboten und Prozessen werden zukünftig Erlöse generiert?
3. **Veränderungen der Organisationsstruktur:** Wie wird das Digitalgeschäft aufgebaut und geführt, welche strukturellen Anpassungen sind im Unternehmen noch erforderlich?
4. **Finanzieller Rahmen:** Welche Implikationen hat der digitale Wandel auf das Ergebnis? Welche Investitionsmittel stehen zur Finanzierung des digitalen Transformationsvorhabens zur Verfügung?

Die Umsetzung der Strategie erfolgt über die Anpassung von Produkten, Prozessen und Geschäftsmodellen sowie flankierend – falls erforderlich – durch Anpassung der IT-Landschaft, der Organisationsstruktur, der Kultur und der im Unternehmen vorhandenen Kompetenzen. Für all diese Projekte sind Budgets zu definieren. Typischerweise besteht eine Übernachfrage. Zur **Lösung der Budgetierungsfrage** sind zwei Ansätze denkbar: ein zentraler und ein dezentraler.

Beim **zentralen** Budgetierungsansatz stellt die Unternehmensleitung ein zentrales Budget für Digitalisierungsvorhaben bereit. Dieses Budget kann beispielsweise einer zentralen Digitalisierungseinheit zur Verfügung gestellt werden, oder es wird direkt von der Unternehmensführung bzw. einer Stabsstelle den einzelnen Projekten zugeteilt. Das hat den Vorteil, dass die verschiedenen Unternehmensbereiche die digitale Transformation nicht als Belastung empfinden, die sie mit ihrem eigenen Budget tragen müssen. Außerdem kann die Unternehmensleitung so direkt steuern und priorisieren, wie viele Mittel für welches Projekt zur Verfügung stehen. Allerdings ist zu beachten, dass eine zentrale Zuteilung und Planung von finanziellen Mitteln nicht immer der effizienteste Weg ist und Manager der mittleren Führungsebene unter Umständen besser abschätzen können, wo und in welcher Höhe Finanzierungsbedarfe bestehen. Diese Problematik hängt jedoch stark von der jeweiligen Unternehmensstruktur ab.

Alternativ können Digitalisierungsprojekte auch **dezentral** von den einzelnen Abteilungen finanziert werden. Wie bereits erwähnt, kann hier die Allokation der Mittel unter Umständen effizienter und bedarfsgerechter erfolgen. Dabei besteht allerdings die Gefahr, dass Projekte, deren Mehrwert sich eher langfristig entfaltet, zu wenig finanziert werden, da die Anreizsetzung im mittleren Management oft nicht die langfristige Steigerung der Wettbewerbsfähigkeit fördert. Außerdem kann es zu Konflikten zwischen den beteiligten Unternehmenseinheiten kommen, beispielsweise bei der Frage, wer wie viel Nutzen aus einem Projekt zieht und folglich zum Budget beitragen sollte. Im schlechtesten Fall sehen die Beteiligten das Projekt lediglich in der (finanziellen) Verantwortung der IT-Abteilung und sind überhaupt nicht bereit, einen Beitrag zu leisten.

Auch wenn es keine allgemeingültige Antwort auf diese Problemstellung gibt, ist es wegen der oft weitreichenden Auswirkungen von Digitalisierungsprojekten auf die Gesamtorganisation wohl unumgänglich, dass die Unternehmensführung zumindest zu einem gewissen Grad Einfluss auf die Allokation der Budgets nimmt. Zu beachten ist jedoch auch, dass ein höheres Budget nicht automatisch zu einem größeren Erfolg von Digitalisierungsprojekten führt, denn zu viele finanzielle Mittel können auch träge machen und die Innovationskraft vermindern (Weinreich, 2016).

Ergänzend sei erwähnt, dass natürlich nicht nur Unternehmen vor der Aufgabe der Formulierung einer Transformationsstrategie stehen. So sollten sich Non-Profit-Organisationen ebenfalls mit der Formulierung einer Transformationsstrategie beschäftigen, was aktuell in Teilen auch schon geschieht. Die Nutzung von Technologien, die Veränderung der Wertschöpfung und die entsprechende Veränderung der Strukturen sollten auch dort zentrale Themen sein. Komplexer als in Unternehmen stellt sich dabei die vierte Dimension dar, denn hier sind neben dem finanziellen Rahmen auch die spezifischen Ziele einer Non-Profit-Organisation abzubilden.

5.1.4 Die Strategien dreier Branchen im Vergleich

Die digitale Transformation stellt Unternehmen aus traditionellen Branchen vor beachtliche Herausforderungen – darauf wurde schon mehrfach hingewiesen. Natürlich variieren Ausmaß und Geschwindigkeit der Veränderungen, welche die Unternehmen zunehmend unter Handlungsdruck setzen. Aufgrund von branchenspezifischen Trends und unterschiedlichen Schwerpunktsetzungen der Unternehmen sind dadurch auch verschiedenste Herangehensweisen an die digitale Transformation zu beobachten. Für die

Transformationsstrategie bedeutet das konkret, dass diese entsprechend unterschiedlich ausgestaltet sein muss.

Nachfolgend werden exemplarisch drei unterschiedliche Branchen mit einem (zunehmenden) Endkundenfokus verglichen, die sich derzeit inmitten einer digitalen Transformation befinden, deren Geschäft durch den digitalen Wandel teilweise massiv verändert wird und welche unterschiedliche digitale Reifegrade aufweisen (Chanias & Hess, 2016c; Hess et al., 2016; Wiesböck et al., 2017): die Medienbranche, die Automobilindustrie sowie die Erstversicherer.

5.1.4.1 Ausgangssituation in den drei Branchen

Die **Medienbranche** ist im Kontext der digitalen Transformation besonders interessant, da sie dem veränderten Konsumentenverhalten schon lange ausgesetzt ist (man denke nur an den bereits erwähnten Napster-Schock zu Beginn der 2000er-Jahre, vgl. Abschn. 2.1). Als eine der ersten Branchen war sie mit dem Aufkommen des Internets als neuem Medium dazu gezwungen, sich mit den Chancen und Risiken neuer digitaler Technologien intensiv auseinanderzusetzen. Die heute sichtbaren Auswirkungen des digitalen Wandels innerhalb der Medienbranche sind mannigfaltig: Digitale Medien lösen analoge zunehmend ab (man denke hier nur an das Printgeschäft); der Vertrieb über das Internet ersetzt Offline-Vertriebskanäle, wobei Online-Vertriebskanäle wie auch soziale Medien wiederum von neuen Wettbewerbern aus dem Technologiesektor (z. B. Apple, Google, Netflix) dominiert werden; zudem entstehen neue Schnittstellen zu anderen Branchen – in der Regel getrieben durch das (mobile) Internet und die darauf aufbauenden technischen Lösungen. Dadurch hat die Medienbranche auch schon deutlich früher als andere Branchen Managementstrukturen zur Bewältigung des Wandels entwickelt und nimmt somit eine Art Vorreiterposition ein. Die Geschäftsaktivitäten von Medienunternehmen konzentrieren sich traditionell auf die Erstellung, Aggregation und Distribution von Inhalten. Web 2.0 und die damit einhergehenden Möglichkeiten zur Kollaboration und Interaktion führen zum verstärkten Aufkommen von neuen Medienunternehmen, die sich auf den Austausch von Inhalten über Online-Medien spezialisieren. Diese Anbieter operieren nach dem Plattform-Ansatz, indem sie IT-basierte Plattformen betreiben und Nutzern zur Verfügung stellen.

Konfrontiert mit immer neuen Vorstößen von digitalen Playern wie Tesla, Uber oder Alphabet/Google im Bereich der Mobilität, hat auch die **Automobilbranche** mittlerweile die Notwendigkeit erkannt, den Trend des digitalen Wandels systematisch zu bearbeiten und die digitale Transformation mit gezielten Strategien aktiv zu gestalten. Dabei lassen sich vier zentrale Trends erkennen, die von nahezu allen Herstellern in ihren Transformationsstrategien aufgegriffen werden. Diese vier zentralen Trends werden mit dem Akronym C.A.S.E. zusammengefasst: „Connectivity", „Autonomous", „Sharing/Subscription/Smart", „Electrification". Allen voran steht das *vernetzte Fahrzeug* („Connectivity"), das ständig mit seiner Umwelt kommuniziert, sowie damit verbunden digitale Services („Connected Car"). Dieser Trend macht die bereits in Abschn. 2.1.2 erwähnte Zentralisierung der Fahrzeugarchitektur erforderlich. Das vernetzte Fahrzeug bildet wiederum die Basis für das *autonome Fahren* („Autonomous"), das je nach Level mit mehr oder weniger aktivem Eingreifen des Fahrers auskommt. Dazu kommen neue, „smarte" Mobilitätskonzepte, wie etwa Carsharing, und -pooling. Zuletzt ist auch der Trend der zunehmenden *Elektrifizierung* („Electrification") zentral, obwohl hier mittlerweile auch andere Nachhaltigkeitsaspekte eine zunehmende Rolle spielen als „nur" die Elektromobilität (Lieferketten, Wiederverwertung von Materialien etc.). Allen Unternehmen ist mittlerweile klar, dass diese vier Trends die Automobilbranche und deren Geschäftsmodelle mittel- bis langfristig grundlegend verändern werden. Als verarbeitende Industrie mit zumeist globalen Wertschöpfungsketten und einer umfassenden Vertriebsstruktur, die sowohl B2B- als auch B2C-Elemente umfasst, muss sich die Automobilbranche auch mit weiteren Digitalisierungstrends befassen, die nicht unmittelbar das originäre Kernprodukt betreffen. Dies reicht von digital angesteuerten Lieferketten über die vernetzte und automatisierte Produktion bis hin zu integrierten Omnichannel-Vertriebsansätzen.

Im Zuge der digitalen Transformation verändern sich auch in der **Versicherungsbranche** nicht nur die Prozesse, sondern auch die Geschäftsmodelle. Letztere sind von immateriellen, erklärungsbedürftigen Produkten sowie strenger Regulierung geprägt, weshalb für den Vertrieb von Versicherungsprodukten traditionell der persönliche Kontakt mit einem Vertreter eine besondere Rolle spielt. Das hat dazu beigetragen, dass die digitale Transformation in der Versicherungswirtschaft zurückhaltender als in anderen Industrien vorangetrieben wurde. In jüngerer Vergangenheit hat nun aber auch die Versicherungsbranche begonnen, den Übergang in die digitale Welt als zentrales Managementthema aufzugreifen. So rücken digitale Kanäle für Vertrieb und Service, aber auch neue Versicherungsprodukte, die durch digitale Technologien überhaupt erst ermöglicht werden (beispielsweise die nutzungsbasierte Kfz-Versicherung auf Basis von Telematik), in den Fokus. Ein Thema bleibt aber auch die weitere Automatisierung der Prozesse durch die schrittweise Nutzung neuer Technologien.

5.1.4.2 Nutzung von Technologien

Innovative digitale Technologien (bzw. fortgeschrittene IT) können für Unternehmen neue Geschäftsmöglichkeiten schaffen und für die Sicherung von Wettbewerbsvorteilen entscheidend sein. Gleichwohl unterscheiden sich die Bedeutung der IT sowie ihre strategische Rolle erheblich über die Branchen hinweg.

Die Medienbranche setzt mittlerweile verstärkt auf digitale Technologien als „Ermöglicher" von neuen Produkten, Prozessen und Geschäftsmodellen. Von zentraler Bedeutung sind dabei aktuell für viele Medienunternehmen – neben dem Ausbau des schnellen Internets als Infrastruktur für die mehrseitige und breitbandige Kommunikation – das Social Computing (d. h. der Einbezug des Nutzers in das Erstellen von Inhalten), medienneutrale Datenbanken und Personalisierungssysteme sowie neue Lösungen für die Vermarktung von Werbung.

Für die Hersteller von Fahrzeugen ist ein Ausbau der Infrastruktur ebenfalls von zentraler Bedeutung, allerdings mehr im Hinblick auf die Einbindung von Fahrzeugen in das Netz. Bei den Applikationen stehen die Zusatzdienste im Fahrzeug, Fahrassistenzsysteme sowie die Steuerung von Carsharing-Flotten im Fokus. Dazu kommt eine Umstellung der elektrisch-elektronischen Architektur im Fahrzeug. Häufig werden diese Technologien aber noch eher als Mittel zum Zweck („Unterstützer") denn als „Ermöglicher" neuer Produkte und Geschäftsmodelle gesehen.

Letzteres gilt auch für die Versicherer. Dort spielen Online-Portale sowie verschiedene Technologien für eine weitere Automatisierung der Kernprozesse weiterhin eine zentrale Rolle.

Unabhängig von der (bisherigen) strategischen Rolle der IT können Unternehmen unterschiedliche Ansätze für den Einsatz neuer digitaler Technologien folgen. Eher konservative Unternehmen nutzen möglicherweise etablierte und weit verbreitete Technologielösungen *(„Follower")*, während andere, progressivere Unternehmen als *„Early Adopter"* Technologien bereits in den frühen Stadien ihrer Entwicklung einsetzen.

Ein riskanterer Ansatz ist es, als *„Innovator"* zu agieren und neue technologische Lösungen eigenständig zu entwickeln, statt diese vom Markt zu beziehen. In den drei eben beschriebenen Branchen hat sich gezeigt, dass nahezu alle Unternehmen im Bereich der digitalen Technologien bisher eher „Follower" waren. Wenngleich aufgrund mangelnder technologischer Kompetenzen gerade in der Medien- und Versicherungsbranche wenige Beispiele für den Innovator-Ansatz gefunden werden können, bemühen sich doch nahezu alle Unternehmen dieser Branchen zunehmend, neue digitale Technologien als Early Adopter zumindest frühzeitig zu erkennen und zu testen. Einzig die Automobilbranche hat aufgrund ihrer ingenieursgeprägten Kultur weiterhin die Ambition, in digitalen, fahrzeugnahen Bereichen (wie z. B. dem vernetzten oder autonomen Fahren) als Innovator aufzutreten. Im Medienbereich erprobte die Burda-Gruppe die Rolle des Innovators mit dem Unternehmen „Cliqz". Das Unternehmen wollte damit eine Suchmaschine bereitstellen, bei der keine Nutzerdaten gesammelt und weitergeben werden. Mittlerweile wurde dieses Vorhaben jedoch eingestellt, da Burda keine Chance sah, sich langfristig gegen Google behaupten zu können.

5.1.4.3 Veränderungen der Wertschöpfungsstruktur

In allen Branchen zeigt sich, dass vormals analoge Produkte und Dienstleistungen entweder vollständig digitalisiert (z. B. Musik-Streaming/Medienbranche) oder um digitale Elemente erweitert bzw. angereichert werden (z. B. digitale Services für Pkw/Automobilbranche). Häufig ist hiermit auch die Intention verbunden, mithilfe einer digitalen bzw. digitalisierten Kundenschnittstelle neue Erlös- und Vertriebsmodelle zu schaffen, die gleichzeitig auch die Kostenposition des Unternehmens (beispielsweise im Service) verbessern. Die Versicherungsbranche sieht im digitalen Wandel aber auch die Chance zur Schaffung gänzlich neuer Versicherungsprodukte, wie z. B. die Absicherung von Risiken durch Cyber-Attacken.

Anhand der Medienbranche zeigt sich zudem, dass das Erschließen neuer Geschäftsfelder ein zentraler Bestandteil einer Transformationsstrategie sein kann. Hier zeigen sich die Veränderungen in der Wertschöpfung vor allem darin, dass viele Medienunternehmen ihre Wertschöpfungskette bereits in die digitale Welt diversifiziert haben. Die geringe Bereitschaft der Kunden, für digitale Inhalte zu bezahlen, macht ein Umdenken in der Medienindustrie erforderlich. Daher versuchen einige Medienunternehmen, ihre kommerziellen Aktivitäten auf weitere Geschäftsfelder zu verlagern, in denen die Zahlungsbereitschaft höher ist (z. B. E-Commerce).

Insgesamt können in der Wertschöpfungsdimension große Unterschiede zwischen den betrachteten Branchen hinsichtlich der Konfiguration der Transformationsstrategien ausgemacht werden – sowohl was das Ausmaß der digitalen Produktdiversifikation betrifft als auch in der künftigen Generierung von Erlösen und möglichen Hauptgeschäftsfeldern.

5.1.4.4 Veränderung der Organisationsstruktur

Es hat sich gezeigt, dass mit strukturellen Veränderungen im Zuge der digitalen Transformation gleich mehrere Teilaspekte verbunden sind. So stellt sich die Frage, welche C-Level-Position für die digitale Transformation verantwortlich sein sollte. Das Ergebnis über alle Branchen hinweg ist hierbei eindeutig und vergleichsweise homogen: So soll idealerweise der CEO die Verantwortung für die Transformationsstrategie übernehmen. Die operative Ausführung einer solchen Strategie wird nicht selten an einen leitenden Manager delegiert, der für große Teile des digitalen Geschäfts bzw. eine Digitaleinheit oder diejenige Geschäftseinheit verantwortlich ist, die am stärksten von der digitalen Transformation betroffen ist.

Strukturell klärt das Management im Rahmen einer Transformationsstrategie nicht nur die Verantwortlichkeiten, sondern entscheidet auch, ob neue digitale Geschäftstätigkeiten in bestehende Strukturen integriert oder aber in separate Einheiten ausgelagert werden, die vom Kerngeschäft sowie von der vorherrschenden Unternehmenskultur entkoppelt sind. Über die Branchen hinweg hat sich dabei gezeigt, dass die Integration in die bestehende Unternehmensstruktur vorteilhaft sein kann, wenn eine enge Koordination zwischen traditionellem und neuem digitalem Geschäft erforderlich ist. Hingegen kann die explizite Trennung von Bestandsgeschäft und neuen digitalen Aktivitäten disruptive Ansätze erleichtern, was sich ebenfalls in allen Branchen beobachten lässt.

In den hier betrachteten Branchen nutzen die Unternehmen zumeist mehrere der genannten digitalen Organisationsformen gleichzeitig.

5.1.4.5 Finanzielle Aspekte

Der zunehmende finanzielle Druck auf das aktuelle Kerngeschäft löst in vielen Unternehmen die digitale Transformation überhaupt erst aus. Doch wer die digitale Transformation in Angriff nehmen möchte, benötigt zugleich finanzielle Ressourcen, ob nun intern oder extern. Wer erst einmal abwartet und die Entwicklungen im Markt beobachten möchte, läuft daher schnell Gefahr, im Wettbewerb abgehängt zu werden. Wenn das Kerngeschäft jedoch weiterhin profitabel ist, sehen verantwortliche Manager bzw. Unternehmer oftmals nicht die Notwendigkeit, einen digitalen Wandel anzustoßen und durch größere Investitionen zu stützen.

Für die Medienbranche lässt sich feststellen, dass die Unternehmen unter einem vergleichsweise hohen finanziellen Druck stehen, es aber zumindest den größeren Unternehmen der Branche bislang dennoch gelungen ist, die Vielzahl an digitalen Aktivitäten aus dem bestehenden Cashflow zu finanzieren, ggf. begleitet von Konzentrationstendenzen.

Anders ist die Situation sowohl in der Versicherungs- als auch in der Automobilbranche, die bisher einen geringen bis sehr geringen finanziellen Druck durch den digitalen Wandel erfahren haben. Wenngleich in den (Fach-)Medien verschiedenste Bedrohungsszenarien aufgezeigt werden, sind die Erlösströme in beiden Branchen bisher recht stabil. Natürlich versuchen bereits zahlreiche neue Player das Kerngeschäft dieser Branchen mit digitalen Ansätzen zu adressieren (beispielsweise Online-Direktversicherer oder Internet-Autohäuser), doch halten sich die finanziellen Auswirkungen bisher in Grenzen, anders als in der Medienindustrie. Umso erfreulicher ist es daher, dass beide Branchen ihre vergleichsweise komfortable finanzielle Situation dazu nutzen, um im großen Stil gezielte Investitionen in digitale Aktivitäten zu tätigen.

5.1.5 Typische Elemente einer Transformationsstrategie

Auf Basis dieses Branchenvergleichs lassen sich nun die vier oben skizzierten Dimensionen des DTS-Frameworks weiter auffächern, um typische Elemente bzw. Inhalte einer Transformationsstrategie für jede Dimension zu beschreiben. Diese Elemente bieten eine erste Hilfestellung bei der inhaltlichen Ausgestaltung von Transformationsstrategien, müssen jedoch stets an den spezifischen Unternehmens- und Branchenkontext angepasst werden.

> **Typische Elemente einer Transformationsstrategie**
>
> **Nutzung von Technologien**
>
> - Anpassung der eigenen IT-Landschaft
> - Relevante technologische Trends
> - Rolle digitaler Technologien
> - Technologische Ambition
>
> **Veränderungen der Wertschöpfungsstruktur**
>
> - Neupositionierung im Hinblick auf die Wertschöpfungsketten
> - Zukünftige Kerngeschäftsfelder
> - Erlösquellen und Kostensenkungsansätze

Strukturelle Veränderungen der Organisation

- Verantwortung für die Transformationsstrategie
- Organisatorische Ansiedlung digitaler Aktivitäten
- Veränderungen in der IT-Landschaft
- Veränderungen in Struktur, Kultur und Kompetenzen

Finanzielle Aspekte

- Finanzieller Druck auf das aktuelle Kerngeschäft
- Finanzierung digitaler Initiativen

Wenig betont wurden in den drei oben erläuterten Beispielen die für die digitale Transformation erforderlichen Veränderungen in den Strukturen und Systemen eines Unternehmens. Diese spielen mittlerweile jedoch eine äußerst wichtige Rolle. Die Umsetzung der digitalen Transformation setzt in vielen Unternehmen zudem Veränderungen in der IT-Landschaft, der Struktur und Kultur sowie den vorhandenen Kompetenzen voraus. Derartige Veränderungen müssen ebenfalls in einer Transformationsstrategie festgelegt werden – häufig dauern sie lange und binden erhebliche Investitionsmittel.

5.2 Der Weg zur Transformationsstrategie

Während die inhaltlichen Bausteine einer Transformationsstrategie in Abschn. 5.1 bereits erläutert wurden, fehlen bislang noch konkrete Leitlinien für Unternehmer und Manager, wie eine dezidierte Transformationsstrategie formuliert werden sollte. Wie der Entstehungsprozess von Transformationsstrategien abläuft, wird daher nachfolgend genauer betrachtet (Chanias & Hess, 2016b; Chanias et al., 2019).

5.2.1 Zwei grundlegende Entstehungsweisen

Es zeigt sich, dass die zentrale Determinante für die Einführung und Realisierung von Transformationsstrategien das Zusammenspiel zwischen digitalen Transformationsbemühungen des Top-Managements (**„top-down"**) sowie der Mitarbeiter der Organisation (**„bottom-up"**) ist. Aus dieser Perspektive lassen sich zwei Varianten des Strategieprozesses unterscheiden. Nachfolgend sind beide Varianten anhand eines realen Beispiels dargestellt.

5.2.1.1 Bottom-up-Strategieentwicklung bei einem Automobilhersteller

Wenngleich die Vermutung nahe liegt, dass die Entstehung von Transformationsstrategien gerade in großen Organisationen bewusst vom Top-Management angestoßen wird, lässt sich dies aus ersten Erfahrungen nur bedingt bestätigen. Stattdessen zeigt sich, dass der Strategieprozess in diesem Umfeld eher bottom-up – also aus der Mitte der Organisation heraus – initiiert wird.

Das Beispiel eines international agierenden Automobilherstellers verdeutlicht dies. Im Jahr 2015 beschloss das Top-Management des Unternehmens, unter direkter Verantwortung des CEO mithilfe der zentralen Strategieabteilung eine unternehmensweite Transformationsstrategie zu entwickeln. Anstoß für das Top-Management waren dabei dynamische Entwicklungen im externen Umfeld des Unternehmens, die durch das Auftreten neuer Wettbewerber aus der Konsumelektronik sowie der Internetökonomie ausgelöst wurden. Mit der Zielsetzung, die führende Wettbewerbssituation auch im digitalen Zeitalter zu verteidigen, sollte somit eine neue Strategie erarbeitet werden. Zwischenzeitlich hatten die einzelnen Unternehmensbereiche aber längst damit begonnen, bei der digitalen Transformation Tatsachen zu schaffen. So zeigte sich, dass in bedeutsamen Unternehmensbereichen – von der Forschung und Entwicklung über die Produktion bis hin zum Vertrieb und Marketing – bereits zahlreiche Digitalisierungsinitiativen vorangetrieben wurden. Offensichtlich hatte die Mitte der Organisation aufgrund ihrer Marktnähe sowie Technologiekenntnisse deutlich vor dem Top-Management Digitalisierungsbedarfe erkannt und mit Unterstützung des mittleren Managements bereits strategische Initiativen auf den Weg gebracht. So hatte beispielsweise eine umfassende Connected-Car-Initiative ihren Ursprung in dem Bestreben des After-Sales-Bereichs, mithilfe von Zustandsdaten von (vernetzten) Fahrzeugen die Auslastung von Vertragswerkstätten zu erhöhen. Was den bereits laufenden digitalen Aktivitäten aber fehlte, war ein einheitliches Zielbild sowie eine systematische Steuerung durch das Top-Management. Denn mittlerweile hatte ein regelrechter „Wildwuchs" an dezentralen Digitalisierungsinitiativen stattgefunden, und einige Stakeholder hatten dabei bewusst übergreifende Abstimmungen vermieden, um nicht an Geschwindigkeit zu verlieren. Dies führte zu einer Situation, in der – aus gesamtorganisatorischer Sicht – zunehmend der Überblick über die laufenden Aktivitäten verloren ging und Synergiepotenziale nicht genutzt wurden.

Diese unkoordinierte Entstehungsweise sowie die beschriebenen Entwicklungen im externen Umfeld bewegten das Top-Management und die verantwortliche Strategieabteilung in diesem Beispielfall schließlich dazu, den digitalen Aktivitäten mittels einer Transformationsstrategie top-down doch noch eine einheitliche Richtung vorzugeben, Aktivitäten zu priorisieren und gegebenenfalls vorhandene gegenläufige Ideen zu eliminieren. Somit zielte die auf diese Weise entstandene Transformationsstrategie als ein ganzheitlicher Ansatz darauf ab, ein einheitliches Zielbild für alle laufenden digitalen Aktivitäten innerhalb der Organisation zu schaffen und die Vielzahl an separierten sowie deutlich früher entstandenen Digitalisierungsinitiativen an diesem Zielbild zu messen. Inhaltlich griff die Transformationsstrategie dabei die bestehenden Strategieinhalte der einzelnen Unternehmensbereiche weitgehend auf und bettete diese in einen formalisierten Rahmen ein.

Aus prozessualer Sicht wurde die Transformationsstrategie somit durch Bottom-up-Aktivitäten initiiert, auf die schließlich top-down reagiert wurde (Abb. 5.3). Mit anderen Worten: Die Inhalte der Transformationsstrategie waren bereits größtenteils vorhanden, bevor diese vom Top-Management überhaupt entwickelt wurde. Entgegen der weit verbreiteten Annahme, dass Strategien auf einem weißen Blatt Papier entstehen, lief dieser Bottom-up-Strategieprozess somit völlig anders als erwartet ab.

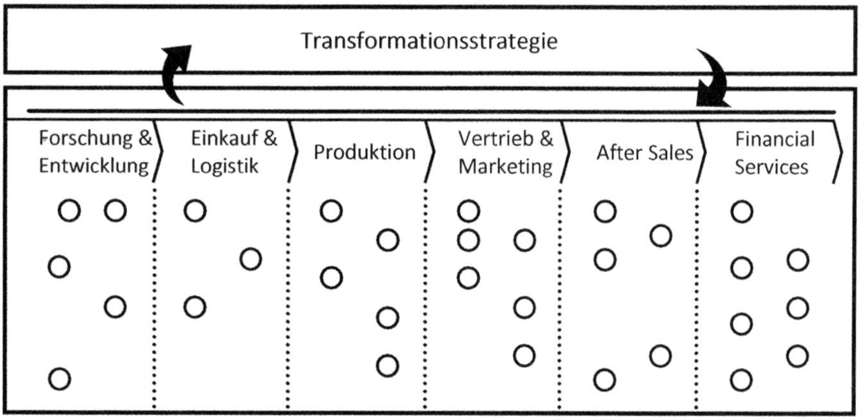

Abb. 5.3 Beispiel für einen Bottom-up-Strategieprozess

5.2.1.2 Top-down-Strategieentwicklung bei einem Finanzdienstleister

Das Gegenstück dazu ist der Anstoß der Strategieentwicklung durch einen von der Spitze ausgehenden Ansatz. Aber auch in diesem Fall ist eine Kombination mit der zweiten Richtung, in diesem Fall die Entwicklung von Ideen aus der Organisation, erforderlich. Das Beispiel eines mittelständischen Finanzdienstleisters verdeutlicht dies.

Der CEO dieses Unternehmens beschloss im Jahr 2016 als Reaktion auf ein Vorprojekt im Bereich Direktvertrieb das Unternehmen als eines der ersten der Branche bewusst digitaler aufzustellen. Hierfür wurde unter seiner Verantwortung ein Digitalisierungsverantwortlicher benannt, dem wiederum die Leitung einer eigens eingerichteten Digitaleinheit übertragen wurde. Zentrale Aufgabe der Digitaleinheit war es, eine unternehmensweite Transformationsstrategie zu formulieren und diese schnell in die Umsetzung zu bringen. Bis dato hatte das Unternehmen kaum Erfahrung mit Digitalisierungsinitiativen – nicht zuletzt deshalb, weil die IT-Abteilung – wie für den Finanzsektor typisch – starker Regulierung sowie Kontrolle unterlag und somit stets einen sicheren Betrieb der Infrastruktur in den Vordergrund gestellt hatte. Zum Vorantreiben digitaler Innovationen fehlte es somit nicht nur an entsprechenden Ressourcen und Know-how, sondern auch an dem dafür erforderlichen Anspruch.

Das Unternehmen verfolgte nun zwei Ansätze in der Strategieformulierung. Der erste Ansatz sah die sukzessive Ableitung von Digitalisierungsbedarfen in Form einer Roadmap seitens des Top-Managements für Kernbereiche des Unternehmens vor, um so eine fundamentale digitale Transformation des Geschäftsmodells zu erreichen. Der zweite Baustein sollte dabei helfen, digitales Innovationspotenzial innerhalb der Organisation zu heben. So wurden einzelne Abteilungen oder Mitarbeiter aufgefordert, sich an einem unternehmensweiten Ideenwettbewerb zu beteiligen und hierfür eigene Ideen aus ihrem Arbeitsfeld einzubringen. Auf der Grundlage dieser beiden Bausteine sollten somit innerhalb eines vorgegebenen Rahmens die Inhalte der Transformationsstrategie entstehen.

Interessanterweise stellte sich heraus, dass der Bottom-up-Baustein deutlich schneller Früchte trug als der Top-down-Baustein. Während ersterer nach relativ kurzer Zeit zu konkreten Digitalisierungsinitiativen führte und zugleich die kulturelle Transformation vorantrieb, wurde letzterer aufgrund von Unentschlossenheiten und Unstimmigkeiten innerhalb des Top-Managements kaum wirksam. Damit wurden die angestoßenen Bottom-up-Aktivitäten für den Top-down-Strategieprozess zu einem zentralen Erfolgselement. Gleichzeitig zeigte sich aber auch, dass die bottom-up gewonnenen Ideen eher inkrementeller Art waren.

5.2.1.3 Fazit

Schon allein aus diesen beiden Fällen lassen sich erste interessante Beobachtungen zum Prozess der Strategieentwicklung ableiten. Einmal ist festzuhalten, dass sich Digitalisierungsstrategien einerseits nur schwer zentral planen lassen, andererseits aber ein reiner Bottom-up-Ansatz auch nicht ausreicht. Erforderlich ist vielmehr ein Zusammenspiel von Bottom-up- und Top-down-Elementen. Tendenziell lassen sich aus der Organisation heraus eher Vorschläge für inkrementelle Weiterentwicklungen gewinnen. Grundlegend neue Ansätze, die z. B. zu ganz neuen Geschäftsfeldern führen, sollten dagegen eher zentral angestoßen werden. Eine empirische Studie aus der Medienindustrie bestätigt letztere Erkenntnis (KPMG, 2016).

5.2.1.4 Add-on: Transformationsstrategie als emergentes Phänomen

Bereits in den 1980er-Jahren beschrieb Mintzberg (Mintzberg & Waters, 1985), dass realisierte Strategien planerisch und damit den Intentionen des Top-Managements folgend entstehen oder aber sich „emergent" durch verstetigte sowie ungeplante Handlungsmuster herausbilden können – wobei in der Realität meistens beide Varianten der Strategieformierung in Organisationen zu beobachten sind. Die Gründe hierfür können vielfältig sein: Zum einen sind planerisch-analytische Prozesse zur Formulierung einer Strategie – die noch immer weit verbreitet sind und womöglich durch eine interne Strategieabteilung oder gar mit externer Unterstützung von Strategieberatern vorangetrieben werden – nicht in der Lage, alle Eventualitäten und Unwägbarkeiten bei der zukünftigen Implementierung zu erfassen; zum anderen können Dynamiken im internen oder externen Kontext eines Unternehmens den Verlauf des Strategieprozesses ändern, beispielsweise durch personelle Veränderungen im Top-Management, durch nicht vorhersehbare Aktivitäten wichtiger Wettbewerber oder durch neue Entwicklungen im Bereich der Technologie.

Die im Rahmen der Diskussion des Bottom-up-Strategieprozesses aufgezeigte unkoordinierte Entstehungsweise deutet auf eine primär emergente

Natur hin. Das ist nicht völlig überraschend, sind doch im Zuge des digitalen Wandels nahezu alle Unternehmensbereiche von IT-induzierten Veränderungen betroffen. Der aufgezeigte Wildwuchs an Digitalisierungsinitiativen weist darauf hin, dass viele Stakeholder innerhalb der Organisation frühzeitig Handlungsbedarfe erkannt haben und diese schnellstmöglich adressieren wollten. Das Top-Management steht somit vor der Herausforderung, den Überblick zu bewahren und nicht von bereits laufenden dezentralen Digitalisierungsbemühungen überholt zu werden. Entsprechend sind die planerischen Transformationsstrategien so zu konzipieren, dass emergent entstandene Strategieinhalte nachträglich mit den Intentionen des Top-Managements abgeglichen bzw. an diesen ausgerichtet werden können; auch sollte darauf geachtet werden, dass für die Zukunft Strategieinhalte geschaffen werden, die den Intentionen des Top-Managements folgen (beispielsweise übergreifende IT-Plattformen, welche Synergien für das gesamte Unternehmen bieten). In einem Bottom-up-Strategieprozess wird somit mittels der Transformationsstrategie ein formalisierter Rahmen geschaffen, welcher mit einer spezifischen Steuerungsfunktion einhergeht.

Obwohl Top-down-Strategieprozesse zunächst vielfach den Anschein einer planerischen Natur erwecken, lässt sich auch hier eine spezifische Funktion der Transformationsstrategie erkennen, welche eher auf einen emergenten Prozess hindeutet. Denn auch im Fall des oben betrachteten Finanzdienstleisters gab das Top-Management lediglich einen groben Rahmen vor, innerhalb dessen im Zeitverlauf konkrete Digitalisierungsinitiativen und damit Strategieinhalte entstehen sollten. Mintzberg (Mintzberg & Waters, 1985) bezeichnet solche Strategien als „beabsichtigt emergent", weil sie darauf abzielen, dass Strategieinhalte erst „auf dem Weg", jedoch innerhalb eines bewusst gemanagten Rahmens, entstehen. Wie auch bei den Bottom-up-Strategieprozessen, sollen im Top-down-Strategieprozess letztlich in der Transformationsstrategie die Intentionen des Top-Managements mit den Intentionen der Mitarbeiter der Organisation miteinander in Einklang gebracht werden – was neben dem emergenten Charakter eine weitere Gemeinsamkeit beider Strategieprozesse ist.

Aus dem bedingt oder sogar vollständig emergenten Charakter der Entstehung von Transformationsstrategien folgt aber auch, dass es keinen großen „Werkzeugkasten" mit vielen ausdifferenzierten Instrumenten für die Entwicklung von Transformationsstrategien geben kann – dieser wäre nur dann erforderlich, wenn eine Transformationsstrategie stark zentral geplant würde, was aber ganz offensichtlich nicht der Fall ist. Erforderlich sind vielmehr Mechanismen, die es erlauben, dass die gesamte Organisation in die Strategieentwicklung mit eingebunden werden kann.

5.2.2 Weitere Besonderheiten bei der Entstehung einer Transformationsstrategie

Nachfolgend werden zwei weitere Spezifika des Prozesses der Entstehung von Transformationsstrategien beschrieben.

5.2.2.1 Wechselspiel von Planung und Realisierung

Es hat sich gezeigt, dass Transformationsstrategien nicht den planerischen Konventionen der Strategieformulierung folgen. Im Gegenteil: Die Formulierung und Implementierung einer Transformationsstrategie sollten völlig anders angegangen werden. Es empfiehlt sich, die Realisierung einer solchen Strategie als **lernenden, dynamischen und ergebnisoffenen Prozess** zu verstehen, bei dem Formulierungsaktivitäten Hand in Hand mit Umsetzungsaktivitäten gehen. Die Transformationsstrategie ist dabei ein bewegliches Ziel (Moving Target), wobei die Formulierung und Implementierung kein absehbares Ende haben, da die Strategie mittels eines „Trial and Error"-Vorgehens kontinuierlich weiterentwickelt wird. Eine Metapher hierfür ist das Bild einer Rückkopplungsschleife bei der iterativen Entwicklung von Produktinkrementen (Minimum Viable Products) mithilfe agiler Methoden, die in der Realisierung von IT-Projekten zunehmend eingesetzt werden (siehe auch Abschn. 3.2.4.1). So können beispielsweise neue Entwicklungen im Bereich digitaler Technologien, aber auch Veränderungen im Marktumfeld, jederzeit in einer weiteren „Strategie-Schleife" aufgegriffen werden.

Auch hat sich gezeigt, dass bei der Formulierung und Implementierung von Transformationsstrategien auf eine Vielzahl von **neuartigen und unkonventionellen Vorgehensweisen** zurückgegriffen wird. Dabei handelt es sich um Vorgehensweisen, die von Digitalisierungsverantwortlichen ausgearbeitet und eingesetzt werden sowie zum Teil auch für betroffene Stakeholder in Form von konkreten Handlungsempfehlungen bzw. -vorgaben verfügbar gemacht werden. Beispiele für diese Praktiken sind:

- Bereichs- und hierarchieübergreifende sowie interaktive Formate zur Erarbeitung und Diskussion von Strategieinhalten (beispielsweise cross-funktionale Strategie-Offsite-Meetings unter Einbezug des oberen und mittleren Managements oder unternehmensweite Innovationswettbewerbe),
- der bewusste Einsatz einer Vielzahl von digitalen Medien und Kanälen zur unternehmensinternen Kommunikation von strategischen Zielen und Vorgehensweisen (beispielsweise mithilfe von Videos, die über das Intranet verteilt werden) sowie

- die bewusste Forcierung eines Wissensaustauschs zu digitalen Themen mit Experten, Dienstleistern, Start-ups, Wettbewerbern oder Unternehmen aus digital reiferen Industrien.

Einige der angeführten Vorgehensweisen stehen sinnbildlich für eine Öffnung des Strategieprozesses für die gesamte Organisation – mit der Zielsetzung, das bestmögliche Ergebnis zu erreichen. Dieser Ansatz, der auch als **„Open Strategy"** bezeichnet wird und sich in digitalen Kontexten etabliert hat (Tavakoli et al., 2017), stellt eine Abkehr von der Konvention dar, dass Strategien ausschließlich „geschlossen" vom Top-Management – also einer kleinen Gruppe – und im Verborgenen formuliert werden. Open Strategy bezeichnet im Gegensatz dazu einen inklusiven und transparenten Ansatz zur Formulierung einer Strategie, der verschiedene Akteure innerhalb wie auch außerhalb der Organisation miteinbezieht. Zumeist sind diese offenen Ansätze IT-gestützt, d. h. Unternehmen greifen auf kollaborative sowie soziale Tools und Plattformen zurück, um den Strategieprozess durchzuführen. Beispiele für mögliche IT-Lösungen sind Blogs, Wikis, Survey-Tools, Crowdsourcing-Plattformen oder Enterprise Social Networks. So hat IBM beispielsweise bereits im Jahr 2008 mehr als 150.000 interne und externe Teilnehmer mithilfe einer sozialen IT-Plattform in den unternehmensweiten Strategieprozess auf Basis eines Innovation Jams integriert, im Rahmen dessen etwa 32.000 Ideen generiert und diskutiert wurden. Als zentrale Vorteile dieses offenen Ansatzes gelten die volle Ausschöpfung des kreativen Potenzials einer Organisation, aber auch bessere und schnellere (strategische) Entscheidungen, die zudem mehr Rückhalt bzw. Akzeptanz innerhalb der Organisation finden. Obgleich mit einem solchen Ansatz unweigerlich ein hoher Koordinationsaufwand verbunden ist, bietet Open Strategy somit die Möglichkeit, eine Transformationsstrategie beabsichtigt emergent entstehen zu lassen.

5.2.2.2 Dialogorientiertes Vorgehen

Neben der Wahl zeitgemäßer Ansätze ist für das Gelingen der Strategieumsetzung aus Managementsicht zudem eine Sensibilität für die internen politischen Spannungen, welche Digitalisierungsbemühungen meist umgeben, von zentraler Bedeutung. Gerade im Digitalisierungskontext werden manche Initiativen von Stakeholdern mit der (individuellen) Absicht gestartet, die eigene Karriere voranzutreiben oder die Kompetenzen des eigenen Bereichs auszuweiten und so die eigene Daseinsberechtigung zu zementieren. Nicht wenige Digitalisierungsinitiativen sind auch schon daran gescheitert, dass sich die beteiligten Bereiche und Manager über die Verteilung von Kompetenzen, Zuständigkeiten oder Budgets nicht einig wurden. Auch stoßen Mitarbeiter aus anderen Branchen, die in vielen Unternehmen zunehmend für einen Wissenstransfer im Kontext des digitalen Wandels angeworben werden, aufgrund ihrer unkonventionellen Denk- und Vorgehensweisen oftmals auf Widerstände und Ablehnung innerhalb der Organisationen. Politische Entwicklungen können so schnell zum Hindernis für die digitale Transformation werden. Klar ist: Ein Patentrezept zur Auflösung solcher Spannungen oder Interessenskonflikte bei der Strategieumsetzung gibt es nicht. Es hat sich jedoch gezeigt, dass ein dialogorientiertes Vorgehen mit Involvierung höherer Führungsebenen sowie die klare Festlegung bzw. schriftliche Fixierung von Verantwortlichkeiten ein erster, wesentlicher Schritt ist – der idealerweise bereits vor dem Auftreten erster Spannungen erfolgen sollte.

5.2.3 Zwei Instrumente für die Generierung von Ideen bottom-up

Der Bottom-up-Ansatz, d. h. das Aufgreifen von vorhandenen Ideen, ist – in den skizzierten Nuancen – ein wichtiger Ansatz für die Generierung von Ideen aus der Organisation heraus. Neben der Entwicklungsarbeit in F&E-Abteilungen und der Projektarbeit im mittleren Management sind Ideenwettbewerbe und „Hackathons" wichtige Instrumente dafür. Beide werden nachfolgend vorgestellt.

5.2.3.1 Ideenwettbewerbe

Ein Ideenwettbewerb ist ein Wettbewerb von Innovatoren, die ihre Fähigkeiten, Erfahrungen und ihre Kreativität nutzen, um Ideen zu generieren oder eine Lösung für eine bestimmte Aufgabe zu liefern (Walcher, 2010). Ideenwettbewerbe sind auch unter Begriffen wie Innovationswettbewerbe oder Designwettbewerbe bekannt, auch wenn sie sich auf die Generierung von Ideen fokussieren. Im Kern sind Ideenwettbewerbe eine Idee des klassischen Vorschlagswesens, das viele Unternehmen kennen.

Im Rahmen eines Ideenwettbewerbs wird einer Zielgruppe auf einer IT-gestützten Plattform eine Aufgabe gestellt, die innerhalb einer festgelegten Laufzeit bearbeitet werden muss. Häufig findet die Auswahl der eingereichten Ideen in einem mehrstufigen Prozess statt, wobei die Ideen in einer ersten Stufe grob gefiltert und die verbleibenden Ideen sukzessive weiter konkretisiert werden. Die Ergebnisse werden in der Regel durch eine Jury bewertet, die den Gewinner des Wettbewerbs mit einem Geld- oder Sachpreis prämiert. Unter dem Aspekt des Wettbewerbs wird das Ziel verfolgt, die Qualität und Quantität der Einreichungen zu verbessern. Die Preisvergabe soll transparent und motivierend sein. Es kann förderlich sein, den Gewinnern Ressourcen für die weitere Umsetzung ihrer Idee zur Verfügung zu stellen.

Durch die Einbindung der Innovatoren erhält das Unternehmen Zugriff auf das implizite Wissen der Teilnehmer hinsichtlich ihrer Bedürfnisse (Bedürfnisinformation) sowie auf ihre Sachkenntnisse zur Problemlösung (Lösungsinformation).

Ein Ideenwettbewerb kann online und/oder offline veranstaltet werden. Als Organisatoren des Wettbewerbs können interne Innovatoren (z. B. Mitarbeiter) oder auch externe Innovatoren (z. B. Kunden, Endverbraucher oder Partner) im Sinne des Open-Innovation-Ansatzes zu dem Wettbewerb einladen. Einen Überblick über die wichtigsten Gestaltungsmerkmale für Ideenwettbewerbe gibt Tab. 5.1.

Innovationswettbewerbe lassen sich auch mit Externen durchführen. Wenn ein Unternehmen seinen Innovationsprozess in den frühen Phasen gezielt öffnet und die Außenwelt mit in diesen Prozess einbindet, dann realisiert es den **Open-Innovation-Ansatz** (von Hippel, 2001). Die bestehenden Forschungs- und Produktentwicklungsabteilungen der Unternehmen sollen durch Open Innovation nicht ab- oder aufgelöst werden. Vielmehr geht es um eine Ergänzung, einen zusätzlichen Input von Kunden, Lieferanten und anderen externen Akteuren, um auf veränderte Umweltbedingungen und Trends schneller reagieren zu können.

Ein Beispiel für einen gelungenen Open-Innovation-Ansatz ist die Ideas Platform von Lego, über die Kunden kreative Produktvorschläge für Baukästen einreichen können, zunehmend auch genutzt für Ideen mit digitalem Bezug (Lego Ideas, 2018). Aber auch die Deutsche Bahn öffnet sich gegenüber externen Ideengebern und vergibt einen „Supplier Innovation Award", um neuartige Ideen von Lieferanten zu fördern. Die eingereichten Lösungen werden von einer Jury bewertet und sollen die Deutsche Bahn befähigen, ihre Produkte oder Dienstleistungen mit deutlich besseren Leistungseigenschaften (z. B. in Bezug auf Qualität, Termintreue, Flexibilität, Effizienz, Kosten, Komfort, Erlebnischarakter) anbieten zu können (Deutsche Bahn, 2018).

Charakteristisch für die Öffnung des Unternehmens ist, dass Nutzer des Produktes und damit externes Wissen in den Innovationsprozess eingebunden werden (siehe auch Abb. 5.4). Die Öffnung der Ideenfindung ermöglicht es auch Unternehmen mit geringem Budget, eine Vielzahl von Ideen zu generieren. Diese Ideen werden häufig mit einfachen und pragmatischen Mitteln

Tab. 5.1 Ausgestaltungsvarianten eines Ideenwettbewerbs. (Walcher, 2010)

Parameter	Ausprägung
Medium	Online
	Gemischt
	Offline
Organisator	Unternehmen
	Öffentliche Organisation
	Gemeinnützig
	Individuum
Aufgabenspezifität	Niedrig (offene Aufgabe)
	Definiert
	Hoch (konkrete Aufgabe)
Ausarbeitungsgrad	Idee
	Skizze
	Konzept
	Prototyp
	Lösung
	Entwickelnd
Zielgruppe	Spezifisch
	Unspezifisch
Teilnahme als	Individuum
	Team
	Beides
Evaluation	Jurybewertung
	Peer-Bewertung
	Selbst-Einschätzung
	Gemischt
Community-Funktionalitäten	Vorhanden
	Nicht vorhanden
Anreizsystem	Monetär
	Nicht-monetär
	Gemischt
Laufzeit	Sehr kurz
	Kurz
	Lang
	Sehr lang

entwickelt. Offene Innovationsprozesse haben also eine flexible „Trial & Error"-Mentalität und ermöglichen somit auch unvorhergesehene Entwicklungen. Den Ideengebern ist bewusst, dass sie ihr Wissen und ihre Ideen einer selbst organisierten Community zur Verfügung stellen. Bei dieser Art von Ideengenerierung müssen Unternehmen unter Umständen also Lösungen für den Schutz des geistigen Eigentums der Ideengeber finden. Eine Möglichkeit dafür könnten gegebenenfalls Open-Source-Lizenzen sein.

In diesem Sinne analysiert das IBM Industry Solution Lab in Zürich externe Innovationsimpulse von Kunden. Jährlich werden Kunden-Workshops durchgeführt und Forschungsprojekte, Produktangebote oder neue Technologien

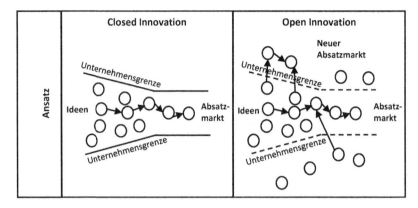

Abb. 5.4 Open Innovation versus Closed Innovation

vorgestellt. Zusätzlich veranstaltet das IBM Industry Solution Lab einmal im Jahr die sogenannten „Innovation Days", an denen führende Wissenschaftler, Kunden, Lieferanten oder potenzielle Partner zusammenkommen, um Impulse zu geben. Dieser Austausch ermöglicht es IBM, früh auf neue Geschäftsfelder aufmerksam zu werden und somit schneller als die Konkurrenz zu reagieren. Der Erfolg von IBM basiert in diesem Fall klar auf der Öffnung des Innovationsprozesses, wodurch das Unternehmen flexibler auf neue Marktanforderungen reagieren kann (IBM, 2018).

Die Möglichkeiten von internetbasierten Kommunikationstools (z. B. Innovationsplattformen) beschleunigen und unterstützen den Open-Innovation-Ansatz ganz entscheidend. Web-Plattformen wirken hier als Treiber, da sie die einfache Einbindung von Nutzern in unterschiedliche Phasen des Innovationsprozesses erst möglich machen. Über Crowdsourcing-Plattformen kann die Intelligenz der Masse abgeschöpft werden. Damit sind Crowdsourcing-Plattformen im Sinne des Open-Innovation-Ansatzes eine Extremform, die nur IT-basiert funktioniert.

5.2.3.2 Hackathons

Ein Hackathon ist eine kollaborative Problemlösungsveranstaltung, die zum Ziel hat, innerhalb kürzester Zeit konkrete Lösungen hervorzubringen (Schroll, 2007). Diese Art von Veranstaltung wird von verschiedensten Unternehmen angeboten, keinesfalls nur von IT-Start-ups. Erstmals tauchte der Begriff Hackathon, der sich aus den Wörtern „Hack" und „Marathon" zusammensetzt, 1999 auf, als sich Open-Source-Software-Entwickler des Betriebssystems OpenBSD und Sun Microsystems unabhängig voneinander zu

Events trafen, um Lösungen für bestehende Probleme und Herausforderungen zu erarbeiten. Alternative Bezeichnungen sind „Hack Day", „Hackfest" und „Codefest". Größere Bedeutung kam dem Hackathon in den 2000ern zu, als einige Unternehmen darin das Potenzial erkannten, innerhalb weniger Stunden neue Softwaretechnologien zu entwickeln und so innovative Ideen für digitale Innovationen mit Hilfe weniger Ressourcen zu fördern.

Programmierer und Software-Architekten, aber auch Grafikdesigner und Projektmanager aus unterschiedlichen Unternehmen und Branchen werden zu einem Hackathon-Wettbewerb eingeladen, um in Teams neue Software zu entwickeln oder verwandte, IT-zentrierte Problemstellungen zu bearbeiten. Oftmals werden in nur 24 h Ideen vorgeschlagen und Lösungen ausgearbeitet, Codes programmiert und die Ergebnisse überprüft und verbessert. Die Teilnehmer sollten also nicht nur hervorragende Programmierkenntnisse haben, sondern auch die Fähigkeit, unter Zeitdruck mit zuvor unbekannten Teammitgliedern zu arbeiten. Dabei ist es nicht unüblich, dass bei erfolgreichem Abschluss ein Preisgeld ausgeschüttet wird.

Grundsätzlich lassen sich zwei Arten von Hackathons unterscheiden. Der Fokus des **„tech-centric" Hackathons** liegt in der Entwicklung von Software mithilfe einer spezifischen Technologie oder Applikation, beispielsweise das Programmieren einer App mithilfe einer bestimmten Programmiersprache für eine bestimmte Schnittstelle. **„Focus-centric" Hackathons** verfolgen dagegen mit ihren Softwareinnovationen spezifische Unternehmensziele oder soziale Ziele. Zum Beispiel laden Facebook und Google regelmäßig externe Entwickler zu Hackathon-Events ein, zusätzlich zu Hackathons, an denen nur unternehmensinterne Mitarbeiter beteiligt sind. Ein Hackathon mit einer sozialen Zielsetzung ist beispielsweise eine Ausschreibung zur Verbesserung des städtischen Nahverkehrssystems.

Ein Beispiel für die erfolgreiche Integration von Hackathon-Events in die Innovationskultur lässt sich bei Facebook beobachten (Facebook, 2012). Facebook veranstaltet mehrmals im Jahr Hackathons, um damit Ideen zu generieren und die Innovationsfähigkeit des Unternehmens zu fördern. Dabei entwickeln Programmierer im Kontext bestehender operativer Plattformen neue Innovationen, die lösungs- und zukunftsorientiert ausgerichtet sind. Hackathons bieten für Facebook einen großen Vorteil, da sie die persönliche Begegnung verschiedener Programmierer-Communities fördern, welche sonst oft geografisch voneinander getrennt sind, und den Mitarbeitern Raum geben, neue Konzepte zu verwirklichen. Die Idee für den „Like Button" soll zum Beispiel im Rahmen eines solchen Hackathons entstanden sein. Inkrementelle Produkt-Innovationen sind ein typisches Ergebnis von Hackathons.

5.3 Managementrollen in der digitalen Transformation

Digitale Transformation ist eine Aufgabe des Top-Managements – diesen Satz würde wohl jeder heute unterschreiben. Aber: Kann ein CEO das Thema delegieren oder muss er es selbst vorantreiben? Ferner stellt sich die Frage, ob die bekannten Rollenmodelle überhaupt ausreichen. Ist der Chief Information Officer (CIO) wirklich der Treiber der digitalen Transformation – oder sorgt er „nur" für eine effiziente und schnelle technische Umsetzung? All dies sind Fragen, die sich mit Managementrollen in der digitalen Transformation auseinandersetzen. Im nachfolgenden Kapitel finden sich erste Antworten.

5.3.1 Digitale Transformation ist Chefsache

Tab. 5.2 zeigt das Ergebnis einer praxisnahen Analyse deutscher Medienunternehmen bereits im Jahr 2016 (KPMG, 2016). Der Beschluss der Transformationsstrategie, die Abstimmung mit der Unternehmensstrategie und die Veränderung der Unternehmenskultur liegen für über 80 % der Teilnehmer in der Verantwortung des CEOs. Doch auch bei den anderen Aufgaben trägt er in den meisten Fällen die Hauptverantwortung, selbst in Bereichen, die klassischerweise beim CFO oder CHRO liegen. Lediglich die Modernisierung der IT-Infrastruktur (was hier auch die Entwicklung neuer Applikationen einschließt) wird in der Mehrzahl der Unternehmen vom CIO und nicht

Tab. 5.2 Verteilung der Hauptverantwortung für das Management der digitalen Transformation in der Medienbranche. (KPMG, 2016)

	CEO (%)	CDO (%)	CIO (%)	CFO (%)	CHRO (%)
Ideen und Anstöße für die Digitalisierung geben	68	16	3	0	0
Digitalisierungsstrategie beschließen	84	12	0	0	0
Abstimmung mit Unternehmensstrategie	88	7	0	0	0
Projektportfolio steuern	52	14	3	3	0
Finanzielle Ressourcen allokieren	65	3	1	27	0
IT-Infrastruktur modernisieren	28	7	46	3	1
Innovationsfördernde Strukturen aufbauen	65	7	3	1	6
Transformation offen und intensiv kommunizieren	70	10	1	0	3
Mentalität und Unternehmensstruktur verändern	83	3	0	0	3
Personal schulen und einstellen	39	8	1	4	23

vom CEO primär verantwortet. Erstaunlicherweise hat der CIO, der eigentlich eine Nähe zu technologischen Themen hat und in der Vergangenheit auch als Treiber von Innovationen und Weiterentwicklungen des Geschäfts oder zumindest der Prozesse gesehen wurde, wenig Verantwortung, die über die reine IT hinausgeht.

Bei der Steuerung von Transformationsprogrammen wird – das zeigt eine zweite Auswertung der erwähnten Studie – der CEO vor allem vom CDO unterstützt. Allgemein kann beobachtet werden, dass ein CDO eine stark auf die Unterstützung des CEOs ausgerichtete Funktion einnimmt. So ist er am Aufbau innovationsfördernder Strukturen, der Kommunikation der Transformation im Unternehmen und auch teilweise an der Schulung des Personals beteiligt. Bei der Finanzmittelallokation, der Modernisierung der IT-Infrastruktur und der Steuerung des Projektportfolios ist er hingegen eher selten involviert. Diese Studie zeichnet damit das Bild des CDOs als Verantwortlichen in der zweiten Reihe, der zwar selten hauptverantwortlich agiert, den CEO jedoch auf breiter Front als Berater und Organisator unterstützt.

Unterscheidet man zwischen größeren und kleineren Unternehmen, dann zeigen sich ein paar unterschiedliche Nuancen. So lässt sich tendenziell beobachten, dass auch in größeren Unternehmen der CEO weitestgehend die Hauptverantwortung für die digitale Transformation trägt. Allerdings sind in größeren Unternehmen die anderen C-Level-Positionen eher in ihrem Bereich verantwortlich, also der CFO bei der Ressourcenallokation, der CHRO bei der Personalschulung und Einstellung und der CIO eben für die IT-Infrastruktur und die IT-Systeme. Zu beobachten ist auch, dass in mittleren und größeren Unternehmen verstärkt sogenannte Digitalisierungsboards eingesetzt werden. In diesen Gremien werde Digitalisierungsfragen detaillierter als in den Linienboards diskutiert.

5.3.2 Der CDO als unterstützende Rolle

5.3.2.1 Aufgaben eines CDOs

Die typischen Aufgaben eines CDOs (der häufig auch mit etwas anderen Titeln, wie z. B. Head of Digital Transformation, in Unternehmen zu finden ist) lassen sich am Beispiel eines Verlages aus der Medienbranche gut verdeutlichen (Horlacher & Hess, 2016). Dieser Verlag bietet weltweit sehr erfolgreich Lernlösungen an, hatte aber neueren technologischen Entwicklungen deutlich zu wenig Beachtung geschenkt. Konkretes Ziel war es daher, den

Verlag vom reinen Print-Publisher zu einem modernen, digitalen „Bildungs-Verlag" mit vielen Online-Angeboten weiterzuentwickeln. Zu diesem Zweck wurde bereits 2012 ein CDO eingesetzt. Er war zuvor in der Strategieabteilung eines Medienunternehmens tätig gewesen. Die erste Herausforderung für den neuen CDO, der direkt an den CEO des Bildungsbereichs des Verlags berichtet, bestand zu Beginn darin, die Entwicklung einer umfassenden Transformationsstrategie für das Unternehmen zu begleiten. Diese wurde später integraler Teil der Verlagsstrategie. Verlagsintern lag der Fokus des digitalen Wandels auf dem Produkt, wobei sich für den CDO primär die Frage stellte, wie die neuen digitalen Produkte aussehen müssen, um zukunftsträchtig und am Markt erfolgreich zu sein.

Zentrale Voraussetzung für die Umsetzung der Transformationsstrategie war die interne Umgestaltung der Organisation, wie beispielsweise die Veränderung der Berichtsstrukturen. Zugleich musste der CDO die den Produkten zugrunde liegenden Applikationen und Infrastrukturen im Auge behalten und eruieren, welche (neuen) Technologien der Verlag benötigte, um die neuen digitalen Produkte erfolgreich produzieren und distribuieren zu können. In diesem Zuge wurde die gesamte Produktentwicklung neu konzipiert und deutlich ausgebaut. Fehlendes Wissen und mangelnde Erfahrung außerhalb des traditionellen Verlagsgeschäfts wurden dabei von extern durch gezieltes Recruiting in das Unternehmen integriert. In der Produktion wurden viele Teilschritte standardisiert und eine den Anforderungen der digitalen Welt Rechnung tragende modulbasierte Produktion wurde eingeführt. Ein wichtiger Bestandteil der digitalen Transformation des Verlags war auch eine sogenannte datengetriebene Produktentwicklungsstrategie. Durch Auswertung der vorliegenden Daten zur Produktnutzung soll ein Produkt so viel schneller als früher an Wünsche der Kunden angepasst werden. Im Jahr 2015 war das Vorhaben weitgehend abschlossen. Der CDO übernahm daraufhin eine Linienfunktion in einer großen Verlagsgruppe.

Dieses Beispiel zeigt die typischen Aufgaben eines CDOs. Einmal ist er dafür verantwortlich, dass eine Transformationsstrategie entsteht, dass diese auf der aktuellen technologischen Entwicklung beruht und dass sie mittels Initiativen auch tatsächlich umgesetzt wird. Dafür muss er insbesondere die unternehmensweite Zusammenarbeit fördern, was in vielen gewachsenen Unternehmen keine einfache Angelegenheit ist. Zudem ist es seine Aufgabe, Begeisterung für den digitalen Wandel im Unternehmen zu entfachen und so die Mitarbeiter in die Entstehung einer Transformationsstrategie einzubeziehen – der mehr oder weniger emergente Charakter von Transformationsstrategien macht dies unverzichtbar.

Gleichwohl können CDOs in der Praxis je nach Unternehmenskontext unterschiedliche, ggf. über den Zeitverlauf wechselnde Schwerpunkte setzen. Dafür haben sich drei Ansätze etabliert (Singh & Hess, 2017):

- CDOs als **Entrepreneure** explorieren Innovationen, die durch den Einsatz neuer digitaler Technologien entstehen können, formulieren eine entsprechende digitale Transformationsstrategie und setzen diese in ihrem Unternehmen um. CDOs dieser Ausprägung initiieren und designen damit den kontrollierten Wandel ihres Unternehmens bis hin zu einer vollständig digitalen Organisation, welche neue Informationstechnologien strategisch für sich nutzt. In dieser Rolle als Entrepreneure verändern CDOs hin und wieder ganze Geschäftsmodelle.
- Als **Digital Evangelists** inspirieren CDOs die gesamte Belegschaft eines Unternehmens im Hinblick auf neue Technologien und deren strategischen Einsatz im Unternehmen. Dazu ist meist ein tiefgreifender kultureller Wandel nötig, den der CDO vorantreibt und damit auch der Zusammenarbeit über Funktionen und Hierarchiestufen hinweg Vorschub leistet. Dafür kommunizieren derartige CDOs ihre digitale Transformationsstrategie und den Fortschritt digitaler Aktivitäten im gesamten Unternehmen, um alle auf die gemeinsame Reise mitzunehmen. Auch Schulungen spielen in diesem Kulturwandel eine wichtige Rolle, da die Belegschaft im Verlauf der digitalen Transformation mit vielen neuen Herausforderungen und Prozessänderungen umzugehen hat.
- Um den Wandel und die übergeordnete digitale Transformationsstrategie aktiv einzuleiten und umzusetzen, können CDOs primär auch als **fachbereichsübergreifende Koordinatoren** agieren. So managen sie den kontrollierten Wandel von entkoppelten Funktionen hin zu fachbereichsübergreifend zusammenarbeitenden Organisationen. CDOs dieser Ausprägung vernetzen das gesamte Unternehmen, schaffen bestehende Silomentalitäten ab und steuern die digitale Transformation fachbereichsübergreifend.

Um die jeweilige Rolle erfolgreich umsetzen zu können, ist es erforderlich, dass der CDO neben originärem Transformationswissen auch über fundierte IT-Kenntnisse sowie über ausreichend Widerstandsfähigkeit (Resilienz) verfügt. Insbesondere für das Agieren in bereichsübergreifenden Projekten ist diese Widerstandsfähigkeit unverzichtbar. CDOs profitieren zudem von visionärem Denken, um über bestehende Strategien und bewährte Praktiken hinauszublicken und die digitale Zukunft ihrer Unternehmen zu gestalten. Darüber hinaus ist für CDOs Inspirationsfähigkeit wichtig, um interne

Entscheidungsträger und Mitarbeiter von ihrer Vision der digitalen Transformation zu überzeugen und die damit verbundenen Vorteile aufzuzeigen.

CDO-Positionen werden aktuell in vielen Unternehmen geschaffen, insbesondere wenn der Transformationsdruck groß und die Organisation komplex ist. In einer Praxisstudie von KPMG (KPMG, 2016) gab ein knappes Drittel der Unternehmen aus der Medienbranche bereits 2016 an, einen CDO oder eine analoge Stelle eingerichtet zu haben. Kein einziges dieser Unternehmen wollte diese Stelle wieder zurückbauen, vielmehr dachte knapp die Hälfte sogar über eine Stärkung dieser Position nach. Eine weitere Praxisstudie (etventure 2018) ergab, dass bereits in 15 % der befragten Unternehmen aus den unterschiedlichsten Branchen in Deutschland ein CDO die digitale Transformation steuert.

5.3.2.2 Abgrenzung der CDO-Rolle

Zwangsläufig stellt sich auch die Frage nach der Abgrenzung der Rolle des CDOs zu „benachbarten" C-Level-Positionen (Horlacher & Hess, 2016).

Am engsten sind die Berührungspunkte zum CIO und zum Chief Strategy Officer (CSO). Natürlich ist die digitale Transformation eine strategisch wichtige Aufgabe für Unternehmen. Typischerweise sind strategische Themen Aufgabe des CSOs. Jedoch fehlt dem CSO in der Regel das dedizierte digitale Expertenwissen bezüglich digitaler Geschäftsmodelle und insbesondere der Potenziale digitaler Technologien für ein Unternehmen.

Ein CDO hat andere Aufgaben als ein CIO – Themen wie die Entwicklung neuer Produkte gehören ebenso dazu wie die Weiterentwicklung der Kultur eines Unternehmens. Selbst wenn CIOs – wie es von ihnen in letzter Zeit zunehmend erwartet wird – punktuell digitale Innovationen und damit strategischen Mehrwert für das Geschäft liefern, sind sie doch durch ihr klassisches Geschäft zunehmend gefordert. Einmal soll der CIO sowohl die Systemlandschaft als auch die Infrastruktur weiterentwickeln, und das zunehmend für ein Netzwerk an Zulieferern, bei sich beschleunigenden Technologiezyklen und unter tendenziell wachsendem Kostendruck. Mit der zunehmenden Bedeutung der IT steigen zudem die Anforderungen an Verfügbarkeit und Sicherheit der IT-Landschaft. Der CIO hat die herausfordernde Rolle eines strategischen IT-Spezialisten im Unternehmen inne, während der CDO der digitale Transformationsspezialist des Gesamtunternehmens ist. Dies ist auch ein wichtiges Unterscheidungsmerkmal zwischen CDOs und CIOs: Die digitale Transformation ist fundamentaler Kern der Arbeit eines CDOs, und eben nicht „nur" eine zusätzliche Aufgabe neben anderen. Dadurch hat der CDO keinen dedizierten Fokus auf technologische Aspekte, sondern berücksichtigt auch die Kundenperspektive, um schlussendlich eine Wertschöpfung zu erreichen.

CDOs ersetzen auch nicht die Innovationsverantwortlichen in einem Unternehmen. Chief Innovation Officers treiben Innovationen und die Innovationsbereitschaft in Unternehmen voran, jedoch nicht nur im digitalen Bereich. Auch ist der CDO nicht mit einem Chief Data Officer zu verwechseln, wie er in manchen Unternehmen bereits installiert wurde. Ein Chief Data Officer konzentriert sich auf die Identifikation und Nutzung der Datenbestände eines Unternehmens und ist daher klar fokussiert, anders als der CDO mit seinem doch recht breiten Aufgabenspektrum.

In Tab. 5.3 sind die Hauptaufgaben der oben genannten Managementrollen den Aufgaben des CDOs gegenübergestellt.

Abschließend sei noch kurz auf zwei weitere Aspekte eingegangen. Typischerweise wird ein CDO für das gesamte Unternehmen installiert. Handelt es sich dagegen um ein sehr großes Unternehmen mit sehr heterogenen Geschäftsbereichen, kann es durchaus sinnvoll sein, CDOs auf Ebene der Geschäftsbereiche oder sogar ausgewählter Funktionsbereiche zu installieren, wobei diese in diesem Fall oftmals spezialisierte Rollenprofile aufweisen (z. B. digitale Marketingspezialisten). Besonders naheliegend ist dies, wenn die Konzernspitze eher als Finanz- denn als Managementholding agiert. Zudem ist zu beobachten, dass die Idee eines CDOs auch im öffentlichen Sektor zunehmend aufgegriffen wird. So hat Bayern im Frühjahr 2018 erstmals einen Digitalisierungsminister berufen, dessen zentrale Aufgabe es ist, Transformationsstrategie und -programm weiterzuentwickeln, umzusetzen und das Thema in die anderen Ressorts hineinzutragen – ganz wie ein CDO in einem Unternehmen.

5.3.3 Rahmenbedingungen zur Einsetzung eines CDOs

CDO-Positionen werden aktuell in vielen Unternehmen geschaffen. Es zeigt sich mittlerweile aber auch, dass die Installation eines CDO eine adäquate Antwort auf die Herausforderungen der digitalen Transformation sein kann, CDOs aber nicht in allen Kontexten Teil einer erfolgreichen digitalen Transformation sein müssen. Firk et al. (2021) zeigen, dass die Entscheidung, die Zuständigkeiten für die digitale Transformation in der Position des CDO zu zentralisieren, von zwei Faktoren wesentlich abhängen.

Der **Transformationsdruck** signalisiert, wie wichtig für Unternehmen die Umstellung auf digitale Geschäftsmodelle ist. Die digitale Transformation ist

Tab. 5.3 Aufgaben des CDOs im Vergleich mit angrenzenden Managementrollen

Chief Digital Officer	Chief Strategy Officer	Chief Information Officer	Chief Innovation Officer	Chief Data Officer
Begleitung der Festlegung einer Digitalisierungsstrategie Initiierung konkreter digitaler Initiativen Digitale Motivation des Gesamtunternehmens	Begleitung der Festlegung der Unternehmensstrategie Begleitung der Strategieumsetzung M&A	Entwicklung einer IT-Strategie Bereitstellen der passenden IT-Systeme und der IT-Infrastruktur	Fördern innovativer Ansätze im Unternehmen Kooperation mit innovativen Anbietern außerhalb	Identifikation der Datenbestände Verbessern von Möglichkeiten der Datenverwertung und -analyse

aus Sicht einzelner Unternehmen unterschiedlich wichtig. Aus einer internen Perspektive können die inhärenten Merkmale der jeweiligen Geschäftsmodelle dazu führen, dass sich die Wertschöpfung durch das Aufkommen digitaler Technologien erheblich verändert. Gerade informations- und wissensbasierte Geschäftsmodelle, wie etwa von Medien- oder Dienstleistungsunternehmen, sind anfällig dafür, durch digitale Substitute ersetzt zu werden. Solche Unternehmen können besonders davon profitieren, dass CDOs die digitale Transformation beschleunigen, indem sie neue digitale Geschäftsmodelle konzipieren und die erforderlichen digitalen Fähigkeiten aufbauen. In Bezug auf den Transformationsdruck spielen aber auch externe Faktoren – in Form von neuen Wettbewerbern, die etablierte Marktpositionen gefährden können – eine Rolle. Neue und agile Unternehmen, die digitale Technologien effizient nutzen, dringen zunehmend in etablierte Wettbewerbskontexte ein. In der Automobilbranche setzen beispielsweise Unternehmen wie Uber die traditionellen Akteure durch den Aufbau digitaler Plattformen, die Mobilität als Dienstleistung anbieten, stark unter Druck. Firmen können in diesem Zusammenhang besonders von CDOs profitieren, die die starken Bedrohungen durch aufstrebende digitale Unternehmen antizipieren und entsprechende Gegenmaßnahmen einleiten.

Die Notwendigkeit eines CDOs im TMT wird zudem von dem internen und externen **Koordinationsbedarf** der digitalen Transformation beeinflusst. Der interne Koordinierungsbedarf für die digitale Transformation ist in stark diversifizierten Unternehmen besonders groß, da diese anfällig für das Entstehen von Geschäftssilos sind, die digitale Initiativen entkoppelt verfolgen. CDOs können solche dezentralisierten digitalen Aktivitäten zusammenfassen und Synergien bei der Entwicklung und Anwendung digitaler Technologien über Produkt- oder geografische Abteilungen hinweg identifizieren und realisieren. Da die digitale Transformation oftmals organisatorische Machtstrukturen in diversifizierten Unternehmen verändert, kann ein CDO zudem dabei unterstützen, den dadurch entstehenden politischen Spannungen entgegenzuwirken. Auf der externen Seite entsteht ein Koordinierungsbedarf vor allem dann, wenn das regionale Umfeld bei der digitalen Infrastruktur hinterherhinkt. Zu diesen Infrastrukturen gehören sowohl technische als auch rechtliche Bedingungen. So hängt die Umsetzung der digitalen Transformation in einer bestimmten Region von den vorhandenen technischen Rahmenbedingungen ab, etwa von der Geschwindigkeit und Abdeckung des Breitband-Internetzugangs. Ein Rückstand bei der notwendigen Infrastruktur kann Unternehmen daran hindern, digitale Innovationen – wie etwa solche, die auf dem Internet der Dinge aufbauen – in den jeweiligen Märkten einzuführen. Darüber hinaus können rechtliche Rahmenbedingungen den digitalen Wandel entweder erleichtern, indem sie Regularien an die Eigenschaften digitaler Innovation anpassen, oder den Fortschritt behindern, indem sie zusätzliche Hindernisse schaffen. CDOs können durch die Kommunikation mit den relevanten Stakeholdern auf resultierende Probleme einer mangelhaften Infrastruktur hinweisen und eine Verbesserung aushandeln.

Abb. 5.5 fasst die beiden skizzierten Rahmenbedingungen zur Einsetzung eines CDOs in Unternehmen zusammen, indem eine Unterteilung in vier Quadranten stattfindet. Dabei werden bei dem Transformationsdruck und dem Koordinationsbedarf der digitalen Transformation nach internen und externen Aspekten unterschieden. Unterhalb der Quadranten wird der Beitrag dargestellt, den ein CDO in der jeweiligen Dimension leisten kann.

Erwähnenswert ist das Ergebnis von Firk et al. (2021), dass der Einfluss des Koordinationsbedarfs mit der Zeit zunimmt, während der Einfluss des Transformationsdrucks abnimmt. Dies lässt sich zum einen dadurch erklären, dass mit zunehmender Durchdringung verschiedener Branchen und Unternehmensbereiche durch die Digitalisierung der Koordinierungsbedarf zwischen verschiedenen Projekten und Einheiten innerhalb des Unternehmens steigt. Auf der anderen Seite sind Ideen und Wissen mit fortschreitender

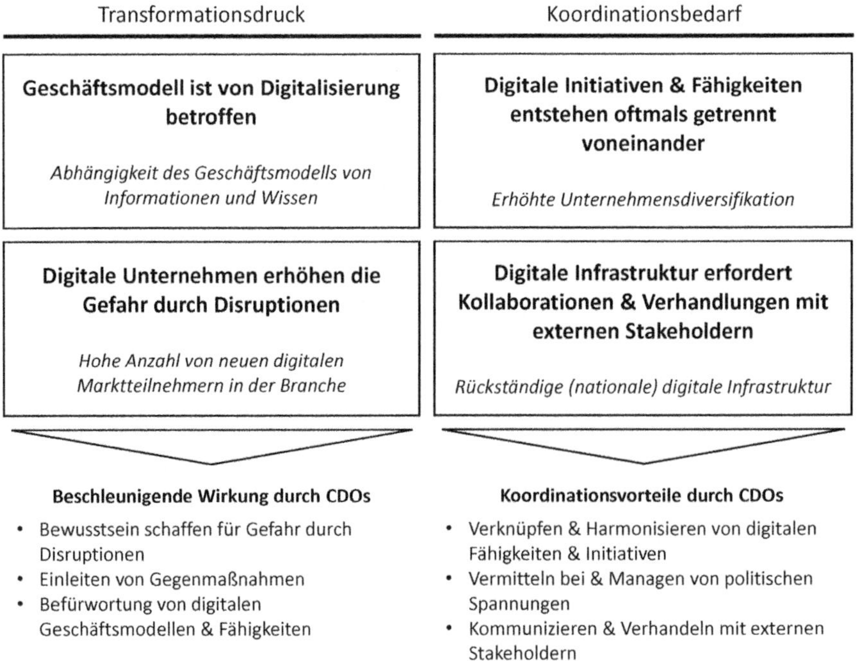

Transformationsdruck	Koordinationsbedarf
Geschäftsmodell ist von Digitalisierung betroffen *Abhängigkeit des Geschäftsmodells von Informationen und Wissen*	**Digitale Initiativen & Fähigkeiten entstehen oftmals getrennt voneinander** *Erhöhte Unternehmensdiversifikation*
Digitale Unternehmen erhöhen die Gefahr durch Disruptionen *Hohe Anzahl von neuen digitalen Marktteilnehmern in der Branche*	**Digitale Infrastruktur erfordert Kollaborationen & Verhandlungen mit externen Stakeholdern** *Rückständige (nationale) digitale Infrastruktur*
Beschleunigende Wirkung durch CDOs • Bewusstsein schaffen für Gefahr durch Disruptionen • Einleiten von Gegenmaßnahmen • Befürwortung von digitalen Geschäftsmodellen & Fähigkeiten	**Koordinationsvorteile durch CDOs** • Verknüpfen & Harmonisieren von digitalen Fähigkeiten & Initiativen • Vermitteln bei & Managen von politischen Spannungen • Kommunizieren & Verhandeln mit externen Stakeholdern

Abb. 5.5 Rahmenbedingungen zur Einsetzung eines CDOs. (Firk et al., 2021)

Digitalisierung stärker verbreitet und werden zunehmend als selbstverständlich angesehen. Da dadurch die Notwendigkeit des Wandels und die möglichen Wege der digitalen Transformation immer deutlicher werden, nimmt der Einfluss des Transformationsdrucks auf die CDO Präsenz im Laufe der Zeit ab.

5.3.4 Erfolgreiches Zusammenspiel zwischen CDO und CIO

Ohne die Anpassung der IT-Systeme und der IT-Infrastruktur ist jede digitale Transformation zum Scheitern verurteilt. Letzteres gilt aber auch, wenn sich die digitale Transformation nur auf die technische Ebene beschränkt. Teilweise haben CIOs daher den Anspruch, sich über die Einführung technischer Systeme hinaus auch mit neuen Prozessen, Produkten oder sogar mit neuen Geschäftsmodellen zu beschäftigen – auch wenn sich dies in der Praxis meist auf neue Prozesse beschränkt. Für Unternehmen bedeutet dies, dass sie ein besonderes Augenmerk auf eine funktionierende Beziehung zwischen CDO und CIO legen und diese aktiv fördern sollten, denn nur im Zusammenspiel zwischen dem IT-Expertenwissen des CIOs und dem digital-strategischen Geschäftswissen des CDOs kann die digitale Transformation gelingen. Doch die unterschiedlichen Hintergründe und Expertisen von CDOs und CIOs sowie manche Historie von CIOs in Unternehmen bergen Konfliktpotenzial, da sie schnell zu sehr unterschiedlichen Sichtweisen und damit zur Blockade von Digitalisierungsprogrammen führen können.

Untersuchungen (Singh et al., 2017) zeigen, dass vier Faktoren für das Zusammenspiel zwischen CDO und CIO besonders wichtig sind:

- ein gemeinsames Verständnis, was die Ziele der digitalen Transformation angeht,
- Spezialisierung,
- Vertrauen,
- Abstimmung bezüglich der konkreten Zusammenarbeit (siehe Abb. 5.6).

Zusammengenommen führen die drei letztgenannten Aspekte dazu, dass der kognitive Overload von CDO und CIO reduziert wird, da sich beide auf verschiedene Wissensgebiete spezialisieren, dem Wissen und Können des jeweils anderen vertrauen und sich dementsprechend auf unterschiedliche Aspekte einer gemeinsamen Aufgabe konzentrieren.

Abb. 5.6 Voraussetzungen für eine gute Zusammenarbeit zwischen CDO und CIO. (Singh et al., 2017)

In Bezug auf die Spezialisierung innerhalb von CDO-CIO-Teams ist im ersten Schritt ein Wissen um das jeweilige konkrete Fachwissen des anderen von besonderer Bedeutung. Eine ausgeprägte Kommunikation erleichtert im nächsten Schritt die Wissensweitergabe. Mindestens ebenso wichtig sind klar abgegrenzte Rollendefinitionen, welche die konkrete Aufgabenverteilung zwischen CDOs und CIOs erleichtern. Wenn CDOs beispielsweise für Managementaufgaben und CIOs für technologische Aufgaben in Zusammenhang mit der digitalen Transformation zuständig sind, sind die Rollen in der Regel klar definiert, was potenzielle Reibungen verringert. Voraussetzung dafür ist wiederum die Akzeptanz dieser Rollen von beiden Parteien gleichermaßen.

Bei letztgenanntem Aspekt spielt auch der dritte Faktor, Vertrauen, eine besonders wichtige Rolle. Wenn sich CDOs und CIOs auf unterschiedliche Aufgabenbereiche fokussieren, müssen sie auf die Expertise des jeweils anderen vertrauen können. Gegenseitiges Misstrauen und ständiges (gegenseitiges) Kontrollieren würden die Zusammenarbeit behindern und verzögern. Ganz allgemein ist natürlich auch ein guter Fit der Persönlichkeiten dem gegenseitigen Vertrauen zuträglich, da dies zumeist mit ähnlichen Sichtweisen und Zielen verbunden ist. Politischer Wettbewerb hingegen verhindert ein gegenseitiges Vertrauen, weshalb auch in diesem Kontext eine offene und intensive aufgabenbezogene Kommunikation essenziell ist, die das gegenseitige Vertrauen und damit die Zusammenarbeit auf konstruktive Weise stärken kann. So können politische Differenzen unterbunden und der Teamgeist gestärkt werden. Auch ähnliche Arbeitserfahrungen und Kenntnisse sowohl in Bezug auf IT als auch auf digitale Strategien und Projekte sind vorteilhaft, um das (gegenseitige) Vertrauen in die Expertise des jeweils anderen zu stärken.

Im Sinne einer Abstimmung müssen CDO und CIO ihr spezialisiertes Expertenwissen aggregieren und integrieren. Werden Aktivitäten gut koordiniert, kann das Ziel der digitalen Transformation effizienter erreicht werden, da beide Parteien bereits von Anfang an wissen, wie die Aufgaben untereinander am besten verteilt werden können. Auch hier sind klare Rollendefinitionen und Verantwortungszuteilungen vorteilhaft. Um diese wiederum dauerhaft sicherzustellen, ist es wichtig, dass auch der CEO ein Auge darauf hat und sich bewusst ist, wie wichtig klare Rollendefinitionen für die Zusammenarbeit sind. Somit können auch CEOs dazu beitragen, politische Differenzen zwischen CDOs und CIOs zu vermeiden. CDOs und CIOs selber können z. B. durch regelmäßige formale Meetings die Koordination positiv beeinflussen, denn eine gute Organisation und Strukturierung ihrer Zusammenarbeit ist ein weiteres Kernelement einer effizienten Zusammenarbeit. Dazu gehört z. B. das Priorisieren von Projekten und der gemeinsame Fokus auf die ausgewählten Kernprojekte, auch wenn CDOs und CIOs mit einer Vielzahl von Aufgaben und Baustellen konfrontiert sind. Besonders in großen Konzernen, in denen eine regelmäßige direkte Kommunikation zwischen CDOs und CIOs nicht immer möglich ist, können Intermediäre die Kommunikation und Aufgabenintegration zwischen CDO und CIO stärken.

Den Faktoren Spezialisierung, Vertrauen und Koordination vorgelagert ist ein gemeinsames Verständnis über die Ziele der digitalen Transformation. Dies führt zu einer schnelleren Entscheidungsfindung und mehr Effektivität. Dabei spielen vor allem zwei Aspekte eine wichtige Rolle, nämlich persönliche Gemeinsamkeiten und beidseitiger Wissensaustausch. Interaktionen zum Austausch von Geschäfts- und strategischem IT-Wissen unterstützen das gemeinsame Verständnis ebenso wie eine regelmäßige informelle Kommunikation. Persönliche Gemeinsamkeiten in Form von ähnlichen demografischen und erfahrungstechnischen Charakteristika führen wiederum zu ähnlichen Einstellungen. Besonders positiv wirken sich diese dann aus, wenn sowohl der CDO als auch der CIO Geschäftserfahrungen, IT-Kenntnisse und Erfahrungen mit unternehmerischem Wandel bzw. Change-Prozessen gesammelt haben, wobei es besonders wichtig erscheint, dass CIOs einen gewissen Grad an Geschäftserfahrung und CDOs einen gewissen Grad an IT-Kenntnissen im Laufe ihrer Karriere erlangt haben.

5.4 Reifegradmodelle als Hilfsmittel?

Vor der Entwicklung einer Transformationsstrategie liegt es nahe, eine Bestandsaufnahme durchzuführen und so den Status quo eines Unternehmens in der digitalen Transformation zu erfassen. Dazu werden immer wieder Reifegradmodelle angepriesen (Chanias & Hess, 2016a).

5.4.1 Das Konzept der digitalen Reife

In den letzten Jahren wurde in diesem Kontext eine kaum zu überblickende Anzahl von Reifegradmodellen vorgeschlagen, um den Status der digitalen Transformation eines Unternehmens zu analysieren. Die Mehrheit dieser Ansätze wurde von Unternehmensberatungen innerhalb eines praxisbezogenen Kontexts abgeleitet und entwickelt. Auf den ersten Blick scheinen viele der Modelle ähnliche Ansätze für die Beurteilung der digitalen Reife eines Unternehmens zu verwenden und sind an die Ideen klassischer Reifegradmodelle angelehnt. Bei näherer Betrachtung werden jedoch einige Unterschiede zwischen den Modellen deutlich.

Reifegradmodelle sind gängige Instrumente in Bereichen wie der Entwicklung oder dem Projekt- und Qualitätsmanagement. Sie werden immer dann genutzt, wenn das Beobachtungsobjekt schwer zu erfassen ist und eine Grundlage für unternehmerische bzw. strategische Entscheidungen benötigt wird. Das wohl bekannteste Beispiel ist das **Capability Maturity Model Integration** (CMMI), welches auf mehrere Bereiche angewendet werden kann: Produkt- und Dienstleistungsentwicklung (CMMI for Development, CMMI-DEV), Serviceaufbau und -management (CMMI for Services, CMMI-SVC) sowie Produkt- und Dienstleistungsakquise (CMMI for Acquisition, CMMI-ACQ). Hauptidee dieser umfassenden Modelle ist es, Prozesse zur Vermeidung von Ad-hoc-Vorgehensweisen zu etablieren und gleichzeitig standardisierte Verfahren für Prozesse einzuführen, um diese zu formalisieren sowie zu optimieren. In diesem Zusammenhang beschreibt die „Reife" den Grad der Prozessbeherrschung und -verbesserung und bezieht sich – etwas allgemeiner formuliert – auf einen Zustand, der vollständig oder perfekt ist.

Der Begriff der digitalen Reife (**Digital Maturity**) kann auf zwei verschiedene Arten interpretiert werden.

- Einmal kann der Begriff umschreiben, inwieweit die Aufgaben und Informationen (bzw. Informationsflüsse) eines Unternehmens von der IT durchgeführt bzw. verarbeitet werden. Gemäß dieser technologischen Interpretation wäre ein Unternehmen vollumfänglich digital, wenn es bei der Ausführung aller Aufgaben und der Speicherung aller Informationen ausschließlich IT einsetzt. Obwohl diese Definition aus technologischer Sicht eine interessante Interpretation darstellt, scheint sie für Managementfragen jedoch weniger relevant zu sein – siehe dazu auch Abschn. 2.6.

- Aus Managementsicht deutlich bedeutsamer ist daher eine zweite Interpretation des Begriffs Digital Maturity, der als Status der digitalen Transformation eines Unternehmens verstanden wird und beschreibt, was ein Unternehmen bereits im Hinblick auf die Durchführung von (digitalen) Transformationsbemühungen erreicht hat. Diese Bemühungen können beispielsweise umfassende Veränderungen aus operativer Sicht – wie etwa Veränderungen von Produkten oder Prozessen – sowie erworbene Metafähigkeiten im Hinblick auf die Beherrschung des organisatorischen Veränderungsprozesses beinhalten.

5.4.2 Zwei typische Reifegradmodelle

Um die Vielfalt an bestehenden Modellen zur Bestimmung der digitalen Reife zu veranschaulichen, werden nachfolgend zwei recht unterschiedliche, aber durchaus typische Reifegradmodelle für die digitale Transformation vorgestellt.

Das MIT Center for Digital Business und Capgemini Consulting (Capgemini Consulting, 2011) haben recht früh einen Ansatz für die singuläre Beurteilung der digitalen Reife von Unternehmen mithilfe einer **Digital Maturity Matrix** vorgeschlagen. Dieser Ansatz erlaubt es, Unternehmen nach zwei Dimensionen zu bewerten, die dann in einer Matrix zusammengeführt werden.

- Die erste Dimension, Digital Intensity (das „Was"), beschreibt eine Kombination aus strategischen Vermögenswerten, digitalen Elementen, digitalen Fähigkeiten und Investitionen.
- Die zweite Dimension, Transformation Management Intensity (das „Wie"), adressiert Managementaspekte, welche die digitale Transformation beeinflussen und z. B. eine digitale Vision oder eine spezifische Führungs- und Organisationsstruktur für die digitale Transformation umfassen.

Zusammen stellen diese beiden Dimensionen die digitale Reife eines Unternehmens dar. Eine umfassende digitale Transformation, die einen Mehrwert für alle Stakeholder schafft, kann nur erreicht werden, wenn das Unternehmen in beiden Dimensionen vollumfänglich ausgereift ist. Dabei werden vier verschiedene digitale Reifegrade beziehungsweise Unternehmens-Archetypen unterschieden (siehe Abb. 5.7).

Die Reifegradbewertung nach diesem Ansatz basiert auf einer Selbstevaluation mit zehn Leitfragen für jede der beiden Hauptdimensionen. Die Ausprägung für jede Hauptdimension wird daher bestimmt, indem die Leit-

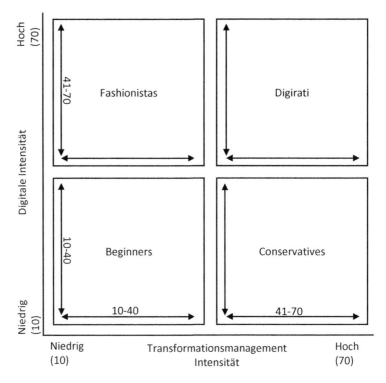

Abb. 5.7 Digital Maturity Matrix. (Capgemini Consulting, 2011)

fragen mit Werten zwischen 1 und 7 bewertet werden. Somit stellt der Wert 10 die niedrigste mögliche Punktzahl pro Dimension und der Wert 70 das Maximum dar. Dies bedeutet auch, dass keine Gewichtung der Fragen stattfindet. Die digitale Reife eines Unternehmens stellt somit die Kombination der beiden Hauptdimensionen dar, wobei der Wert 41 die Schwelle für jede Dimension ist.

Das zweite Modell, das **Digital Maturity Model** (IWI-HSG & Crosswalk, 2015), umfasst neun Dimensionen, die aus Reifekriterien bestehen, welche wiederum durch mehrere Best-Practice-Indikatoren gemessen werden. Hauptziel ist dabei, Unternehmen in fünf aufsteigenden Reifegraden von „Erproben", „Aufbauen", „Konsolidieren", „Strukturieren" bis „Optimieren" einzustufen.

Um den digitalen Reifegrad eines Unternehmens zu beurteilen, muss ein Online-Fragebogen ausgefüllt werden – im Rahmen einer umfassenden Evaluation, die eine größere Anzahl von Unternehmen während eines bestimmten Beurteilungszeitraums einbezieht und typischerweise bis zu neun Themenfelder abdeckt, von der „Customer Experience" bis zum „Transformation Management". Für jeden der Best-Practice-Indikatoren müssen die Teilnehmer auf einer fünf-Punkte-Skala eine Bewertung eintragen. Jeder Indikator wird daraufhin dynamisch einem bestimmten Schwierigkeitsgrad zugeordnet. Anschließend werden die Indikatoren mittels einer Clusteranalyse auf fünf Reifegrade aufgeteilt, wobei die einfachsten Indikatoren als Reifegrad eins und die anspruchsvollsten als Reifegrad fünf klassifiziert werden. Um sicherzustellen, dass ein Unternehmen nicht in Reifegrad fünf eingeordnet wird, ohne die Anforderungen der unteren Stufen zu erfüllen, kann ein Unternehmen nur dann nach oben gelangen, wenn es die Kriterien der unteren Stufen ebenfalls erfüllt. Darüber hinaus wird ein Unternehmen auf der Grundlage seines prozentualen Reifegrades bewertet, der alle insgesamt erfüllten Indikatoren berücksichtigt. Dabei wird jedem Indikator auf der Grundlage seiner Schwierigkeit eine bestimmte maximale Anzahl von Punkten zugeordnet. Danach wird der Prozentsatz der erzielten Punkte in Bezug auf die maximale Punktzahl berechnet, was zum prozentualen Reifegrad eines Unternehmens führt. Der Gesamtreifegrad wird durch die Berechnung des Mittelwerts der beiden Stufen abgeleitet.

Der Fragebogen des „Digital Maturity Model" mit den Best-Practice-Indikatoren und einer detaillierten Beschreibung der Methodik steht grundsätzlich frei zur Verfügung, wodurch die Bewertung bis zu einem gewissen Grad zurückverfolgt werden kann. Jedoch ist es aufgrund der Gestaltung des Modells, welches eine größere Anzahl an teilnehmenden Unternehmen für die dynamische Indikatorbewertung und eine komplexe mathematisch-statistische Berechnung erfordert, nicht möglich, die Bewertung unabhängig durchzuführen und die genaue Zusammensetzung des Ergebnisses ohne die Unterstützung des Herausgebers des Modells nachzuvollziehen.

5.4.3 Designparameter für Reifegradmodelle

Die beiden vorgestellten Ansätze haben eine Reihe von Gemeinsamkeiten, zeichnen sich aber auch durch eine Reihe von Unterschieden aus. Auf Basis einer breiten Analyse vorhandener Ansätze (Chanias & Hess, 2016a) lassen sich sieben wichtige Gestaltungsparameter abgrenzen:

- Anzahl und Ausrichtung der Dimensionen: Das Hauptmerkmal von digitalen Reifegradmodellen ist die Anzahl und Vielfalt an Dimensionen, welche die Kompetenzbereiche repräsentieren und die Grundlage für die nachfolgende Reifegradbestimmung bilden. Die Anzahl und der Fokus dieser Dimensionen können sich in gewissem Umfang unterscheiden; die

Spanne an Dimensionen kann von zwei bis sechzehn reichen. Aus inhaltlicher Sicht decken typische Dimensionen die Aspekte des (strategischen) Transformationsmanagements, des Kerngeschäfts inklusive dem digitalen Produkt- und Dienstleistungsangebot, des digitalen Wandels von internen Prozessen und Abläufen, der digitalen Kundeninteraktion sowie der IT-Nutzung und -Entwicklung ab. In den meisten Fällen wird jedoch lediglich die interne Perspektive betrachtet, während externe Wahrnehmungen wie z. B. Kunden-Feedback nicht hinzugezogen werden. Darüber hinaus gibt es kaum Modelle, welche weiterführende Leistungsindikatoren eines Unternehmens berücksichtigen, wie z. B. bestehende digitale Einnahmen oder Finanzinvestitionen.

- Anpassungsmöglichkeiten: Nur wenige Modelle bieten die Möglichkeit, die Methode auf den spezifischen Kontext des Unternehmens anzupassen, wie z. B. den industriellen Hintergrund oder andere Besonderheiten des Unternehmens. So verwenden die meisten der vorhandenen Modelle einen standardisierten Ansatz zur Beurteilung der digitalen Reife. Jedoch werden einige Modelle regelmäßig von ihren Herausgebern überarbeitet, um den aktuellen Stand der technologischen Entwicklung richtig wiederzugeben. Der letztere Aspekt ist vor allem hinsichtlich der stetigen Veränderung der digitalen Reifebewertung wichtig, da sich (technologische) Möglichkeiten im Laufe der Zeit weiterentwickeln. Bei der Beurteilung der digitalen Reife eines Unternehmens berücksichtigen daher fast alle Modelle aktuelle und absehbare Möglichkeiten sowohl in Bezug auf die bereits erreichten Veränderungen (z. B. in welchen Umfang Kunden über mobile Kanäle erreicht werden können) als auch auf die zu erwartenden Herausforderungen.

- Auswertung und Datenerfassung: Die Mehrheit der untersuchten Modelle bietet nicht die Möglichkeit einer Selbstevaluation, da sie nicht ausführlich beschrieben oder notwendige Werkzeuge nicht öffentlich verfügbar sind. So muss in den meisten Fällen eine Unternehmensberatung beauftragt werden, um die Beurteilung für das Unternehmen durchzuführen. Dennoch gibt es einige Modelle, die eine manuelle oder unterstützte Selbstevaluation ermöglichen, meist durch grobe Richtlinien oder einen Online-Fragebogen. Diese Modelle schlüsseln ihre Hauptdimensionen auf, indem bestimmte Bereiche, Leitfragen oder spezifische Indikatoren verwendet bzw. betrachtet werden, welche wiederum von Unternehmensvertretern beurteilt werden müssen.

- Reifegradbestimmung: Es besteht eine große Auswahl an qualitativen und quantitativen Ansätzen, um die digitale Reife von Unternehmen zu bestimmen. Qualitative Modelle können beispielsweise auf teilstrukturierten Management-Interviews basieren und ihre Bewertung auf interpretativer

Basis durchführen. Quantitative Modelle verwenden meist strukturierte Fragebögen mit Bewertungsskalen und können einerseits sehr einfach aufgebaut sein, z. B. indem sie eine zusammengefasste Punktzahl für jede Dimension verwenden, andererseits aber auch sehr komplex ausfallen, z. B. durch die Kombination verschiedener mathematisch-statistischer Auswertungsverfahren zur Ermittlung eines Scores. Einige quantitative Modelle basieren auch auf einer (dynamischen) Gewichtung von Dimensionen und zugrunde liegenden Indikatoren.

- Reifegradbeurteilung: Die Mehrheit der Modelle führt eine Beurteilung anhand von vier bis fünf Reifegraden durch. Während einige Modelle Statusniveaus verwenden, welche die interne digitale Durchdringung beschreiben, verwenden andere Modelle bestimmte Archetypen oder Cluster von Unternehmen, die jeweils gemeinsame Merkmale aufweisen. Wiederum können unterschiedliche Perspektiven eingenommen werden: entweder durch die Betrachtung des Unternehmens als Ganzes oder durch das Betrachten einzelner Bereiche. Darüber hinaus kann entweder ein einzelnes Unternehmen bewertet werden, oder aber mehrere Unternehmen werden miteinander verglichen.
- Ergebnisdarstellung: Um ihre Ergebnisse darzustellen, verwenden quantitative Modelle numerische Scores, die als absolute Zahlen oder Prozentsätze errechnet und ausgedrückt werden. In einigen Fällen dienen diese Werte aber nur als Zwischenschritt, um sie wiederum zumeist aufsteigend strukturierten Reifegradclustern zuzuordnen, wodurch weitere, aber generische Informationen über den Gesamtstatus in der digitalen Transformation generiert werden können. Die meisten der qualitativen und auch einige der quantitativen Modelle verwenden zudem eine grafische Darstellung ihrer Ergebnisse, z. B. durch die Verwendung einer Matrix oder eines Spinnendiagramms.
- Benchmarking und Gap-Analyse: Nur wenige Modelle bieten die Möglichkeit, die Ergebnisse mit denen anderer Unternehmen zu vergleichen. Die generelle Bedeutung und Aussagekraft des Benchmarkings hängt auch von der Verfügbarkeit von Daten über direkte Konkurrenten mit demselben Branchenhintergrund ab. Weiterhin ermöglichen manche Modelle, welche auf Best Practices beruhen, die Durchführung einer Gap-Analyse, um Verbesserungsfelder zu identifizieren. Allerdings bietet keines der bestehenden Modelle eine konkrete Hilfestellung beim Aufbau von digitalen Transformationsfähigkeiten oder bei der Ableitung von konkreten Maßnahmen zur Schließung der erkannten Lücken.

Tab. 5.4 Gestaltungsparameter von Reifegradmodellen. (Chanias & Hess, 2016a)

Generelle Aspekte	
Anzahl und Ausrichtung der Dimensionen	
Anpassungsmöglichkeiten	
Datensammlung und -analyse	**Datenpräsentation**
Auswertung und Datenerfassung	Reifegradbeurteilung
Reifegradbestimmung	Ergebnisdarstellung
	Benchmarking und Gap-Analyse

In Tab. 5.4 sind diese sieben Parameter, gegliedert in drei Gruppen, im Überblick dargestellt.

5.4.4 Grenzen der Reifegradmodelle

Reifegradmodelle werden in der Praxis gerne verwendet. Sie dienen – wie oben beschrieben – häufig als Einstiegspunkt für das Management in verstärkte Bemühungen um die digitale Transformation des Unternehmens. Daneben werden Aussagen zum Reifegrad bei internen Veranstaltungen wie z. B. Strategieworkshops genutzt, um konkrete strategische Maßnahmen wie beispielsweise die Initiierung von digitalen Projekten oder größeren digitalen Programmen abzuleiten. Zum anderen können Fragen nach dem Reifegrad auch im externen Umfeld eines Unternehmens auftreten, beispielsweise im Rahmen eines zwischenbetrieblichen Vergleichs durch Analysten am Kapitalmarkt.

Letzteres lässt sich häufig nicht vermeiden, die interne Verwendung schon. Gerade bei mittelgroßen und großen Unternehmen ist eine generische Klassifizierung von Unternehmen häufig zu vage und wird der Größe und Komplexität der Organisation nicht gerecht – anders als bei den typischen Einsatzfeldern von Reifegradmodellen in eng abgegrenzten Bereichen. Zudem fehlt bisher jede theoretische Grundlage für die Bestimmung eines Reifegrades – siehe dazu die Überlegungen zu einem optimalen Digitalisierungsgrad in Abschn. 2.6. Auch fehlt es bislang noch an weiterführenden Analysewerkzeugen, die dem Management dabei helfen könnten, konkrete Verbesserungsfelder und Maßnahmen zu identifizieren sowie abzuleiten. Weiterhin sind Herausforderungen bei der Gewährleistung der Aktualität von Reifegradmodellen oder der zu einseitigen Betrachtung bestimmter Aspekte (z. B. Technologien) bei den komplexen und folglich wenig transparenten Ansätzen mancher Modelle zu beobachten.

Erwähnt sei noch, dass die Mehrheit der bestehenden Modelle von oder in Zusammenarbeit mit Unternehmensberatungen erarbeitet wurde. Dies ist einerseits nachvollziehbar, weil Beratungsunternehmen über ein breites Wissen verfügen und nicht nur Fragen des Transformationsmanagements, sondern auch aktuelle (technologische) Entwicklungen in der Praxis bestens kennen. Andererseits müssen sich Unternehmensvertreter darüber im Klaren sein, dass manche Beratungshäuser Projekte zur Bestimmung der digitalen Reife möglicherweise als Einstieg in eine weiterführende Beauftragung ansehen und daher eine voreingenommene Perspektive einnehmen.

Literatur

Capgemini Consulting. (2011). Digital transformation: A roadmap for billion-dollar organizations. https://www.capgemini.com/wp-content/uploads/2017/07/Digital_Transformation__A_Road-Map_for_Billion-Dollar_Organizations.pdf. Zugegriffen am 23.09.2018.

Chanias, S., & Hess, T. (2016a, *2016*). How digital are we? Maturity models for the assessment of a company's status in the digital transformation. *WIM Management Report*, (2), 1–14.

Chanias, S., & Hess, T. (2016b). Understanding digital transformation strategy formation: Insights from Europe's automotive industry. In *Proceedings of the 20th Pacific Asia Conference on Information Systems (PACIS 2016)*, Chiayi.

Chanias, S., & Hess, T. (2016c). Vergleichsstudie zu Digitalisierungsstrategien in der europäischen Automobilindustrie: Digitale Transformation erfolgreich gestalten: Gemeinsame Studie von Berylls Strategy Advisors und dem Institut für Wirtschaftsinformatik und Neue Medien.

Chanias, S., Myers, M., & Hess, T. (2019). Digital transformation strategy making in pre-digital organizations: The case of a financial services provider. *Journal of Strategic Information Systems, 28*(1), 17–33.

Deutsche Bahn. (2018). Supplier innovation award. https://www.deutschebahn.com/de/geschaefte/lieferantenportal/supplier_award-1194354. Zugegriffen am 01.09.2018.

Facebook. (2012). Stay focused and keep hacking. https://www.facebook.com/notes/facebook-engineering/stay-focused-and-keep-hacking/10150842676418920/. Zugegriffen am 01.09.2018.

Firk, S., Hanelt, A., Oehmichen, J., & Wolff, M. (2021). Chief digital officers: An analysis of the presence of a centralized digital transformation role. *Journal of Management Studies*, 1–32.

Hess, T., Matt, C., Benlian, A., & Wiesböck, F. (2016). Options for formulating a digital transformation strategy. *MIS Quarterly Executive, 15*(2), 123–139.

von Hippel, E. (2001). Perspective: User toolkits for innovation. *The Journal of Product Innovation Management, 18*(4), 247–257.

Horlacher, A., & Hess, T. (2016). What does a chief digital officer do? Managerial tasks and roles of a new C-Level position in the context of digital transformation. In *Proceedings of the 49th Hawaii International Conference on System Sciences (HICSS 2016, January 5–9)* (S. 5126–5135). Koloa.

IBM. (2018). IBM Research Zurich. https://www.zurich.ibm.com/. Zugegriffen am 01.09.2018.

IWI-HSG & Crosswalk. (2015). *Digital Transformation Report 2015*. https://aback.iwi.unisg.ch/kompetenz/digital-maturity-transformation/. Zugegriffen am 01.09.2018.

KPMG. (2016). *Der Chief Digital Officer – Phantom oder Wegbereiter? Studie zur Steuerung der digitalen Transformation in der Medienbranche*. Managementstudie der KPMG AG.

Lego Ideas. (2018). Lego ideas. https://ideas.lego.com/#all. Zugegriffen am 01.09.2018.

Matt, C., Hess, T., & Benlian, A. (2015). Digital transformation strategies. *Business & Information Systems Engineering, 57*(5), 339–343.

Mintzberg, H., & Waters, J. A. (1985). Of strategies, deliberate and emergent. *Strategic Management Journal, 6*(3), 257–272.

Schroll, W. (2007). Kollaborative Innovationsprozesse – Hackathons in Theorie und Praxis. In T. Knoll (Hrsg.), *Veranstaltungen 4.0* (S. 135–153). Gabler.

Singh, A., & Hess, T. (2017). How chief digital officers promote the digital transformation of their companies. *MIS Quarterly Executive, 16*(1), 1–17.

Singh, A., Barthel, P., & Hess, T. (2017). Der CDO als Komplement zum CIO. *Wirtschaftsinformatik & Management, 9*(1), 38–47.

Tavakoli, A., Schlagwein, D., & Schoder, D. (2017). Open strategy: Literature review, re-analysis of cases and conceptualisation as a practice. *Journal of Strategic Information Systems, 26*(3), 163–184.

Walcher, D. (2010). In A. Picot, R. Reichwald, E. Franck & K. Möslein (Hrsg.), *Der Ideenwettbewerb als Methode der aktiven Kundenintegration*. Deutscher Universitäts-.

Weinreich, U. (2016). *Lean Digitization: Digitale Transformation durch agiles Management*. Springer.

Wiesböck, F., Matt, C., Hess, T., & Richter, A. (2017). How management in the German insurance industry can handle digital transformation. *WIM Management Report, 2017*(1).

6

Der komplette Ansatz im Überblick

Das Drei-Schichten Framework strukturiert die in einer digitalen Transformation anfallenden Aufgaben. Es adressiert drei zentrale Themenfelder – die Veränderung der Wertschöpfungsprozesse, das Schaffen von Voraussetzungen für die digitale Transformation und die Entwicklung einer Transformations-Governance. Nachfolgend werden die wichtigsten Konzepte und Instrumente für diese Themenfelder im Überblick beschrieben. Ferner wird herausgearbeitet, wie man in das Management der digitalen Transformation in einem Unternehmen richtig einsteigt.

6.1 Die wichtigsten Konzepte und Instrumente im Überblick

Das in Kap. 1 vorgestellte 3SDT-Framework ist ein Rahmen. Dieser strukturiert die beim Management der digitalen Transformation anfallenden Aufgaben, ist aber definitionsgemäß erst einmal leer. In den nachfolgenden Abschnitten werden zunächst die wichtigsten der in diesem Buch erwähnten Konzepte und Instrumente zusammengefasst, mit denen dieser Rahmen „ausgefüllt" werden kann.

6.1.1 Wertschöpfungsstrukturen durch digitale Transformation verändern

Digitale Innovationen können an den Produkten und Diensten, den diese unterstützenden Kundenschnittstellen, an den Prozessen oder an den Geschäftsmodellen ansetzen. In allen vier Fällen ist entscheidend, dass die technische und die fachliche Lösung zwei miteinander verbundene Seiten einer Medaille sind und auch so entwickelt werden – sonst lassen sich insbesondere die Potenziale neuer Technologien nicht voll ausschöpfen.

Digitale Produkte und Dienste können alleinstehend sein, mit einer Offline-Komponente kombiniert werden oder ein Offline-Produkt als Mehrwertdienst ergänzen. Die Einbettung digitaler Angebote in Ecosystems sowie die Reaktion der Kunden auf Zugriffe auf ihre Privatsphäre müssen dabei besonders beachtet werden. Zur Produktentwicklung bieten sich insbesondere agile Ansätze an. Stark diskutiert wird zurzeit die Einführung agiler, typischerweise an Produkten orientierter Formen der Organisation in den produktnahen Bereichen von Unternehmen.

Digitale Technologien können die Interaktion mit dem Kunden und die Personalisierung verbessern, zu einem Mehr an Automatisierung führen und das Austesten von Veränderungsideen vereinfachen. Als Analyseinstrument für Veränderungen an der Kundenschnittstelle hat sich die Customer Journey Map bewährt. Besonders zu beachten sind zudem die neuen Gatekeeper, die sich zwischen Kunden und dem eigenen Unternehmen machtvoll platzieren können.

Technische Neuerungen, direkt oder indirekt, z. B. in Form neuer Mehrwertdienste, können zu deutlichen Verbesserungen bei Leistungs-, Unterstützungs- und Führungsprozessen führen, insbesondere zu mehr Automation. Zur Analyse von Geschäftsprozessen gibt es ausgereifte Prozessmodellierungstechniken wie den BPMN-Ansatz. Diese Tools sowie gegebenenfalls Process Mining unterstützen die vertiefte Analyse. Das Vorgehen bei Prozessoptimierungen ist eher phasenorientiert. Nicht selten wird auf die detaillierte Analyse des Ist-Zustands verzichtet. Gelegentlich findet sich eine nach Prozessen gegliederte Sekundärorganisation mit einem Prozessmanager an der Spitze.

Zur integrierten Betrachtung von Veränderungen hat sich die Erstellung von Geschäftsmodellen etabliert. Hier werden die angestrebten Veränderungen in Bezug auf Produkte, Kundenschnittstellen und Prozesse zusammengeführt und durch die Betrachtung von Erlösmodellen und Wertschöpfungsstrukturen ergänzt. Zur Beschreibung von Geschäftsmodellen hat sich insbesondere der Business Model Canvas-Ansatz etabliert. Da ein Geschäftsmodell immer in der IT-Architektur gespiegelt ist, muss auch diese entsprechend umstrukturiert und angepasst werden.

6.1.2 Voraussetzungen für die digitale Transformation schaffen

Die digitale Transformation setzt eine schnell anpassbare IT-Landschaft, eine innovationsfördernde Unternehmensstruktur und eine „digitalisierungsaffine" Unternehmenskultur sowie Kompetenzen im Bereich von Digitalisierung und digitaler Transformation voraus. Nur selten sind all diese Voraussetzungen in einem Unternehmen bereits gegeben. Typischerweise sind vielmehr Unterstützungs-Projekte erforderlich, die fehlende Voraussetzungen gezielt ergänzen.

Für das Schaffen einer schnell erweiterbaren IT-Landschaft stehen zwei Ansätze zur Verfügung, die beide Vor- und Nachteile haben. Mithilfe des **Cloud-Computing** lassen sich etablierte, gekapselte Lösungen von außen in ein Unternehmen bringen – auch in eine komplexe IT-Landschaft. Die Idee der **bimodalen IT** geht einen anderen Weg. Sie sieht vor, neue Systeme bewusst von den etablierten Systemen abzutrennen sowie die neuen Systeme nach dem agilen Ansatz zu entwickeln. Beide Ansätze lassen sich auch kombinieren.

Innovationsfördernde Unternehmensstrukturen lassen sich durch das Separieren der neuen Einheit im Unternehmen, durch die Öffnung für Externe und durch den Abbau zementierter Strukturen erreichen. Über Inkubatoren kann ein Unternehmen versuchen, gezielt externe Kompetenzen hereinzuholen – der Erfolg solcher Programme erfordert jedoch Flexibilität und Risikobereitschaft. Beim Corporate Venturing beteiligt sich ein Unternehmen an einem Start-up. Für große Unternehmen ermöglicht das den Zugang zu Technologie, Innovation und Agilität.

Die systematische Analyse der Kultur, die Einführung gezielt ausgewählter IT-Systeme sowie spezielle Weiterbildung für Führungskräfte können den Weg in Richtung einer markt- und mitarbeiterorientierten sowie agilen Kultur unterstützen, die für die digitale Transformation benötigt wird. Wichtig ist, dass die Einführung dieser Instrumente in ein Projekt des Kulturwandels eingebettet wird – und dass man viel Zeit mitbringt. Kultur verändert sich nur langsam, gerade in erfolgreichen Organisationen.

Ein digitaler Wandel erfordert zwei Arten von Kompetenzen: für die Digitalisierung (d. h. für die Realisierung technischer Systeme) und für die digitale Transformation (d. h. für die Realisierung neuer unternehmerischer Konzepte). Beide Kompetenzen sind unverzichtbar. Die Kompetenzen für die digitale Transformation müssen im Unternehmen aufgebaut werden. Dafür bieten sich sowohl interne Maßnahmen (wie z. B. breit angelegte Schulungen sowie Ideenwettbewerbe) als auch extern ausgerichtete Maßnahmen an (so z. B. Kooperationen mit Hochschulen). Große Teile der eher technisch ausgerichteten Digitalisierungskompetenzen können dagegen von spezialisierten Technologieunternehmen eingekauft werden. Es gibt nur wenige Konstellationen, in denen sich Nicht-IT-Unternehmen mit der originären Entwicklung von Technologien beschäftigen sollten. Die Fähigkeit zur „Orchestrierung" von IT-Lösungen für ein Produkt oder einen Prozess darf ein Unternehmen jedoch nicht abgeben.

6.1.3 Transformations-Governance entwickeln

Die Transformations-Governance legt insbesondere die Strategien und Strukturen der digitalen Transformation fest. Eine Transformationsstrategie skizziert die Richtung der wichtigsten im Kontext der digitalen Transformation anstehenden Veränderungen in der Wertschöpfungs- und Managementstruktur eines Unternehmens, macht Aussagen über den Umgang mit den relevanten digitalen Technologien und gibt den finanziellen Rahmen der digitalen Transformation vor. Sie liegt „quer" zu den anderen, typischerweise in einem Unternehmen vorhandenen Strategien, insbesondere auch zur IT-Strategie; und ist damit ein wichtiges Hilfsmittel für das Management der digitalen Transformation. Das DTS-Framework unterstützt die Formulierung einer unternehmensspezifischen Transformationsstrategie.

Ein rein zentralistischer Ansatz zur Formulierung einer Transformationsstrategie ist dabei wenig erfolgversprechend. Zwar liefert dieser mit größerer Wahrscheinlichkeit sehr radikale Ideen. Sinnvoller ist es aber, die in einem Unternehmen an vielen Stellen und auf vielen Ebenen bereits vorhandenen Ideen systematisch zu sammeln, entsprechend den Zielen des Unternehmens zu priorisieren und zu einer konsistenten Strategie zusammenzuführen – und dies immer wieder.

Die Formulierung einer Transformationsstrategie sollte unbedingt durch die Schaffung geeigneter Strukturen für das Management der digitalen Transformation flankiert werden. Es muss sichergestellt werden muss, dass das Thema vom CEO vorangetrieben wird – nur dann bestehen reale Erfolgschancen. Gerade in komplexen Organisationen ist es in der Regel hilfreich, zu seiner Unterstützung eine spezialisierte Stabseinheit zu schaffen, ggf. mit einem CDO an der Spitze. Diese Einheit kann die Formulierung einer Strategie und insbesondere die Umsetzung der aus der Strategie ableitbaren Projekte koordinieren.

In Tab. 6.1 sind diese Ergebnisse nochmals verdichtet dargestellt.

Tab. 6.1 Wichtige Konzepte und Instrumente der digitalen Transformation

Themenfeld	Wichtige Konzepte und Instrumente
Wertschöpfungsstrukturen durch digitale Transformation verändern	Digitale Produkte/Dienste, hybride Produkte/Dienste oder digitale Mehrwertdienste entwickeln, ggf. eingebettet in eine agile, an Produkten orientierte Organisation Kundenschnittstelle mittels Customer Journey Map durch digitale Angebote verbessern Leistungs-, Unterstützungs- und Führungsprozesse weiter automatisieren, evtl. flankiert durch eine prozessorientierte Sekundärorganisation Integrative Betrachtung der Veränderungen mithilfe der Analyse von Geschäftsmodellen, gespiegelt an der IT-Architektur
Voraussetzungen für die digitale Transformation schaffen	IT-Landschaft durch Cloud-Computing oder den Ansatz der bimodalen IT schnell erweiterbar machen Flexibilisierung, Separierung neuer Einheiten und die punktuelle Öffnung für Dritte sind Konzepte, die zu einer innovationsfördernden Organisation führen Kulturanalyse, neue IT-Systeme und das Training von Führungskräften als Teil eines langfristig angelegten Projekts zum Kulturwandel Aufbau von Transformationskompetenz im Unternehmen, häufig (aber nicht immer) Beschränkung der technischen Kompetenzen auf die Orchestrierung vorhandener Lösungen
Transformations-Governance festlegen	Transformationsstrategie nach dem DTS-Framework entwerfen Strukturierung des Prozesses der Strategiefindung, ergänzt um Ideen aus dem Top-Management und von unterstützenden Stäben Verankerung der digitalen Transformation als Aufgabe des CEO, unterstützt durch eine „Digitalisierungseinheit", ggf. mit einem CDO an der Spitze

Die intensive Auseinandersetzung mit den Konzepten und Instrumenten der digitalen Transformation hat erst in den letzten Jahren begonnen. In den nächsten Jahren werden sicherlich noch weitere Konzepte und Instrumente entstehen und manch heutigen Vorschlag verdrängen. Es lohnt sich daher, in diesem Feld auf dem Laufenden zu bleiben!

6.2 Der richtige Einstieg

Die Kap. 3, 4 und 5 beschreiben einen „Werkzeugkasten", der mit Hilfe von Konzepten und Instrumenten den digitalen Wandel – speziell die digitale Transformation – unterstützt. Welche Konzepte und Instrumente relevant sind, richtet sich nach der spezifischen Situation in einem konkreten Unternehmen – das bedeutet, dass es dafür keine „Blaupause" geben kann. Allerdings lässt sich für den strukturierten Einstieg eines Unternehmens in das Thema durchaus eine solche Blaupause umreißen. Abb. 6.1 zeigt einen Vorschlag, der sieben Schritte umfasst.

1. Im ersten Schritt ist das Thema vorläufig in der Organisation zu verankern. Die meisten Unternehmen setzen hierfür ein kleines Stabs-Team ein. Dieses organisiert und koordiniert die ersten systematischen Schritte im Rahmen der digitalen Transformation. Manchmal wird der Leiter dieser Einheit schon als CDO bezeichnet.

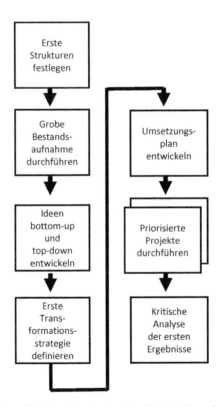

Abb. 6.1 Sieben Schritte für den Einstieg in die digitale Transformation

2. Diese Einheit führt eine grobe Bestandsaufnahme durch. Dafür gibt es zwei Varianten. Ein Teil der Unternehmen versucht, mit Hilfe eines der in Abschn. 5.4 skizzierten Verfahren den eigenen digitalen Reifegrad zu ermitteln. Andere Unternehmen setzen auf eine grobe Analyse im wertschöpfenden Bereich (d. h. bei den Produkten/Diensten und deren Schnittstellen zum Kunden, bei den Prozessen und bei den Geschäftsmodellen), um offensichtliche Schwachstellen zu identifizieren. In der Regel werden dabei auch Defizite bei den IT-Systemen, den Strukturen, der Kultur und den Kompetenzen aufgezeigt.
3. Im dritten Schritt werden Ideen für Projekte entwickelt, typischerweise in einer Kombination aus Bottom-up- und Top-down-Vorgehen. Dementsprechend sammeln viele Unternehmen die Ideen der Mitarbeiter z. B. über einen Ideenwettbewerb. Die gerade geschaffene neue Digitalisierungseinheit organisiert diesen Prozess und macht sich selbst ebenfalls an die Entwicklung neuer Ideen in ausgewählten Feldern.
4. Im vierten Schritt wird aus den gesammelten Ideen eine erste Version der Transformationsstrategie entwickelt. Berücksichtigung finden dabei insbesondere auch die Unternehmensstrategie sowie die finanziellen und technologischen Möglichkeiten.
5. Im fünften Schritt wird ein erster Umsetzungsplan entwickelt, d. h. es wird die Frage beantwortet, welches Projekt mit welchem Budget zu welchem Zeitpunkt durchgeführt werden kann. Berücksichtigung finden natürlich die aus der Strategie ableitbaren Ideen für die Veränderung von Produkten/Services, von Kundenschnittstellen, von Prozessen und von Geschäftsmodellen. Genauso fließen aber auch die gegebenenfalls erforderlichen Veränderungen in den IT-Systemen, den Strukturen und der Kultur sowie bei den Kompetenzen mit ein.
6. In Schritt sechs werden diese Projekte dann durchgeführt.
7. Mit Schritt sieben wird ein erstes Fazit gezogen.

Zudem ist für den Einstieg in die digitale Transformation ein verantwortlicher Manager einzusetzen, der idealerweise direkt an den CEO berichtet. Dieser Projektleiter muss zwei wesentliche Eigenschaften in sich vereinen. Zum einen muss er Experte im Bereich der digitalen Transformation sein und die zentralen technischen Entwicklungen gut kennen. Zum anderen sollte er die Branche kennen – nur dann wird er die erforderliche Akzeptanz im Unternehmen schnell erreichen.

6.3 Beyond the Digital Transformation: Was kommt danach?

Digitale Transformation ist ein spezieller Managementansatz. Er erfordert umfangreiche Investitionen, eine passende Struktur und nicht zuletzt die Aufmerksamkeit des Top-Managements. Dies alles ist erforderlich, wenn neue digitale Technologien ein Unternehmen grundsätzlich in Frage stellen. Oder anders ausgedrückt: es muss Konstellationen in einem Unternehmen geben, wo digitale Transformation keinen Sinn (mehr) macht. Dazu sind zwei Fälle zu unterscheiden.

Schon seit über 40 Jahren setzen sich Unternehmen mit digitalen Innovationen auseinander, man denke z. B. an die Veränderungen im Rechnungswesen in den 70er-Jahren oder die schrittweise Umgestaltung wichtiger Prozesse in den 80er- und 90er-Jahren. In der Literatur werden derartige Unternehmen als „IT-enabled Organizations" (IT-gestützte Organisation) bezeichnet.

Typischerweise spielten dabei die IT-Abteilungen eine wichtige Rolle, sie stellten die IT-Infrastruktur bereit, sie entwickelten eigene Software-Lösungen oder passten Standardsoftware auf die Bedürfnisse des Unternehmens an und waren häufig federführend bei der Anpassung der Prozesse im Unternehmen. Spezifische Strukturen, hohe Investitionen und viel Aufmerksamkeit des Top-Managements waren nicht erforderlich, damit dies funktionierte. Grundsätzlich ist denkbar, dass ein Unternehmen nach erfolgreich bewältigter digitaler Transformation und keinen erkennbaren grundlegenden technischen Innovationen wieder in diesen Status zurückfällt. Dies ist der erste Fall.

Typischer wird jedoch der zweite Fall sein. Dabei werden immer wieder neue digitale Technologien verfügbar, die für ein Unternehmen wichtige Chancen oder kritische Bedrohungen darstellen. In diesem Fall wäre es verheerend wieder in den alten Zustand zurückzugehen, der es Unternehmen nur erlaubt mit kleineren digitalen Innovationen umzugehen. Gleichzeitig wird es aber auch nicht funktionieren ein Unternehmen dauerhaft in den „Sonderzustand" der digitalen Transformation zu versetzen. Erforderlich ist in diesem Fall vielmehr eine auf die ständigen Herausforderungen durch digitale Technologien ausgerichtete „Digital defined Organization" (digital definierte Organisation). Abb. 6.2 beschreibt diese drei Zustände und die beiden Fälle, die sich nach der digitalen Transformation eines Unternehmens ergeben.

Wie eine derartige „Digital defined Organization" aussieht, lässt sich heute nur grob erkennen. Einerseits gibt es eine Reihe von Unternehmen, die keine analoge Vergangenheit haben, d. h. Unternehmen, die gleich mit einem

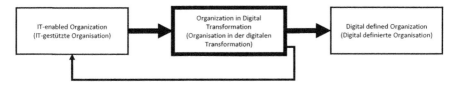

Abb. 6.2 Einbettung der digitalen Transformation

Online-Service bzw. einem Online-Produkt gestartet sind. Beispiele gibt es viele, von Google über Tesla und Spotify, bis hin zu unzähligen regionalen Anbietern wie z. B. Interhyp. Interessant sind aber natürlich auch die Anbieter von IT-Produkten und Diensten, wie z. B. der Software-Anbieter SAP oder der IT-Dienstleister Bechtle. Auch diese sind „digital born", wenn auch auf eine andere Art und Weise. Daneben gibt es auch andere Unternehmen, die sich schon über 20 Jahre mit dem digitalen Wandel beschäftigen müssen und bei denen das Thema dementsprechend schon in die DNA übergangen ist. In diese Gruppe fallen sicher einige, wenn auch nicht alle, Medienunternehmen. Die erste Veränderung kam hier mit der breiten Verfügbarkeit des Internets als bidirektionales Medium. Recht schnell kamen Endgeräte wie Smartphones und Tablets dazu, die gänzlich neue Formen der Präsentation von Inhalten und Interaktion mit dem Nutzer erlauben. Aktuell beschäftigen sich Medienunternehmen mit der Frage, inwieweit aktuelle Lösungen der künstlichen Intelligenz beim Kuratieren und sogar beim Erstellen von Inhalten dem Menschen überlegen sind.

Das Beispiel der Medienunternehmen zeigt noch einmal deutlich: Digitale Transformation ist ein Konzept, das ein Unternehmen – durchaus im Sinne eines Kraftakts – auf den Pfad der systematischen Nutzung digitaler Technologien bringen kann. Wird die Notwendigkeit des digitalen Wandels zur dauerhaften Notwendigkeit, dann sind neue Konzepte erforderlich. Diese sind heute erst in Ansätzen bekannt. Zum Einstieg in das Thema reicht es aber, sich erst mal „nur" mit der digitalen Transformation im Sinne des erwähnten Kraftakts zu beschäftigen. Gelingt dies, dann ist schon sehr viel gewonnen. Dieser Kraftakt ist kein Selbstläufer. Die in diesem Buch skizzierten Konzepte sollen bei der erfolgreichen Bewältigung dieser Herausforderung helfen.

i

Printed by Printforce, the Netherlands